Beck'scheReihe

BsR 1197

Die Beiträge des Bandes stellen acht Paare vor, deren Ungleichheit auf verschiedenen Konstellationen beruht: Auf Standes- und Altersunterschieden (Adliger und Bürgerstochter, Schülerin und Lehrerin), auf Dienst- oder Abhängigkeitsverhältnissen (Kleriker und Magd, Herzog und Alchemist), oder auf jeweils anderen Vorstellungen über Macht, Recht, Ehre, Liebe und Kindererziehung (Zunftmeister und Obrigkeit, Bauer und Landesherr, Ehe- und Liebespaare). Die Untersuchung des nicht immer harmonischen Miteinanders dieser Paare, ihrer Lebensumstände und Lebensgefühle bietet eine kleine Kulturgeschichte menschlicher Beziehungen.

Eva Labouvie, habilitiert sich derzeit mit Forschungsschwerpunkt Neuere Geschichte und historische Kulturwissenschaft an der Universität des Saarlandes. Sie hat zahlreiche Werke zur Volksmagie, zum Hexenglauben sowie zur Frauengeschichte veröffentlicht.

Ungleiche Paare

Zur Kulturgeschichte menschlicher Beziehungen

Herausgegeben von Eva Labouvie

VERLAG C.H.BECK

Die Deutsche Bibliothek – CIP-Einheitsaufnahme

Ungleiche Paare: zur Kulturgeschichte mensch-
licher Beziehungen / hrsg. von Eva Labouvie. –
Orig.-Ausg. – München: Beck, 1997
(Beck'sche Reihe; 1197)
ISBN 3 406 39297 0
NE: Labouvie, Eva [Hrsg.]; GT

Originalausgabe
ISBN 3 406 39297 0

Umschlagentwurf: Uwe Göbel, München
Umschlagabbildung: Lukas Cranach d. Ä.: Der verliebte Alte, 1531
Foto: Archiv für Kunst und Geschichte Berlin
© C. H. Beck'sche Verlagsbuchhandlung (Oscar Beck), München 1997
Gesamtherstellung: C. H. Beck'sche Buchdruckerei, Nördlingen
Gedruckt auf säurefreiem, alterungsbeständigem Papier
(hergestellt aus chlorfrei gebleichtem Zellstoff)
Printed in Germany

Inhalt

Einleitung

Eine Kulturgeschichte menschlicher Beziehungen ist noch nicht geschrieben. Auch dieser Band beabsichtigt keinen geschlossenen Überblick über die Möglichkeiten und Konstellationen zwischenmenschlicher Begegnungen über die Jahrhunderte. Anliegen der einzelnen Beiträge ist es, aus kulturhistorischer Perspektive gerade die Spannbreite menschlichen Handelns, Denkens und Wahrnehmens anhand individueller Innensichten und subjektiver Selbstwahrnehmungen von Männern und Frauen aufzuzeigen und mit dem Kontext ihrer Lebenswelten zu verbinden. Im Mittelpunkt stehen dabei die konkreten persönlichen Verhältnisse zwischen Menschen. Dadurch bietet sich eine andere Lesart der Geschichte, die die Vielfalt menschlicher Begegnungen zu entschlüsseln sucht: Der Mensch, sein eigenes ‚Set‘ an Verhaltens- und Wahrnehmungsweisen, seine Art, Prozessen der Veränderung zu begegnen, sein Umgang mit Entwicklungen und seine Form des Zusammenlebens mit anderen, rücken ins Zentrum dieser historischen Topographie.

Die Konzentration auf Zweierbeziehungen bringt diese historisch-anthropologische Entschlüsselung von ‚Beziehungsgeschichten‘ auf eine zwar ‚minimale‘, dafür aber um so intensivere Formel. Verhältnisse zwischen Personen, Möglichkeiten zwischenmenschlichen Kommunizierens, des Miteinanderlebens, der gegenseitigen Hilfe oder Behinderung, des Auslotens eines bisherigen oder künftigen gemeinsamen Lebens werden aus diesem mikroskopischen Fokus heraus eingehend analysiert. Nicht nur Ehe- oder Liebespaare, sondern auch andere Personen – verschiedenen Standes, unterschiedlicher Religion – die in Beziehung zueinander treten, werden betrachtet.

Das ungleiche Paar eröffnet die Möglichkeit, disharmonische, gegensätzliche, von der sozialen Umwelt als unvereinbar abgelehnte Facetten des Zusammentreffens einzubeziehen. Ungleichheit zwischen zwei Menschen, die auf Standes- oder Altersunterschieden, Dienst- oder Abhängigkeitsverhältnissen, divergierenden Interessenlagen, Mentalitäten oder Emotionalitäten, Differenzen im Konzept der Lebensführung, der Rechtsvorstellung, Kindererziehung oder Ehre beruhen konnte, verweist zugleich über die kulturelle Eingebundenheit hinaus in Bereiche der sozialen und politischen Machtausübung, der Geschlechterdifferenz und ökonomischen Arbeitsteilung, auf das Verhältnis zwischen sozialem Status, Identität und Rollenerwartung. Die variationsreichen Begegnungen ungleicher Paare geben deshalb nicht nur Einblick in die Ambivalenz und Vielschichtigkeit von Möglichkeiten der Konfliktlösung und Krisenbewältigung, sondern binden das Paar gleichzeitig in seine gemeinsame soziale Geschichte ein, in geteilte oder getrennte Erfahrungshorizonte, in Interaktionen mit einem Kreis an ihrer Beziehung teilhabenden Personen und in gesellschaftliche Vorgaben zum sozialen Zusammenleben. Die Geschichte menschlicher Beziehungen ist, unter diesem Blickwinkel gesehen, immer auch eine weitergreifende Kultur- und Sozialgeschichte.

Die Beiträge des Bandes spiegeln die kaleidoskopische Vielfalt von Beziehungsgeflechten und ihre Einbindung in Prozesse des historischen Wandels sowohl durch ihren zeitlichen Rahmen, der vom 14. bis ins 20. Jahrhundert reicht, als auch durch das weite Themenspektrum. Sie führen uns in die Welt der Städter und der Bauern, des Adels und des städtischen Patriziats, in die Häuser von Handwerkern, Kaufleuten und Gewerbetreibenden, von Klerikern, Töchtern aus bürgerlichen Kreisen und Mägden. Unterschiedliche Beziehungskonstellationen und kulturelle Repräsentationen treten uns gegenüber in der Begegnung zwischen Männern und Frauen, Mädchen und Frauen, zwischen zwei Männern, Landesherren und Untertanen, Stadtobrigkeit und Bürgern, Klerus und Laien, zwischen zwei sich liebenden oder sich bekriegenden Partnern, zwischen Gleichberechtigten oder Menschen in Autoritäts- und Machtverhältnissen. Dabei konstituieren sich ungleiche

Paare etwa aus dem freundschaftlich-familiären Miteinander von Geistlichen und ihren Mägden oder Haushälterinnen (Gabriela Signori), aus ‚unglücklichen' oder verbotenen Liebesbeziehungen (Rebekka Habermas, Nils Minkmar), aus der dramatischen Entzweiung von Eheleuten (Peter Wettmann-Jungblut), den unterschiedlichen Vorstellungen von Pflicht und Schuld bei Bauern und Herrschaften (Renate Blickle) oder von Recht und Ehre bei Zunftvertretern und Stadtobrigkeit (Gerd Schwerhoff), aus dem entwicklungsbedingten Schwärmen junger Mädchen für ihre Lehrerinnen (Edwin Dillmann) oder der Begegnung zwischen einem rührigen Alchemisten und einem experimentierfreudigen Herzog (Eva Labouvie).

Wer das Verbindende dieser historisch-anthropologischen Betrachtungen verschiedenster Lebensweisen, Innensichten und Selbstwahrnehmungen im Spannungsfeld soziokultureller Kontexte sucht, wird es nicht in der inhaltlichen Ausrichtung, als vielmehr in der eher formalen Wahl des ungleichen Paares finden. Diese kleinste und dazu widerspruchsvolle Konstellation zwischenmenschlicher Beziehungen eröffnet ein neuartiges Koordinatensystem „dichter Beschreibung", das es den einzelnen Beiträgen erlaubt, sowohl den *Lebensumständen* ihrer Protagonistinnen und Protagonisten, als auch deren *Lebensgefühlen* nachzugehen. Hinterfragt wird nicht nur, wie Menschen gesellschaftliche Prozesse und Strukturen in ihren *Alltagswelten* konkretisieren oder mitgestalten, sondern auch und vor allem, wie sie emotionale Konjunkturen, Wandelbarkeiten und Entwicklungen innerhalb ihrer *Beziehungswelten* erleben, verarbeiten und integrieren. Die Begegnung mit anderen Menschen, so zeigen es die Beiträge, ist mehr als subjektives Erleben: Ihre Untersuchung bietet uns einen Schlüssel für die Entdeckung individueller Innensichten und Selbstwahrnehmungen innerhalb subjektiver Welten und darüber hinaus für die Komplexität und die Dimensionen gesellschaftlich vermittelter, nicht immer konfliktfreier Lebensgestaltung in Auseinandersetzung mit einem Gegenüber.

Der vorliegende Band erwuchs aus der wissenschaftlichen Zusammenarbeit überwiegend jüngerer Historikerinnen und

Historiker aus Deutschland und der Schweiz, die sich seit 1992 regelmäßig im Saarbrücker „Arbeitskreis für historische Anthropologie" treffen. Seine ständigen Teilnehmerinnen und Teilnehmer – Rainer Beck, Renate Blickle, Paul Burgard, Edwin Dillmann, Richard van Dülmen, Valentin Groebner, Rebekka Habermas, Eva Labouvie, Nils Minkmar, Norbert Schindler, Gerd Schwerhoff, Gabriela Signori und Peter Wettmann-Jungblut –, denen ich für das kreative Mitwirken an diesem Buch herzlich danke, widmen sich der Diskussion neuer kulturhistorischer Ansätze sowie der Erstellung eigener Arbeiten. Zum einen ist der vorliegende Band daher ein Resultat der gemeinsamen intensiven Auseinandersetzung mit der historisch-anthropologischen Forschung, zum anderen versteht er sich als Beitrag zu einem besonderen, bislang wenig berücksichtigten Aspekt der Erforschung des Vergangenen: einer Kulturgeschichte menschlicher Beziehungen.

Eva Labouvie

Gabriela Signori

„wann ein fruntschafft die andere bringt"

Kleriker und ihre Mägde
in spätmittelalterlichen Testamenten (13.–15. Jahrhundert)

Der Basler Chronist und Münsterkaplan Johannes Knebel († 1481) notierte in seinem Tagebuch, er sei im Sommer 1475 zusammen mit seiner Magd beziehungsweise „Kellnerin" Ennelin Jöstin und seinem Knecht Ulrich Müller für vier Wochen zur Kur in das nahegelegene argauische Baden gefahren.[1] Als wenige Monate später sein Hündchen „Fragihndarum" starb, erklärt er etwas beiläufig, er und seine Magd hätten das Tierchen zweiundzwanzig Jahre und zwei Monate lang gehabt.[2] Knebel war, was persönliche Erfahrungen anbelangt, gewöhnlich sehr zurückhaltend. Der Begriff „Diarium" will auch nicht so recht zu Aufzeichnungen passen, in denen Politik und Ereignis den unbestrittenen Vorrang haben. Nur: um so deutlicher lassen die zwei, seiner Magd gewidmeten Passagen erahnen, wie nahe sie ihm gestanden haben muß. Was er in seinem Tagebuch nur andeutet, bestätigt sein Testament, das er noch vor seinem Kuraufenthalt, am 14. März 1475, vor dem Großbasler Schultheißengericht erneuerte.[3] Als Dank für ihre treuen Dienste vermachte er Ennelin seine gesamte Fahrhabe. Dazu zählten seine Wein- und Kornvorräte, sein Hausrat, sein Bett samt Zubehör, Bargeld sowie Gold und Silber. Die Einzelauflistung der Haushaltsgegenstände konnte er sich sparen, sie kamen ja alle ein und derselben Person zugute.[4]

Gleich nach Knebel, für den Fall, daß sie vor ihm sterben sollte, formulierte dann auch Ennelin ihren letzten Willen, dies aber in Gestalt einer einfachen Erbsatzung. Verwandte schien sie keine mehr zu haben: „Jtem do hat Ennelin Jöstin genant

Baderß mit Claus von Waldenburg, irem mit rechtgegebenen, wissenthafftigen vogt,/herrn Hans Knebel/zů irem rechten erben geordnet, geseczt vnd gemacht alles des gútz, so sy yeczo hat ererpt, erspart vnd nach tod verlassen wirt, núczit hindann gesetzt noch vorbehalten". Worauf sich Knebel mit der Formel, die man gewöhnlich für Leibzuchtverträge benutzte, wiederum verpflichtete, „die egemelten Ennelin Jostin ir leptag by im zů halten, sy mit essen, trinken, kalt, warm vnd anderen dingen nach notturfft als sich selbs vngeuerlich zů uersehen".[5]

„Hausschatten" wie Ennelin Jöstin, so wichtig sie im Leben ihrer Dienstherren auch gewesen sein mögen, sind bislang selten ins Rampenlicht der Geschichte gerückt worden.[6] Zumindest partiell dürfte das Desinteresse mit ihrem gesellschaftlichen Zwitterstatus zusammenhängen: Weder Ober-, noch zünftige Mittel- oder Unterschicht, fallen sie schnell durch sozialgeschichtliche Raster, die sich meist zu eng an vermeintlich „harten" Kriterien wie Einkommen beziehungsweise Vermögen orientieren. Zu ihrem wissenschaftlichen Mauerblümchendasein mag aber auch ihr Tätigkeitsbereich das Seine beigetragen haben: Hausarbeit als Schattenarbeit am Rand von Produktion und Reproduktion, heute wie damals nicht besonders prestigeträchtig. So überrascht es dann auch wenig, daß selbst Knut Schulz in seiner vorzüglichen Studie über die oberrheinischen Handwerksgesellen darauf verzichtet hat, detaillierter auf die Frage einzugehen, obwohl Mägde einen beachtlichen Teil seiner Untersuchungsgruppe darstellen.[7] Sicher, in den Steuerlisten des späten Mittelalters sind Knechte gewöhnlich zahlreicher als Mägde. Ein Übergewicht an Mägden ließ sich bislang nur für das patrizierreiche Nürnberg beobachten.[8] Doch gilt es prinzipiell zu bedenken, daß Steuerrollen stets nur einen Bruchteil des Gesindeeffektivs erfassen – gera-de die nicht steuerpflichtigen, geistlichen und adligen Haushalte klammern sie gewöhnlich aus.[9] Die Folgen lassen sich leicht ermessen, nicht nur für Städte wie Köln und Mainz, wo der Klerus nahezu zehn Prozent der Gesamtbevölkerung darstellte.

Die Gruppe der Mägde und Knechte ist ein an sich sehr heterogenes Konglomerat, das von Handwerksgesellen, über Haushaltshilfen bis zu Gefolgsdamen oder Zofen reicht, von Randständigen auf der Schwelle zur Prostitution bis zu den Klerikermägden von Höxter, den wohlhabendsten Frauen der westfälischen Kleinstadt.[10] Doch möchte ich an dieser Stelle nicht weiter den wirtschafts- und bevölkerungsstatistischen Seiten des spätmittelalterlichen Gesindewesens nachgehen. Dazu fehlen uns für das ausgehende 13. und 14. Jahrhundert auch schlicht die entsprechenden Quellen. Meine Aufmerksamkeit soll vielmehr qualitativen Fragen der gesellschaftlichen Einbindung und Wertschätzung der Klerikermägde gelten. Durch die Quellenlage bedingt sind es meist die privilegierteren, die, wie Ennelin Jöstin, mehrere Jahre lang in ein- und demselben Haushalt dienten. Die notwendige Vergleichsgröße bilden einerseits Witwen-, andererseits Bürgertestamente sowie Schenkungen, die die Geistlichen für ihre Verwandten und Bekannten vorsahen.

Zweifellos waren nicht alle Herren ihren Haushälterinnen und Mägden derart zugetan wie der Basler Münsterkaplan. Doch ein nur flüchtiger Blick in die spätmittelalterlichen Testamentsbestände zeigt, daß Knebel bei weitem keine Ausnahme war. Testamente, und zwar aus Basel, Hamburg, Koblenz, Lübeck, Mainz, Münster und Straßburg, bilden auch die Ausgangslage meines Beitrages.[11] Ich werde mich jedoch nicht auf die Sicht von oben nach unten, die Sicht der Herren beschränken, sondern versuchen, mit Hilfe ihrer eigenen Testamente und Kirchenstiftungen auch die Sicht der Mägde, den Blick von unten nach oben, miteinzubeziehen.

Die spätmittelalterlichen Gesindeklauseln sind im allgemeinen sehr knapp gehalten: Die Testatoren, vor allem bürgerlicher Provenienz und männlichen Geschlechtes, erwähnen meist nicht viel mehr als einen Vornamen und einen Geldbetrag: „item vermache ich meiner Magd Ennelin vier Pfund" („item lego Enneline famule mee quator libra den"). Auf den ersten Blick erscheinen die Einträge also zu knapp, um qualitative Fragen der Beziehung zwischen Herr und Magd zu

vertiefen. Richten wir unseren Blick aber einmal auf die unterschiedlichen Schenkungsobjekte und Schenkungsmodalitäten,
präsentiert sich die Lage günstiger.[12] Auch ohne Dinge im
Geiste von Marcel Mauss gleich zu beseelen, sind sie eindeutig
mehr als bloße Objekte oder bloße Gebrauchsgüter.[13] Biogra-
phisches schreibt sich auf ihrer Oberfläche ein, womit sie
gleichzeitig erlauben, sozialen Beziehungen – nicht nur zwischen Herr und Magd – plastischere Gestalt zu verleihen.
Doch bevor ich mich qualitativen Fragen des spätmittelalterlichen Gesindewesens zuwende, gilt es einige allgemeine
Bemerkungen zum Gesindeprofil oder besser zum (beschränk-
ten) Aussagegehalt der Testamentsklauseln vorauszuschicken.

Das Gesindeprofil

Rund ein Drittel der in den Straßburger Urkundenbüchern
überlieferten Testamente enthält eine Gesindeklausel (vgl.
Tabelle 1).[14] Bescheidener fällt ihr Anteil mit je 25 beziehungsweise 17 Prozent in den Basler und Lübecker Nachlässen aus
(vgl. Tabelle 2 und 4).[15] Das überragende Mehr der bedachten
Bediensteten sind Mägde:[16] In Straßburg ergibt sich ein Anteil
von 81 (44 von 54), in Lübeck von 79 (195 von 237) und in
Koblenz von 72 Prozent (26 von 33).[17] Wiederum auf Straßburg bezogen überwiegen mit 29 Nennungen die Mägde
(famulae), den Begriff „ancilla" gebrauchen die Testatoren nur
drei Mal.[18] Zu den Mägden gesellen sich acht Kellnerinnen
(cellaria) und drei Zofen (pedissequa) adliger Frauen. Ver-
wandtschaftliche Verflechtungen zwischen Herr und Magd
lassen sich nur ausnahmsweise und dies fast nur in Klerikertestamenten erkennen, etwa bei der unehelichen Tochter des
Geistlichen Konrad von Lindau, die ihrem Vater zehn Jahre
lang treu diente,[19] bei Hebela, der Nichte eines Vikars des
Koblenzer Sankt Kastorstifts, die ihren Onkel bis zu seinem
Tod pflegte,[20] oder bei Benigna genannt Vecbecker, die mit
ihrem Bruder, dem Priester Nikolaus, zusammenlebte.[21] Zwei
weitere Beispiele finden sich in den Basler Testamenten aus der

zweiten Hälfte des 15. Jahrhunderts: Agnes Löwlin, die illegitime Tochter des Münsterkaplans Konrad Schlewitzer, und eine gewisse Margret, die längere Zeit im Haus ihrer Nichte, der Wagnerwitwe Margret Graf, gedient hatte.[22]

Nicht immer handeln die Testamente im übrigen von den eigenen Bediensteten: Katherina, die Ehefrau des Straßburger Scherrers Heinrich Veieler schenkte der Magd eines gewissen Kölblin ein „pallium" aus Lütticher Tuch;[23] die Witwe Katherina, Tochter des Walter von Daumenheim, Bürger und Ritter zu Straßburg, versprach Mechthild, der Magd ihrer Tochter, ein Pfund Straßburger Denare, wenn sie bis zu ihrem Tod (das heißt dem Tod der Erblasserin) bei ihrer Tochter bleibe.[24] Wiederum eine Witwe, diejenige des Mainzer Bürgers Konrad Färber von Hagenau, beschenkte testamentarisch die Magd des Sohnes ihrer verstorbenen Schwester Greda.[25] Noch zahlreicher als in Straßburg sind die Beispiele in den Lübecker Bürger- und Gesindetestamenten, darunter befinden sich viele Mägde aus stadtbekannten Kleriker- und Oberschichtenhaushalten.[26] Der Befund zwingt uns, an gegebener Stelle die Frage der vertikalen Zusammenschlüsse und der horizontalen Solidaritäten zu vertiefen.

In den meisten Fällen beschränken sich die Erblasser in knappen Formulierungen auf den Vornamen, das heißt Angaben über Alter, „Zivilstand", Nachnamen, Herkunftsorte oder Beruf der Väter fehlen im 14. Jahrhundert noch fast durchgehend. Wie zu erwarten, geben die wenigen Herkunftsangaben zu erkennen, daß sich das Gesinde vorwiegend aus dem städtischen Hinterland rekrutierte.[27] Lediglich sechs Mägde bezeichnen die Straßburger Erblasser als Töchter, vermutlich ein Indiz dafür, daß sie noch unverheiratet waren, eine weitere wird als Witwe angesprochen. Die Lübecker Testamente enthalten neunzehn Einträge, die uns Aufschluß über den späteren Werdegang der Betroffenen erteilen. Dazu zählen drei Mägde, die ihren Lebensabend im Heilig-Geist-Spital verbrachten, von drei weiteren werden Kinder erwähnt, und eine letzte wählte nach ihrer Dienstzeit das Leben als Begine.[28] Kurz, das Sozialprofil der in den Testamenten bedachten Knechte und Mägde bleibt im Vergleich zu den Angaben der italienischen „ricordi", die der brillianten Untersuchung von Christiane Klapisch-Zuber zugrunde liegen, sehr unbestimmt.[29]

Ein letzter Punkt: Das Gesinde scheint sich gewöhnlich auf ein bis zwei Personen beschränkt zu haben. Über die effektive Haushaltsgröße können Testamente zwar nur beschränkt Auskunft geben (das heißt die Zahl der Bedachten stimmt nicht unbedingt mit der Zahl der effektiv Beschäftigten überein), doch bestätigt Christiane Klapisch-Zuber die in den Testamenten angeführten Zahlen: „Sogar reiche Familien begnügten sich in dieser Zeit mit einer sehr kleinen Zahl männlicher und weiblicher Bediensteter. Vier oder fünf Hausbedienstete und Sklaven zu haben, scheint damals die Ausnahme gewesen zu sein. Die Mehrzahl der Ober- und Mittelschichtshaushalte von Florenz hatte nur ein oder zwei".[30] Mit sieben Knechten und Mägden, einschließlich seines Kochs und dessen Gehilfen, ist der Gesindestab des Straßburger Witwers Engilbert für das frühe 14. Jahrhundert einzigartig.[31] Noch zahlreicher war das Hauspersonal des 1518 verstorbenen Heinrich Schencking, Domküster zu Münster in Westfalen.[32] Doch mit dem ausgehenden 15. Jahrhundert wird die Größe des Gesindestabs zusehends zu einer Frage des sozialen Prestiges.[33]

Soweit also einige zusätzliche Informationen zur Haushaltsgröße. Wenden wir uns nun aber der etwas ergiebigeren Frage der geschenkten Objekte und der Schenkungsmodalitäten zu. Nehmen wir diese als Maßstab oder Gradmesser für affektive Nähe beziehungsweise Distanz, so sind einmalige Geldzuweisungen an unterster Schwelle dieser Werteskala anzusiedeln.

Zwischen Lohn oder Dank: Geld

Einmalige Geldzuweisungen, die (mit Vorbehalten) damals wie heute gewöhnlich jeder persönlichen Note entbehren, überwiegen bei männlichen Erblassern aus Adel, Handel und Gewerbe.[34] In seinem umfangreichen Testament vom 12. November 1313 sah der besagte Johannes Engilbert für seine sieben

Mägde und Knechte vor: „Item gebe und vermache ich meinem Knecht Crapfo fünf Pfund Straßburger Denare. Item gebe und vermache ich meiner Kellermeisterin Gisela ein Pfund und ihren gesamten Lohn. Gleichsam vermache ich Heintzelinus, meinem Koch, ein Pfund und seinen vollen Lohn. Item vermache ich Hentzelinus, dem Küchenknecht, zehn solidi Straßburger Denare. Item vermache ich Swartzo, meinem Knecht, zwei Pfund." Von diesen distanzierten, punktuellen Geldzuweisungen, die Engilbert meist mit der Lohnfrage verknüpft, unterscheiden sich seine Legate an seine beiden Mägde (ancillae) Ellina und Heilwig von Bennweier. Beiden vermachte er einen Geldbetrag von vier Pfund, der sie „rangmäßig" direkt nach seinem Hauptknecht Crapfo plazierte. Zusätzlich erhielt Ellina seinen alten, mit Fuchspelz gefütterten Rock – eine überaus kostbare Kleidergabe. Bei Heilwig erweiterte er das Legat mit dem Zusatz: „ein fünftes Pfund, für das mir ihr Bett verpfändet wurde, sowie meinen alten, zweigeteilten und mit Buntwerk gefütterten Rock". Heilwigs Schwester Anna hinterließ Engilbert zwei in der Diözese Basel gelegene Weinreben, die er für ihren Cousin („consanguineo seu consobrino suo") Adam von Bennweier gekauft hatte, damit dieser ihr ein neues Gewand kaufen und seinen oder ihren Pelzrock auslösen konnte, den er oder sie beim Juden verpfändet hatte.[35] Die Frage, was genau Engilbert mit der Schwester seiner Magd verband, läßt sich dem Testament nicht entnehmen. Anna ist auf jeden Fall nicht die Mutter seines unehelichen Kindes, denn diese nennt Engilbert entgegen den diesbezüglichen Gewohnheiten der Testatoren namentlich.[36] Auch wenn es uns in diesem Fall nicht gelingt, die geheimen Fäden zwischen Herr und Magd aufzudecken, zeigt Engilberts Testament fürs erste anschaulich genug, daß die mit biographischen Elementen verwobene Vergabe von Sachgütern, hier Kleidern, einen anderen Stellenwert haben mußte als einmalige Geldzuweisungen.

Die in den Straßburger Testamenten genannten Geldbeträge sind gewöhnlich auch eher bescheiden: Meist handelt es sich um ein bis fünf Pfund Straßburger Denare, letzteres entspricht (mit allen nötigen Vorbehalten) in etwa dem Jahresgehalt einer Magd.[37] Auch in Lübeck herrschen mit ein bis fünf Mark relativ bescheidene Geldzuweisungen vor. Doch hinterlassen die Testatoren ihren Mägden in immerhin 27 Fällen einen Betrag von zehn Mark und in sechs weiteren zwanzig Mark. Ludeke Buxtehude vermacht der seinen sogar fünfzig Mark, vierzig Mark waren es bei der Witwe Adelheid Lurley und dreißig Mark bei Cunegonde van Soest.[38] Auch Greda, die Witwe eines gewissen Hermann Becherer und Ehefrau des Werlin zum Goldenen Schaf, vermachte ihrer Magd Husafilia vierzig Pfund Straßburger Denare, dies allerdings mit dem bemerkenswerten Zusatz, falls sie überhaupt soviel Geld habe.[39] Geradezu astronomisch muten schließlich die Summen an, die Johannes vom Rhein, Probst von Sankt Martin in Oberwesel, seinem Gesinde hinterließ: Seinem Knecht und Vertrauten Johann genannt Salen schenkte er hundert Taler, seiner Magd Katherina zwanzig, seiner zweiten Magd Sophia und seinen beiden Knechten Nikolaus und Tilgin jeweils zehn.[40] Hundert Taler vermachte auch Hartmann von Sprendingen, Kantor der Sankt Kastorkirche, seiner Magd Gertrud, die, wie er erklärt, während seinen Krankheiten viel Arbeit mit ihm gehabt habe. Seinen Testamentsvollstreckern empfahl Hartmann übrigens auch, sich bei etwelchen Problemen an Gertrud und ihren Sohn Hartmann zu wenden.[41] Die Frage, ob die Namensübereinstimmung zwischen Dienstherr und Mägdesohn in Patenschaft oder Vaterschaft gründet, läßt sich wiederum nicht beantworten. Wie dem auch sei: Geld ist also nicht gleich Geld. Seine Wertigkeit wandelt sich mit steigender Höhe, und die emotional geladenen, hohen Geldbeträge finden sich vorwiegend in Testamenten von Frauen und Klerikern, seltener in Bürgertestamenten.

Altersvorsorge: Renten, Hausrat und Bettzeug

Sowohl Geistliche als auch Frauen sprechen in ihren Gesindeklauseln das ursprüngliche Dienstverhältnis, das sie mit ihren

Knechten und Mägden eingegangen sind, nur selten an. In ihren Gesindeklauseln überwiegen deutlich materielle und finanzielle Zuweisungen mit Vorsorgecharakter, die ihrer Dankbarkeit für die geleisteten Dienste Ausdruck verleihen. So leitet Arnold von Andernach, Kaplan des Bartholomäusaltars der Koblenzer Sankt Kastorkirche, das Legat an seine Magd Guda dann auch mit den Worten ein: „ich möchte mich für die freiwilligen, treuen und geneigten Dienste, die mir das ehrbare Mädchen, meine Magd, die Begine Guda von Montabaur, geleistet hat, kenntlich erweisen".[42] Sigfrid Reimbold rechtfertigt die Schenkung (eine sogenannte „donatio inter vivos") an seine Magd Dina mit der Formulierung: „als Dank für die treuen Dienste, die ihm seine Magd Dina, die Tochter des Fritscho Suppelin aus Willstätt, geleistet hat".[43] Der Basler Münsterkaplan Stefan Schermann hebt hervor, daß ihm seine Magd Magdalena Haller fünfundzwanzig Jahre lang treu gedient habe; auch der Basler Priester Hans Schris spricht von langjährigen Diensten sowie davon, daß ihm seine Magd Agatha Haßlin „vil gutts getan hett".[44] Die Gesindeklauseln legen nahe, daß sich die Erblasser bewußt waren, wie sehr sich die Chancen ihrer Mägde, in einem anderen Haushalt unterzukommen, mit zunehmendem Alter verringerten. Sie bevorzugten es, ihnen bescheidene Renten zu hinterlassen, die sie meist durch die zusätzliche Vergabe von Hausrat und Kleidern ergänzten. Auf Straßburg bezogen, lassen sich die Renten in vier Gruppen unterteilen: In drei Fällen deuten die Testatorinnen und Testatoren vage „redditos quosdam" an;[45] in drei Fällen bewegen sich diese zwischen fünf bis zehn solidi (einmal 31 solidi); in fünf zwischen einem und zwei Pfund Straßburger Denare. Weitere fünf Renten beziehen sich auf Naturalien (Weizen und Wein). In Basel sticht die Rente von jährlich fünf Gulden hervor, die das Patrizierehepaar Zschekabürli seiner Magd Dorothea Sigristin als „donatio inter vivos" vermachte. Fünf Pfund waren es auch bei Elsi Segesserin, der Magd des Kartäusers Hieronymus Zschekabürli, während Klara Blötzin, die Witwe des Peter Stehelin, ihrer Magd Agnes Vogel eine Rente von zwei Viernzel Korngült (rund 230 kg) vermachte.[46] In den

Lübecker Bürgertestamenten sind Renten überraschenderweise kaum belegt.[47]

Konstitutiver Bestandteil dieser Vorsorgepolitik ist auch die Vergabe von Kleidern, Haushaltsgegenständen und Betten samt entsprechendem Zubehör. Für die jüngeren, noch unverheirateten Mägde beziehungsweise Töchter bildeten Kleider, Hausrat und Bettzeug eine Art Aussteuer, für die älteren ein nicht zu unterschätzendes Kapital, daß sich, falls nötig, leicht ‚verflüssigen' und in eine Pfründe umwandeln ließ.[48] Besonders aufschlußreich sind in diesem Zusammenhang die Bemerkungen zu Qualität und Stellenwert der legierten Objekte. Das Bett, das der Straßburger Patrizier Nikolaus von Kageneck seinem Koch vermachte, mußte das beste sein.[49] Die Witwe Anna Bönlerin gab ihrer Zofe Hedwig „ein besseres von ihren kleinen Betten, vier Leintücher, zwei Kissen, eine Decke, einen Pelzüberzug, eine Baumwolltunika und ihre Alltagstunika.[50] Hedwig zählte neben dem Beichtvater Eberhard von Wikkerseck ebenfalls zu Annas Testamentsvollstreckern.[51] Auch Agnes, die uneheliche Tochter des Ritters Hugo genannt Klette von Uttenheim, vermachte ihrer Zofe zusätzlich zu den jährlich zu verrichtenden zehn Viernzel Weizen (rund 840 kg) ihren Alltagsrock.[52] Matthias, Kanoniker der Stephanskirche, gab seiner zweiten Magd Luscha neben Kleidern („tunicam suam de kembelino [aus Kamelhaar] cum caputio et pellicium suum dictum ein brustbeltz") die Matratze samt Decke, auf der Luscha zu schlafen pflegte.[53] Nur das Beste vom Besten behielt die Witwe des verstorbenen Werner Rorheimer aus Mainz ihrer Magd Kunigunde vor. Dazu zählte der beste Rock, der beste Pelz, die beste Korse, der beste Mantel, und, wie sie nachschob: „das Beste von jedem Stück, das zu ihrem Leib gehöre". Dazu kamen noch Kannen, Flaschen, Töpfe – auch hier jeweils nur das Beste. Die Witwe betonte als Zeichen ihres Vertrauens und ihrer Anerkennung nachdrücklich, Kunigunde könne sich auswählen, was immer sie wolle.[54] Ähnliches beobachten wir im Testament der Margret Zürcherin, der Witwe des Basler Krämers Leinhart Silberberg, aus dem Jahr 1488: Für ihre „Dienstjungfrau" Adelheid Banzeringen sah sie ihre

„allerbeste" Bettstatt vor, „darzu rok vnd manttel, och zum besten, zwey bar <b> zynynen bletten, nit die grôsten noch die kleinsten, vnd ein zynyny messingen vnd ein halb messien kannen vnd/ein/<jrn> bar linlachen zü der /zü/gerusten bet-statt, von den vndern kleidern zwey, die besten stuk, iij vnder-hemder vnd den besten kurzen manttel".[55] Peter Moir, Vikar von Sankt Kastor, vermachte seiner Magd Elgin von Dusenau sein Haus in der Nähe des Koblenzer Mathäustores.[56] Seiner zweiten Magd Ele hinterließ er seinen gesamten Hausrat. Der Eintrag ist für die Koblenzer Klerikertestamente einzigartig, da Moir die Gegenstände, nach einer knappen lateinischen Einlei-tung, einzeln auf Deutsch auflisten ließ, vermutlich aus Rück-sicht auf Eles fehlende Lateinkenntnisse.[57] Eine merkwür-dige Mischung von Hochschätzung und Zweckmäßigkeit findet sich schließlich in der Gesindeklausel des Mainzer Patriziers Friele zum Dorum. Seinen gesamten Besitz ver-machte er geistlichen Institutionen. Nur seiner Magd Getzen hinterließ er als einziges Laienlegat sechzig Taler, dazu unter anderem aber nur sein drittbestes Bett und zwei Eßtöpfe, „aber nicht die besten".[58]

Im städtischen Kontext sind Zuwendungen in Form von Vieh vergleichsweise selten. Der Arzt und Magister Bernhard von Rostock, Chorpräbendar der Straßburger Domkirche et-wa, vermachte seiner Magd vorsorglich eine Kuh und seine mit schwarzem Pelz gefütterten Winterkleider.[59] Ein Kalb war es bei Berthold Krebesser,[60] eine Kuh bei dem Lübecker Hinrik van Yddeste und ein Ochse bei Coneke Westfal.[61] Einzig der Domherr Dietrich Bertoldinck († 1387) aus Münster versah seine beiden Mägde Jutta und Hellekin sowie seinen Knecht Gerhard mit umfangreichen Viehbeständen aus seinen ver-schiedenen Höfen in Epe, Eibergen und Groenlo.[62] Zumal die drei zusätzlich noch Hausrat, verschiedene Einkünfte und Immobilien erhielten, durften sie fortan ausgesprochen zuver-sichtlich in die Zukunft blicken.

Immobilien oder die Gleichsetzung von Gesinde und Verwandtschaft

Mit seinen umfangreichen Gesindelegaten überschritt Dietrich Bertoldinck eindeutig die Grenzen dessen, was man als Zeichen von Dankbarkeit oder Fürsorge definierte. Immobilien waren Objekte, die die Erblasser ihren nächsten Verwandten vorbehielten, ja nach städtischem Recht diesen vorbehalten mußten. Daran hielt man sich gewöhnlich auch, sowohl in Lübeck als auch in Straßburg und in Basel. In Straßburg weichen nur zwei Witwen von dieser Regel ab: Elsa zum Schwarzen Buchstaben vermachte ihrer Magd Greda Haus und Hof zum genannten Schwarzen Buchstaben,[63] Heilka von Blumenau, die Witwe eines gewissen Konrad zur Megede, der ihrigen einen Weingarten in der Nähe von Bergheim bei Andlau.[64] Mehr Spielraum (zumal im 14. Jahrhundert) besaßen demgegenüber die Geistlichen: Simon von Burgtor, Stiftsherr von Sankt Kastor, vermachte seiner Magd Bylia eines seiner Häuser.[65] Weingärten waren es bei Niklaus, Kaplan am dortigen Jakobusaltar, und bei Heinrich, Thesaurar der Sankt Florinskirche.[66] Ludwig von Marburg, Kaplan des Katherinenaltars zu Altmünster in Mainz, räumte der seinen das lebenslängliche Wohnrecht im oberen Teil seines Hauses in der Altmünstergasse ein, samt Keller und Gartenanteil sowie Stallung. Als zusätzlichen Beweis seiner Hochschätzung wählte er seine Magd Gudela auch zu einem seiner Testamentsvollstrecker.[67] Wie Ludwig von Marburg sorgte Wortwich von der Ecke, Stiftsherr der Mainzer Stadtkirche Mariengreden, seinerseits dafür, daß seine Magd Katherina Zeit ihres Lebens in seinem Haus bleiben durfte. Als zusätzliche Sicherheit vermachte er ihr noch vier Achtel Korngült (etwa 400 kg).[68]

Die Koblenzer Klerikertestamente legen nahe, daß das ursprüngliche Dienstverhältnis im Verlauf der Jahre zuweilen ausgesprochen familiäre Züge annahm. Dies zeigt sich besonders in den Fällen, wo Erblasser Gesinde und Verwandtschaft gleichwertig behandelten. Hugo, Ewigvikar der Straßburger Gemeindekirche Sankt Nikolaus jenseits der Breusch, vermachte seiner Kellermeisterin Ellina zusätzlich zu einer Rente von zwei Pfund die Hälfte seines gesamten Hausrates. Die andere Hälfte behielt er seinen beiden Schwestertöchtern vor.[69] Johannes Heinrich von Münzberg, Vikar der Mainzer Stiftskirche Sankt Johann, setzte sich über Standesgrenzen hinweg, indem er seiner Magd Demud wie auch seiner Schwester Katherina neben Haushaltsgegenständen jeweils zehn Goldgulden überließ.[70] Und Arnold von Andernach, Priester und Kaplan des Bartholomäusaltars der Koblenzer Sankt Kastorkirche, setzte seine Magd Guda unter Ausschluß seiner Verwandtschaft sogar zur Alleinerbin ein.[71] Nikolaus, der Kaplan des Jakobusaltars in der Sankt Kastorkirche, vermachte seiner Magd Metza auf Lebzeiten einen Weingarten; zusammen mit den Kindern seines Bruders Jakob erhielt sie auch einen Teil seiner Hausgegenstände. Schließlich schenkte er ihr noch sein Brevier.[72] Das Buchlegat ist trotz seiner Seltenheit bemerkenswert: deutet es doch an, daß zuweilen selbst Haushälterinnen lesen konnten.[73] Gewöhnlich behielten Geistliche Bücherlegate aber befreundeten Klerikern oder Neffen vor, die wie sie eine geistliche Laufbahn eingeschlagen hatten oder künftig einschlagen sollten.[74]

Geradezu eheähnliche Gestalt nimmt das Verhältnis zwischen Herr und Magd schließlich in den Fällen an, wo die betreffenden Parteien auf die bei Ehepaaren gebräuchliche Formel der gegenseitigen Erbeinsetzung zurückgriffen. Beobachten läßt sich dies 1502 beispielsweise beim Basler Münsterkaplan Johannes Büchsenmeister und seiner „Dienstjungfrau" Margaretha Haffnerin.[75] Johann erhob sie, die ihm „lange ziit jaren dahar, vil liebtet vnd fruntschafft bewisen vnd ton hett, hoffte ouch furohin tun solt vnd mocht", zu seinem „rechten" Erben. Margaretha vergolt Gleiches mit Gleichem: „Vnnd wann aber namelich ist, daz ein fruntschafft die andire bringen mag, da so hatt die vorgenant Margreth Haffnerin mit Lienharten Sussherren dem gerichtzknecht, jrem in dirro sach rechtlichen vogt, [geöffnet] demnach sy weder vatter, mûter noch elicher kinder nit hett, denselben herr Hannsen Buchsenmeister ouch zu jrem erben gesetzt alles jrs gûts".[76]

Auf die Gleichsetzung von Gesinde und Familie deuten schließlich auch diejenigen Beispiele, in denen die Geistlichen ihre Mägde neben Eltern und Geschwistern in ihre *memoria* (Totengedächtnis) aufnahmen. Zu ihnen zählte Johannes Peiger, Submissarius der Kollegiatskirche Sankt Thomas, der neben seiner Mutter und seinem Bruder seine Magd Irmelina und deren Bruder bedacht haben wollte.[77] Johannes von Saarburg, Priester und Kaplan der Gemeindekirche Sankt Nikolaus, und Mathias, Kanoniker der Stephanskirche, ließen nur sich selbst und ihre Mägde ohne Eltern in die entsprechenden Jahrzeitbücher eintragen,[78] ebenso verfuhr Arnold von Andernach.[79] Auch Jeckel Gasenbecher, Pfarrer der Mainzer Gemeindekirche Sankt Christophorus, richtete für sich und seine frühere Magd Dilien ein Jahrzeit (jährliches Totengedenken) ein. Seiner zweiten Magd Lucien – auch sie hatte ihm wie er beteuert, lange treu gedient – vermachte er den ansehnlichen Betrag von sechzig Talern.[80] Für sich und seine Magd Jutta sowie für ihrer beider Eltern richtete schließlich auch Dietrich Bertoldinck ein ewiges Gedächtnis in der Margarethenkapelle des Doms zu Münster ein. Denselben Wortlaut wählte er auch für das Anniversar (Jahrzeit), das er für sich und seinen Knecht Gerhard in Groenlo stiftete.[81]

Geistige Lebensgefährtinnen: die Koblenzer Beginen-Mägde

Während der Lektüre meiner bisherigen Ausführung mag aufgefallen sein, daß die Koblenzer Kleriker ihre Mägde zuweilen als Beginen bezeichneten. Eine Begine Gertrud diente um 1306 beispielsweise im Haus des Magisters Konrad, Dechant der Sankt Florinskirche;[82] die Begine Sara stellte sich in ihrem Testament von 1311 selbst als langjährige „famula et servitrix" des verstorbenen Scholasters Thomas von Pauone vor.[83] Schließlich war auch die schon öfters erwähnte Guda († 1341), Magd des Arnold von Andernach, eine Begine.[84] Von den oben skizzierten „Wahlverwandtschaften" entfernen sich diese Beziehungen insofern, als hier spirituelle Aspekte hineinspielen. Es scheint, als hätten diese Frauen das beginale Ideal der „Haushälterin Christi" sehr wörtlich genommen.[85] Dem Bild, das die Forschung im Gefolge Herbert Grundmanns vom spätmittelalterlichen Beginenwesen skizziert hat, lassen sich diese Frauen nur schwer einordnen. Ohne hier näher auf die standortgebundenen Forschungstraditionen einzugehen,[86] scheint es, als habe die Forschung das Leben in geordneten Gemeinschaften beziehungsweise Sammlungen zum Prototypen allen beginalen Lebens erhoben. Doch mit der Ausklammerung des Phänomens Einzelbegine reproduziert sie unbewußt nur die obrigkeitliche Sichtweise, eine Regelungspolitik, die seit Beginn des 14. Jahrhunderts darauf drängte, die nicht in Gemeinschaften geordnete Welt der „mulieres sacrae" aufzulösen. Gerade das gemischtgeschlechtliche Zusammenleben in Privathaushalten bot, wie sich den Straßburger und Koblenzer Beginenhausstiftungen entnehmen läßt, Anlaß zur Entrüstung und zu obrigkeitlicher Intervention.[87] Die Koblenzer Beginen bewahrten in der Wahl ihrer Lebensform folglich etwas mehr von ihrer ursprünglichen ‚Autonomie'.[88] Die Zeugnisse brechen allerdings auch hier in der zweiten Hälfte des 14. Jahrhunderts abrupt ab.

Der Kreis schließt sich: Mägde als Stifterinnen

Nach meinem Exkurs zu den Koblenzer Beginen-Mägden möchte ich nun aber versuchen, die Gesindefrage einmal umgekehrt, aus der Perspektive der Mägde zu beleuchten. Da Testamente von Mägden an sich selten sind – obschon für „Unterschichten" vergleichsweise zahlreich –, muß ich den von den Urkundenbüchern vorgegebenen Zeitrahmen etwas sprengen, d. h. häufiger auf das 15. Jahrhundert Bezug nehmen, sowie zusätzlich auf „einfache" Kirchenstiftungen von Mägden zurückgreifen.

Im Jahr 1305 legte Mechthild, die Schwester des Straßburger Bürgers Drutelin und Kellermeisterin des verwitweten Patriziers Johannes Sturm, vor dem geistlichen Gericht ihr Testament nieder. An erster Stelle richtete sie sich ein Anniversar ein, worin sie ihren Bruder sowie ihre Eltern Winhard und Ita miteinschloß. An zweiter Stelle vermachte sie der exklusiven Chorbruderschaft im Münster verschiedene Renten. Dann bedachte sie verschiedene, namentlich genannte Brüder des Predigerordens mit Renten. Nicht nur ihre Vorliebe für die Prädikanten, auch die personalisierten Einzelzuwendungen sind dabei als spezifisch weibliche Eigenheiten zu verstehen. In Straßburg zogen Männer eindeutig das Liebfrauenwerk vor; bedachten sie in ihren „ad pias causas"-Klauseln Konvente, so betraf dies gewöhnlich das Kollektiv und nicht einzelne Konventsbrüder.[89] Doch zurück zu Mechthild: Die eine Hälfte ihrer Fahrhabe vermachte sie Heilicka, der Tochter von Agnes, Ehefrau des Patriziers Vŏltsche, die wiederum die Tochter ihres Dienstherren Johannes Sturm war; die andere Hälfte ging an Anna, die Tochter des Werner Sturm. Die Sturms, Johannes Sturm und sein Sohn Werner, fungierten neben Heinrich, dem Rektor der Gregorskapelle und Nikolaus Blenkelin auch als ihre Testamentsvollstrecker.[90] Ähnlich gestaltet ist das Testament von Grete, der Magd des Lübecker Kaufmanns Everhard Schoneweder. Christine, der Tochter ihres Dienstherren vermacht sie zehn Mark, dazu die Spangen ihres irischen Unterkleides, ihre bessere Fibel, zwölf weitere Spangen, eine Truhe, eine Lade und einen Pfulmen (langes Kopfkissen), Everhards Töchter Seffeke und Taleke erhielten Beutelschließen, Spangen, eine kleine Truhe, ein Pfulmen und Kissen. Für Everhards vier Söhne sah Grete jeweils zwei Mark vor, Totger, vielleicht der jüngste, erhielt zusätzlich noch ein Kopfkissen. Sogar den Onkel ihres Dienstherren bedachte die Magd mit einer Mark. Einzig ihre Dienstherrin erwähnt sie mit keinem Wort. Nach dem späteren Testament des Heyno Schoneweder muß diese zum Zeitpunkt, als Grete ihr Testament ablegte, aber noch am Leben gewesen sein, was auf Spannungen zwischen Herrin und Magd deuten könnte.[91] Als letztes Beispiel sei noch kurz das Testament der Margreth von Luzern erwähnt, die früher im Basler Patrizierhaushalt der Rot arbeitete. Zum Zeitpunkt der Testamentsniederlegung (im Jahr 1503) war Margreth fortgeschrittenen Alters und krank. Ihre Herrschaften hatten sie im hinteren Stübchen ihres Hauses untergebracht und einer Spitalpfründnerin namens Elsi zur Pflege gegeben. Mit ihren „ad pias causas"-Legaten gibt Margreth zu erkennen, daß sie die religiösen Vorlieben ihrer Dienstherrin für das Münster, die Barfüßer, die Augustiner sowie die beiden außerhalb der Stadt liegenden Frauenklöster Engental und Schauenburg teilte.[92] Wie die Herren und Damen der Basler Oberschicht vergaß Margreth auch ihren Beichtvater nicht. Unter den Personenlegaten stechen dann wiederum die Töchter ihrer Dienstherrin, Margreth und Susanna, hervor. Aber auch an ihresgleichen dachte die kranke Magd. Dazu zählte Vigillin, die neue Magd des Hauses, und Jakob, der Hausknecht. Margreths, Gretes und Mechthilds Testamente zeigen insofern sehr anschaulich die familienähnlichen Verflechtungen zwischen Dienstboten und Dienstherren beziehungsweise deren Kinder, die sich mit den Begriffen „Wahlverwandtschaften" oder Ersatzfamilien umschreiben lassen. Doch auch die Zeugnisse, die von ausgesprochen engen horizontalen Bindungen zwischen den Bediensteten sprechen, sei es innerhalb eines einzelnen Haushaltes, sei es haushaltsübergreifend, sollte man, wie Margreths Nachlaß zeigt, nicht einfach unterschlagen.[93] Vertikalität und Horizontalität schließen sich nicht aus, sondern ergänzen sich. Das Testament der Adelheid von Liestal, Kellnerin im Haus des Basler Patriziers Jakob von Waltenheim, ist eine (bis ins kleinste Detail reichende) Kopie des hausherrlichen Nachlasses, und – obschon etwas bescheidener als Waltenheim – so gedachte dann auch sie (wiederum neben seinen Verwandten) der Knechte und Mägde des Hauses.[94]

Die Kirchenstiftungen von Knechten und Mägden sind ein bislang kaum untersuchtes, aber ebenso aufschlußreiches Forschungsfeld: Im Straßburger Schenkungsbuch des Liebfrauenwerks sind Gesindestiftungen vergleichsweise selten, was mit dem anfänglich genuin politischen und ausgesprochen männlichen Charakter des Kultes zusammenhängt.[95] Die wenigen Ausnahmen legen allerdings nahe, daß sich das Gesinde gerne an den Präferenzen seiner Dienstherren orientierte. Dies bestätigt dann auch das Mainzer Schenkungsbuch der Stadtkirche Mariengreden (wiederum des Liebfrauenwerks): 76 der 1306 Einträge stammen von Bediensteten, in einem Verhältnis von siebzehn Frauen zu zwei Männern (68 zu 8 in absoluten Zahlen).[96] Wie ihre Dienstherren und Dienstfrauen bevorzugten es die Mägde, Kleidungsstücke (48 mal) unterschiedlichster Qualität und Machart zu stiften – eine Geste, die nahelegt, daß auch sie sich symbolisch dem Patronat der Stadtheiligen unterwarfen und sich (trotz fehlenden Bürgerrechts) als Bürgerinnen definierten.[97] In den Fällen, bei denen der Verwalter des Liebfrauenwerks den entsprechenden Geldwert notierte, zeigt sich, daß Mägde am häufigsten Kleider mit einem gehobeneren Marktwert von zwischen einem und fünf Goldtaler vergaben. Die Geldgeschenke (insgesamt fünfzehn) bewegen sich in ähnlicher Höhe wie die besseren Kleidungsstücke, das heißt, von zwei Ausnahmen abgesehen, alle im Bereich von einem beziehungsweise zwei Gulden. Die Mägde, die sich derart kostspielige Stiftungen – sei es in bar oder in Kleiderform – leisten konnten, stammen selbstverständlich ausnahmslos aus angesehenen Mainzer Kleriker- und Patrizierinnenhaushalten.[98]

Mägde brachten dem Liebfrauenwerk aber nicht nur Kleidung und Geld dar, sondern (wie ihre Dienstfrauen) auch zusehends Schmuck: Goldringe, Goldkettchen, Silberkrönchen und Perlenbändchen sowie kostbare Paternosterschnüre aus Korallen oder Kazedonien mit oder ohne Bisamapfel (Moschusbehälter) und Agnus Dei (eine Kapsel mit einem Partikel der Osterkerze, auf deren Außenseite ein Lamm abgebildet ist). Zuweilen handelte es sich um richtige Kleinkunstwerke, wie das Legat der Magd Elsa von Carden aus dem Jahr 1484 zeigt: „Jtem Elsa von Carwen olim famula Johannes presbiteris legavit vnum pepulum, eyn perlin benchin [Perlenbändchen] mit vij bustaben vnd vff dem mitteln eyn silbern cron et duo pater noster primum de magnis chorallis rubeis et catzedonijs mixtum cum vno agnus dei argenteo deaurato et vna parva bursa nigra et secundum pater noster de parvis chorallis rubeis et catzedonijs mixtum mit vbergolt kronerchin et cum vna parva bursa serica viridi coloris et eynen cleynen silbern besem appelchin uß gestochen et non debent vendi".[99] Auf welche Weise Mägde in den Besitz derart wertvoller Gebetsschnüre gelangten, bedarf vor dem Hintergrund des bisher Gesagten keiner Erläuterungen mehr. Objekte wanderten von Bürgersfrauen oder Geistlichen an ihre Mägde und von den Mägden zurück an Geistlichkeit oder Kirchen. Ein solcher Gütertransfer läßt sich beispielsweise bei einer Immobilie in der Koblenzer Firmung verfolgen: Das Haus hatte der Stiftsherr Simon von Burgtor ursprünglich seiner Beginen-Magd Bylia vermacht. Von Bylia wanderte es 1317 an ihre Lebensgefährtin, die Begine Elisabeth von Kärlich, genannt Bachem, weiter.[100] 1339 vermachte es Elisabeth dann dem Dechanten Werner von Sankt Kastor.[101] Der fromme Zirkel schließt sich auch, als Elisabeth, die Magd des Mainzer Dompfründners Tilman, für ihn ein Anniversar am Altar des Mainzer Liebfrauenwerks einrichtete.[102] Einen ähnlichen Transfer beobachten wir schließlich im Testament der „matrona" Greta, der Magd des verstorbenen Koblenzer Priesters und Vikars Konrad Amelong. Im Haus des Kaplans Giso von Gulse übergab sie 1392 ihr eigenhändig in Deutsch geschriebenes Testament dem öffentlichen Notar der Koblenzer Kurie, das dieser dann in ein etwas umständliches Beamtenlatein übersetzte. Als erstes widerrief Greta alle bisher von ihr getroffenen Erbschaftsregelungen. Darauf wollte sie, wie es das Formular vorschreibt, alle ihre Schulden beglichen haben. An dritter Stelle vermachte sie, in Form von Präsenzgeldern, den Kanonikern und Vikaren des Kastorstifts ihr Haus zum kleinen Spieß für ihr Seelenheil und dasjenige ihres Dienstherren, einer Kunigunde Alderspießen aus Ursfeld und einer Uda vom Spieß aus Dyeliche (vermutlich wiederum Beginen). Von den anfallenden Zinsen stattete sie zur Verehrung „unseres Herrn Jesus Christus" das Kreuz mit Ewiglichtern aus, das in der dortigen Johannes Evangelistakapelle hing. Auch die Einkünfte des Gnadenjahres, die ihr Konrad Amelong testamentarisch vermacht hatte, überschrieb sie dem Sankt Kastorstift. Für ein weiteres gemeinsames Anniversar gab sie den Karthäusern ihren Weingarten; einen Teil von den Einkünften behielt sie aber dem Jahrzeitamt vor, daß Konrad dort für sich selbst eingerichtet hatte. Ihren Garten vermachte sie dem Kaplan Giso von Gulse, in dessen Haus die Testamentsniederlegung stattfand und den sie neben Theoderich von Andernach auch zu ihrem Testamentsvollstrecker wählte.[103]

Forscherobsessionen: Mägde oder Konkubinen?

Es mag vielleicht erstaunen, daß ich es bislang vermieden habe, von der räumlichen und emotionalen Nähe zwischen den Geistlichen und ihren Mägden auf konkubinäre Verhältnisse zu schließen. Wir sollten uns jedoch davor hüten, das Verhältnis zwischen Herr und Magd über die antiklerikale und später protestantische Leiste eines völlig sittenlosen Klerus zu schlagen. Die Existenz von Konkubinariern soll und kann damit nicht in Abrede gestellt werden, Quellen wie Pastoralvisiten und Bußregister sprechen eine nur zu klare Sprache.[104] Die Zahl der in den spätmittelalterlichen Bürgertestamenten erwähnten „natürlichen Kinder" ist zwar beachtlich.[105] Das gilt aber nicht für Klerikertestamente. Hinweise auf illegitime Kinder sind hier überaus selten![106] Und nur in einem Fall war es mir möglich, eine Brücke zwischen Magd und Klerikerkonkubine zu schlagen.[107] Das Basler Material zeigt außerdem, daß die notorischen „concubinarii" nicht dieselben Geistlichen waren, die sich darum bemühten, ihren Mägden einen würdigen Lebensabend zu sichern. Die Suche nach Konkubinariern reduziert auf sattsam Bekanntes, was eigentlich dazu einladen sollte, die Vielgestaltigkeit der zwischengeschlechtlichen Beziehungsmuster zu überdenken.

Doch kommen wir zum Schluß. So karg unsere Quellengrundlage auf den ersten Blick auch scheinen mag, hat sich doch herauskristallisiert, daß sich das meist langjährige Verhältnis zwischen Herr und Magd keineswegs rein hierarchisch, von oben nach unten, als lohnbestimmtes Abhängigkeits- oder Herrschaftsverhältnis definieren läßt. Die Grenzen zwischen unten und oben verwischen sich im Verlauf der Dienstjahre, nicht nur was den Geldbeutel anbelangt, sondern auch hinsichtlich der gemeinsam geteilten religiösen Wertvorstellungen und Praktiken. Mägde als Stifterinnen und Erblasserinnen sind zum Teil getreue Seelenspiegel ihrer Herrschaften, in dem Sinne auch wichtige kulturelle Übermittlungsinstanzen, denen die Stadtgeschichtsschreibung meines Erachtens bislang viel zu wenig Aufmerksamkeit geschenkt hat. Eingedenk der sozialen Unterschiede läßt sich das Verhältnis zwischen Herr und Magd in vielen Fällen als ein ausgesprochen familiäres definieren, das auf Wertschätzung und Verantwortungsbereitschaft basiert.[108] Sicher, für gesellschaftlich isolierte adlige Frauen und Witwen – ein Problem, das ich in diesem Zusammenhang leider kaum vertiefen konnte – beinhaltet die Nähe zu ihren Mägden etwas grundsätzlich anderes als für Geistliche, die in ihrem Gesinde eine Art Ersatzfamilie mit bald spiritueller, bald eher weltlicher Prägung suchten und auch fanden. Doch für beide Gruppen gilt auf übergeordneter Ebene: „Dienen" war noch weit von der modernen Degradierung als weibliche Schattenarbeit entfernt. In dem Sinne muß ich die saloppe Bemerkung meiner Einleitung, Hausarbeit sei heute wie damals nicht besonders prestigeträchtig gewesen, nachträglich auch relativieren. Doch um mit den Klerikermägden zu schließen: Hätte man die Dienste für einen Geistlichen, einen Stellvertreter und selbst Diener Gottes überhaupt in einem anderen als einem positiven Licht sehen können – umso mehr als sie einem zu überraschendem Reichtum verhelfen konnten?

Tabelle 1
Straßburger Testamente und Legate (1266–1400)

Geistliche	Frauen	Witwen	Beginen	Männer	Ehepaare	Total
58	25	12	4	20	5	124
47%	20%	20%	3%	16%	4%	100%
Mit Gesindeklauseln						
18	7	6	–	6	–	37
31%	28%	50%	–	30%	–	30%

Tabelle 2
Lübecker Testamente (1278–1363) mit Gesindeklauseln

Männer	Geistliche	Paare	Frauen	Witwen	Beginen	Total
790	19	15	126	69	2	1021
77%	2%	1%	12%	7%	–	100%
Mit Gesindeklauseln						
104	2	–	41	23	–	170
13%	11%	–	33%	33%	–	17%

*Unter der Rubrik Männer sind vier Testamente von Dienern eingereiht, unter der Rubrik Frauen sechs von Mägden. – Spätere Testamentsänderungen konnten hier nicht gesondert berücksichtigt werden.

Tabelle 3
Gesinde als Stifter (nach dem Schenkungsbuch des Mainzer Liebfrauenstifts)

	1373–1410	1418–1421	1446–1499
Männer	06	–	02
Frauen	53	3	12
Total	59	3	14
	5% von 1157	7% von 42	13% von 107 Stiftungen

Tabelle 4
Basler Testamente ohne Erbeinsetzungen (1469–1516)

Geistliche	Frauen	Witwen	Alleinst.	Männer	Ehepaare	Total
13	12	22	21	30	1	99
	Frauen Total 55					
13%	56%	–	–	30%	1%	100%

Mit Gesindeklauseln 25, davon 5 Männer, 6 Geistliche und 14 Frauen, davon 10 Witwen.

Nils Minkmar

Verbriefte Liebe

Die unglückliche Beziehung zwischen einem Reichsritter
und einer Goldschmiedtochter im Colmar des
16. Jahrhunderts

Es liegt eine bittere Ironie darin, Liebesbriefe im Archiv, zudem
noch in Prozeßunterlagen, zwischen Rechtsgutachten und
Schriftsätzen von Anwälten zu finden. Doch für Historiker und
Historikerinnen hat – wie so oft – das Leid der Zeitgenossen
seine Vorteile: Solche überaus seltenen Briefe bringen uns Menschen aus der Frühen Neuzeit in einem von der Forschung bislang weitgehend vernachlässigten Zustand nahe: als Verliebte.[1]
    Lange waren Untersuchungen über Liebe, Ehe und Sexuali-
tät in der Vormoderne eine deprimierende Lektüre:[2] Männer
und Frauen erschienen dort als bemitleidenswerte Kreaturen,
die den überwältigenden Interessen von Großfamilie, Kirche,
Zünften und vielen anderen gerecht werden mußten, ohne sich,
so schien es, Gedanken an Liebe und Sex überhaupt erlauben
zu können. Wenn schon mal, wie im Fall von Martin Guerre[3]
originelle Auswege aus diesem Dilemma gefunden wurden,
endeten sie meist auf dem Richtplatz.
    Seit etwa einem Jahrzehnt haben nun neue, von der ameri-
kanischen „her-story" und der „anthropology of gender" be-
einflußte Studien[4] vermocht, dieses Bild zu revidieren: Frauen
und Männer werden nicht mehr nur als von Prozessen und
Strukturen geformt begriffen, sondern auch als Akteure, die
mittels subjektiver Deutung und Erfahrung selbst ihre Lebensumstände, Kultur und Gesellschaft gestalteten. Daher sollen
hier auch Männer und Frauen gemeinsam untersucht und

„nicht als beziehungslose Monaden, sondern im Verhältnis zu-einander verstanden"[5] werden.

Nun wäre es freilich schön, wenn uns ein solcher For-schungsansatz, zumal wenn er sich auf Liebesbriefe stützt, auch etwas von einer sympathischeren Frühen Neuzeit vermit-teln könnte. Doch es geht in der historischen Anthropologie nicht nur darum, subjektive Leistungen und originelle Welt-deutungen zu würdigen, sondern ebenso darum, uns Einblicke in individuelle Fehlwahrnehmungen zu eröffnen und verpaßte Chancen zu offenbaren.

Unser Fall handelt von der Liebesbeziehung der Elisabeth Affel zu dem jungen Reichsritter Claus von Hattstatt, die von den Colmarer Beamten über viele Jahre verfolgt und mit gro-ßer Sorgfalt archiviert worden ist. Aufgrund dessen und wegen der relativen historischen Prominenz des männlichen Brief-schreibers erhalten wir Einblick in die Entwicklung einer Lie-be zu Beginn des 16. Jahrhunderts, die es uns erlaubt, drei zu-sammenhängende, teilweise etwas ernüchternde Beobachtun-gen zu machen: einmal, daß es in der Frühen Neuzeit Liebes-beziehungen auch über Standesgrenzen hinweg gab; zweitens, daß solche Beziehungen allen Hindernissen zum Trotz in eine Ehe münden konnten und drittens, daß sie dennoch – ohne eindeutigen Grund – manchmal ganz besonders schlecht ende-ten. Auch der ungünstige Einfluß externer Faktoren auf diese Beziehung vermag ihr langes schmerzliches Ende nicht restlos zu erklären.

Elisabeth Affel hatte sich im Jahr 1535 mit einer Klage an das bischöfliche Gericht in Altkirch gewandt, nachdem Claus aus Colmar verschwunden war und nicht bereit schien, wieder zurückzukehren. Die Liebesbriefe des jungen Reichsritters dienten als Beleg dafür, daß sich die beiden schon zur Ehe entschlossen hatten. Das Gericht gab der Klage statt und er-kannte die Ehe an: Mit dem Urteil waren Elisabeth Affel und Claus von Hattstatt rechtmäßige Eheleute.[6] Doch Claus, dessen Familie sich gegen diese Verbindung gesperrt hatte, begann eine einzigartige Karriere als Söldnerführer und kehrte nicht wieder zu ihr zurück.

Im folgenden wird es darum gehen, die einzelnen Stadien dieser Begegnung darzustellen, um eingehenderes über die Zwänge und die Chancen eines solchen ungleichen Paares zu erfahren. Dabei ist es gerade im vorliegenden Fall besonders wichtig, nicht nur die Frauen- und die Männerperspektive je für sich, sondern vielmehr die geschlechtsspezifischen Formen der Interaktion[7] und ihre Dynamik zu rekonstruieren: Wir erfahren, wie Claus auf das vorsichtige, zögerliche Verhalten Elisabeths mit Ausdrücken von Zerknirschtheit und Verzweiflung antwortete, wie Elisabeth hingegen das ungestüme Drängen ihres Geliebten und die Sorgen ihrer Mutter übereinzubringen versucht, wie sie sich schließlich gemeinsam zur Ehe „verabreden" und wie unterschiedlich sich beide Biographien nach der gerichtlichen Bestätigung der Ehe und dem Scheitern der Beziehung weiterentwickeln.

Rendez-vous in Colmar

In der Stadt Colmar, in der die verhängnisvolle Liebesbeziehung ihren Anfang nahm, gab es mehrere Adelsfamilien, wie die Westhusens und die Lincks, die sich vollständig in die Bürgergemeinde[8] eingefügt hatten. Eine Verbindung mit Bürgerssöhnen und -töchtern war in einer solchen Familie längst nichts Ungewöhnliches mehr.

Die Hattstatts, eines der ältesten elsässischen Adelsgeschlechter, waren jedoch weit bedeutender. Sie besaßen nicht nur ausgedehnte Ländereien im Oberelsaß, Baden und der Schweiz – auch in Colmar selbst waren sie, von den Stiftungen für das Martinsmünster über ihren umfangreichen Hausbesitz bis zu den Dutzenden von Lehensverhältnissen, die sie mit Colmarer Bürgern verbanden, nahezu allgegenwärtig.[9] Die größte Aufmerksamkeit erfuhren die Hattstatts nach der Erntezeit, wenn alle abgabepflichtigen Colmarer ihre vollbeladenen Wagen in den Hattstatterhof lenkten und mit ihrem Zehnten die legendären, „unermesslichen" (August Scherlen) Weinvorräte auffüllen halfen. Schließlich war auch der politische Einfluß derer von Hattstatt gewaltig: Friedrich von Hattstatt,[10] der dem Geschlecht von 1524 bis 1553 vorstand, war jahrzehntelang Mitglied der Habsburger Regierung in Ensisheim, mithin also einer der wichtigsten Parteigänger der Habsburger im Oberelsaß.

Der junge Claus von Hattstatt wuchs nicht auf dem isolierten Stammsitz der Familie in Hattstatt auf, sondern in Colmar, also in städtischer Umgebung. Unter den Colmarer Jugendlichen der späten 1520er Jahre spielten Standesgrenzen, jedenfalls verglichen mit den Verhältnissen auf dem Lande, kaum eine Rolle. Schon die zahlreichen Umzüge, Feste und Tanzveranstaltungen der stadtbürgerlichen Gesellschaft boten eine Fülle von Gelegenheiten zum Kennenlernen. Natürlich fungierten auch ganz alltägliche städtische Einrichtungen wie Brunnen, Gärten und Marktplätze als informelle ‚Jugendtreffs'. Besonders wichtig bei der Anbahnung von neuen Affairen waren aber die Fenster, Balkone und vor allem die Erker der Bürgerhäuser. Am Fenster oder im Erker zu liegen war ohnehin eine Lieblingsbeschäftigung frühneuzeitlicher Stadtbewohner – eine Angewohnheit, die an der Fassade des berühmten Colmarer Kopfhauses, aus der Dutzende von grotesk glotzenden Fratzen ragen, karikiert wird. Nirgends konnte vertrauliche Kommunikation unauffälliger stattfinden als zwischen einem Passanten und einer wie zufällig aus dem Erker blickenden Frau.

Auch Claus und Elisabeth haben sich so verständigt: Sie wohnten beide mitten in der Altstadt,[11] jeweils in Häusern, die unmittelbar an breiten Gassen lagen und daher nicht der direkten Kontrolle gegenüberliegender Nachbarn unterworfen waren. In einem Brief, in dem Claus ein geheimes Treffen vorschlägt,[12] gibt er folgende Instruktionen zur Kommunikation: „So es müglich ist das ich zu euch kan kummen, so gend mir ein wortzeichen mit einn finger oder nemen ein Ruth unnd wincken mir darmit; so will ich als bald es Neüne schlecht da sein. Wolt ir mir wider schreiben so nemen ein brieff unnd zeigenn mir den wenn ihr mich dess Tag an dem laden sehen liegenn."

Kurz – es gab für Claus und Elisabeth genügend Gelegenheiten, einander näherzukommen, sich zu treffen und sich ineinander zu verlieben. Mit dem Andauern oder dem Bekanntwerden einer solchen Liebesbeziehung traten freilich weitere Beteiligte auf den Plan. Im Falle derer von Hattstatt war dies der bereits eingangs erwähnte Friedrich von Hattstatt, dessen weitreichende Ambitionen einer solchen Begegnung entgegenstanden.[13] Vergegenwärtigen wir uns kurz, welche Risiken die beiden jungen Leute mit ihrer ungleichen Verbindung eingingen: Da ihre Beziehung im weitesten Sinne zu einer Phase der Eheanbahnung gerechnet werden konnte, riskierten sie, um gleich einem weitverbreiteten Vorurteil zu begegnen, kaum strafrechtliche Konsequenzen. Ohnehin waren die Sitten im Colmar der 1520er Jahre – jedenfalls für wohlhabende Jugendliche aus alteingesessenen Familien – nicht sonderlich streng. Elisabeths Risiken lagen vor allem in einer ungewollten Schwangerschaft, verbunden mit dem Spott, der sich über Frauen ergießen konnte, die versuchten, einen reichen Erben zu heiraten und schließlich, verführt und sitzengelassen, in der Stadt zurückblieben. Hinzu kam der Umstand, daß Elisabeths Vater zum Zeitpunkt ihrer Beziehung mit Claus bereits verstorben war. Der wohlhabende und politisch relativ einflußreiche Goldschmied Cornelius Affel wäre im Konfliktfall durchaus in der Lage gewesen, selbst bei Clausens Vormund Friedrich von Hattstatt zu erscheinen und die Interessen seiner Tochter effektvoll zu vertreten. Für Elisabeths Mutter und Brüder war dies schon weniger einfach. Sie mußten sich zur Wahrung ihrer Ansprüche an den Rat wenden und somit eine große Öffentlichkeit informieren. Clausens Risiken waren etwas anders gelagert. Auch er war auf die Heiratserlaubnis seines Vormunds angewiesen, denn mit einer Eheschließung tauchte einerseits die Frage der Erbfolge auf, andererseits bot sich die Chance, den Besitz der Familie und ihren politischen Einfluß durch geschickte Heiratspolitik zu vergrößern. Wegen der starken Stellung seines Vormunds im Elsaß bedeutete ein Konflikt mit ihm in einer solch wichtigen Frage vor allem eins: Claus würde sein Geld jenseits des Rheins verdienen müssen.

Die Risiken der beiden Liebenden lassen sich zugleich räumlich verorten: Claus lief Gefahr, Colmar zu Lebzeiten seines Vormunds meiden zu müssen, Elisabeth hingegen würde nie von dort fortkommen können.

Claus und Elisabeth wußten um diese Risiken. Ihre Reaktionen auf dieses Wissen waren aber unterschiedlich: Zunächst schien Claus an der Aussichtslosigkeit der Beziehung zu verzweifeln. Immer wieder kündigte er an, er wolle sich von „aller guten Gesellschaft" verabschieden und davonreiten. Elisabeth schien sich ebenfalls um die Zukunft ihrer Liebe große Sorgen zu machen und fürchtete insbesondere die Reaktion ihrer Mutter. Sie versuchte jedoch, diese schwierige Beziehung trotz allem in die Colmarer Gesellschaft zu integrieren. Nach und nach suchten beide nach Wegen, dennoch heiraten zu können. Die Briefe, die uns über diese Phase unterrichten, waren diskrete Medien der Verständigung zwischen den Liebenden, zugleich dienten sie aber auch als gerichtsverwertbare Beweise: Sie dokumentierten schwarz auf weiß das gegenseitig gegebene Eheversprechen und schufen somit vollendete Tatsachen.

Liebesbriefe und verbriefte Liebe

Betrachten wir die Briefe genauer.[14] Ihr Stil ist auffallend unruhig; zahlreiche Sätze drücken gleich mehrere Gedankengänge auf einmal aus. Obwohl die Briefe nur ungefähr zu datieren sind, läßt sich aus ihren Inhalten zumindest die Abfolge ihres Entstehens rekonstruieren.

Die ersten beiden Briefe[15] handeln von verpaßten Treffen. In ihnen klagt Claus seine eigene Unzulänglichkeit an und gibt wortreich seinem verzweifelten Liebessehnen Ausdruck: „Wisst das Ihr mich Inn ein grossen kummer gesetzt habenn seydt das Ich von euch gescheiden bin. Auch das Ihr allso hinweg gefahren seid, unnd mir so gar nit darvon gesagt haben bin ich so gar bekümmert worden, das Ich vor grossen trauren unnd widermut weder Reden noch hab mögen mit thun. Dann Ich hab

gemeint Ir seyen gen Neuernburg geritten, den sterbet[16] geflo-
henn, da bin ich von stundan auch dar geritten, unnd nach
euch gesehenn, dann ich mag kein Ruh noch freid nit habenn,
Ich sehe euch denn." Doch auch die langersehnten Treffen im
Haus der Affels, so können wir aus dem zweiten Brief[17] erkennen, scheinen nicht immer so zu verlaufen, wie es sich Claus
erhofft: „Wisst das ich mich so hart bekhümbert hab seidt das
ich ihnn ewerem haus gewesen bin, auch das ich nit zu euch
hab khönnen komen." Bei diesem Treffen scheint Claus klar
geworden zu sein, daß seine Liebe auch Elisabeth in Schwierigkeiten bringen kann: „Ich verstand das Ich mein liebe übel
und vergebens gegen euch angelegt hab, ursach halb ich hab
euch keinen gefallen daran than." Die Beschwörungen Clausens nehmen dabei leicht einen drohenden, ultimativen Unter-
ton an: „Ach herz liebe, aus solchen wortenn kan ich wol ver-
ston das ich mein liebe gegen euch verschit hab, unnd weyter
kein liebe bey euch finnden mag das mir leid soll werden, als
Ihr bey der zeit erfarn werdenn so ir an meine wortt werden
gedenncken, die ich selber mit euch geredt hab da ich bey euch
war den selbigen will ich nachkommen so ich nit anders von
euch bis donderstag erlanngen würde, so solt ir mich kein tag
mehr hie sehen, dess will ich euch mein trew geben. Unnd so ir
mich lenger hie sehenn werdenn, dann bis donnerstag, so haltet
mich für ein dieb unnd Bößswicht, unnd glaubenn mir kein
wort nit, unnd sagen fröhlich es sey alles erlogen und erdicht
gewest wo mit ich Ir umb sey ganngen. So ich aber sieh das Ich
euch meyden muß über meines herzens willen, so gib ich urlap
allen gutten gsellenn, unnd bitt got sey es nit wider Inn. Unnd
sey es dem deuffel oder aller seiner gesellschafft müglich das sy
mir ein pestilentz anhencken mögen, die mich erwirge, das sy
es tuen unnd sich nit seumen, dass gib ich inen vollenn ge-
wallt, so es nit wider got ist, dann ich weiß sunst kein grösser
freud mehr so ich euch meiden muß."

Die Verknüpfung, die Claus zwischen seinem Leib und Leben und den Gefühlen, den Aussagen und Handlungen Elisabeths vornimmt, ist ein ständig wiederkehrendes Motiv in den
Briefen. In Elisabeths Macht liegt es nicht nur, so beschreibt es

Claus immer wieder, Glück und Liebe zu spenden, sondern vor allem seelischen und körperlichen Schmerz und sogar Tod zu vermeiden. Hier sind die Anklänge an die Minnelyrik[18] unübersehbar: Liebe wird in der erzwungenen Distanz gelebt und als Krankheit und Kampf beschrieben. Doch daß Claus in diesen Briefen an damals wiederentdeckte literarische Moden anknüpft, spricht eher für die besondere Mühe, die er bei der Erstellung dieser Texte aufwendet und nicht etwa für mangelnde emotionale Authentizität.

Elisabeths Reaktion scheint seiner Leidenschaft freilich nicht angemessen. Immer wieder bittet er, sie möge sich seiner erbarmen: „auch früntliche herz ein erquickung meines lebens so ir möchten erkennen wie grosse marter unnd pein ich von euwert wegen trag und leid, es künte nit müglich sein es müst euch zuherzen gan, dann so ich ein hund wise der mich also lieb oder umb meinet willen also grossem schmerzenn leiden solt, Ich wolt umb desselbigen willen mein leib und gut verlieren so Ime jemand leid thete, darumb lannd mich euch ein wenig zu herzen gen, unnd ob Ir schon ein wenig umb meinetwillen leiden, dann Ich will hundert mal sovyl umb euwert willen leiden, dammit seind got befolen, unnd meinem herzen, gedenken mein in trewen als ich euer". Als Zeichen seiner Entschlossenheit kündigt der verzweifelte Verliebte an: „Unnd uff disse nacht verprenn Ich die brief die ich von euch enntpfanngen hab alle biß an einen, der soll bey mir bleiben dieweil ich leb wie ich auch geredt hab unnd verbrenn die anderen uff den brief das wortzeichen werdenn ir sehnn auch werdenn Ir vonn jedem brief ein stückh finden."

Ist der erste Brief vom Trennungsschmerz geprägt, so beinhalten die folgenden Briefe Beschwörungen an Elisabeth, Claus zu sich zu lassen und nicht mehr abzuweisen. In diesen Beschwörungen und Beschreibungen seines Leids, seiner Liebeskrankheit, erinnert Claus an einen anderen Ritter, der nur wenige Jahre später in Colmar einige Berühmtheit erlangen sollte – wenn auch nur auf dem Papier: Galmy,[19] der Ritter aus dem ersten 1539 erschienenen Roman des Colmarer Populärschriftstellers Georg Wickram. Auch Galmy wird von einer heftigen Liebe zu einer unerreichbaren Frau, seiner Herzogin, geplagt. Doch er, ein Aufsteiger, kann nicht zu ihr vordringen, und er leidet exakt an den gleichen Symptomen wie Claus: Schlaf- und Appetitlosigkeit, Unruhe und schließlich Todessehnsucht. Erst durch verschiedene lebensgefährliche Einsätze für seine Herzogin vermag er schließlich, viele Kapitel später, ihre Gunst zu gewinnen.

Allmählich schien Claus erkannt zu haben, daß sein Drängen erfolglos bleiben mußte, wenn er Elisabeths Sorgen und Befürchtungen nicht berücksichtigte. Schon im nächsten Brief[20] ist eine ausreichend deutliche Vereinbarung über eine Eheanbahnung zu lesen: „Dessgleichen ist auch mein beger von euch zewissen, ob es allso ewer guter will und meinung seige, So es dann allso euwer guter wille ist, darff es nit vyl Red, dann das es allso verschwiegen blibe die zeit bis Ich mit meinen Vettern unnd brüder eins würde. Daran will ich mich nit Seumen." Doch Claus weiß auch, daß Elisabeth unter der Kontrolle ihrer Mutter steht, und gibt ihr entsprechende Instruktionen für den Fall, daß die Mutter Verdacht schöpft: „So aber euwer Mutter inn der weil euch in unehrlich sachen verargenn wolte oder aber euch sunst dester gefehrlicher sein wolte, dardurch ir leiden oder kummer tragen muestenn, das mir leid were, mögenn Ihr wol Ihren solches heimlich anzeigen, doch inn solcher meinung wie ich mit euch verlassen han, das sy niemant darvon sagenn wolle biß das sy selber mit mir geredt hab. Wenn es Ihren gelegen will sein, will ich selbs zu ir kummen unnd mit ir selber Reden, des sy zufriden sein soll. Sy soll auch kein fründ oder niemant Rhadts fragenn dann es nit verschwygenn, und möcht einer wyl unradt unnd Zanckh daraus entspringen." Und Claus weiß auch, daß nichts ein Mutterherz so beruhigt wie etwas, das man schwarz auf weiß besitzt: „Darzu mögen Ihr Ihren wohl den Brief zeigen, damit sy es von mir auch hören, darmit seind gott befohlen."

Den gleichen Zweck konnten auch seine sorgsam formulierten und moralisch einwandfreien Gedichte[21] erfüllen. Dies war Post, die Elisabeth den Blicken anderer aussetzen konnte, sie waren durchaus geeignet, einem familiären Publikum zu gefallen. In ihnen bemüht sich der Autor, im Gegensatz zu den verzweifelten und leidvollen ersten Briefen, Zuversicht und Verläßlichkeit selbst unter widrigen Umständen auszudrücken. Zwar sind auch hier Begriffe wie Wagnis und Geheimnis zentral, doch wirbt Claus zugleich mit dem Ausdruck ausgeprägten Ehrbewußtseins und warnt vor den Gefahren weltlicher Verführungen: „Bedenckt nit mein das ich soll sein mit solcher bosheit beladen/das ich mit drutz und grosser lüg, solt stifftenn solchenn schaden/der mir mein ehr und leb zerster, Unnd mich bracht auch zum leidenn/das ich nit bald auch wan mir schadt darinn ich miest belibenn/Das wer mir schwer, das ich mein ehr so schentlich solt verlieren/dardurch ich mich ach jemerlich inn grosses leid thet fueren/das ich nit möcht, wider machenn schlecht, dieweil ich lept uff erdenn/es möcht nit sein. Es würd auch mein/bey got vergessen werdenn/Darumb ich nit acht Ein solchen bracht der mir würt gut uff erden/Dardurch mein seel, miest leiden qual, mecht auch verloren werden/viel besser ist, ich sey gerist, was dienen mag zu eheren/dann das ich mich wolt hie brichlich Inn bosheit ferrer sperren/Wiewol die welt, unns jetz inhlet, wir sollen lentlich leben/als wann der bracht uns wer eracht, von got zu eigen geben/glaubt solches nit, bedracht, allzeit, was dir daraus mag kummen/bewar dein eher, dir würt nit mehr/halt glauben an den frummen."

Insbesondere die letzte Strophe beinhaltet Elemente der bürgerlichen Weltauffassung: die Ehre zu bewahren und höher zu schätzen als weltliche Pracht und eine lässige, nachlässige Lebensweise und stets die Folgen einer Handlung für die Ehre zu bedenken. Solche Appelle an ein wohlbegründetes Ehrgefühl dürften sowohl bei Tochter wie Mutter Affel Eindruck gemacht haben. In der konkreten Situation konnten diese Zeilen durchaus als Verzicht auf voreheliche Sexualität und als Lob der weiblichen Standhaftigkeit – „bewar dein eher, dir würt nit mehr" – gelesen werden.

Vielleicht war es das angekündigte Gespräch mit Brüdern und Vettern, das der Entwicklung der Beziehung eine andere Wendung gab. Obwohl Claus die Aufrichtigkeit seiner Gefühle und seiner Absichten beteuert und auch erneut seiner Sehnsucht Ausdruck verleiht, stehen im Mittelpunkt des fünften und letzten Briefs[22] nun nicht mehr die Hochzeitsvorbereitungen oder das zu erwartende Verhalten der jeweiligen Verwandten, sondern ein mehrmonatiger Feldzug, den Claus zu unternehmen sich anschickte. Dennoch bekräftigt er ihre Abmachung: „Ir wissen wie ich jetzmal gegen euch stande unnd verbunnden bin das nit vonnöten ist weiter darvon zuredn anders dan geret ist, dann bey treue unnd glaubenn so solt ir nit gedennken, das ich von einem eintzigen wort das ich uff glauben zusage, fallen wolle. Eher will ich verlieren leib unnd leben auch aller menschen huld." Dabei beschwört er sie weiter, alle Vereinbarungen bis zu seiner Rückkehr geheim zu halten.

Doch ein solcher Zug war keine ungefährliche Sache. In deutlichen Worten verleiht Claus nun besonders seiner körperlichen Sehnsucht Ausdruck und bittet, nicht zuletzt mit Rücksicht auf die Gefahren, die ihn auf diesem Zug erwarten, um ein nächtliches Treffen mit Elisabeth: „darumb wolt ich gern for noch einmal bey euch sein dann ich hett vyl mit euch zureden das ich jetz nit alles schreiben ... Was darff es dann sovyl forcht? auch mecht ich vielleicht mein lebennlang nimmermehr zu euch kummen".

Insgesamt sind die Briefe ein eindrucksvolles Zeugnis für die Dynamik jener eigentümlichen Phase des Werbens,[23] die in der frühneuzeitlichen Jugendkultur von ganz besonderer Bedeutung war. Zwar hatte man die elterliche Kontrolle schon überwunden, aber noch keine irreversiblen Entscheidungen getroffen. Von der Gestaltung dieser Phase, des geschickten Übereinkommens mit allen Interessen, hing unübersehbar viel ab. Oft genug war es dann an den Gerichten, den hier getroffenen Vereinbarungen, den Versprechen und Liebespfanden Geltung zu verleihen. Weil sich frühneuzeitliche Eheanbahnung in einer Folge subtiler Verbindungsstiftungen realisierte, waren Mißverständnisse häufig. Gewiß konnten Gerichtsurteile manches Mal dazu dienen, Uneinsichtige in eine Ehe zu fügen.

Doch im vorliegenden Fall blieben Elisabeth und Claus gewissermaßen in der ‚Übergangsphase' zwischen Werbung und Heirat stecken und verknüpften so die Nachteile beider Phasen.

Der lange Feldzug

Claus verließ Colmar bald und wurde ein anderer Mensch. Weder die kirchenrechtliche Bestätigung der Ehe vor dem bischöflichen Gericht in Altkirch 1535 noch die vom Colmarer Magistrat wiederholten Bitten konnten ihn dazu bewegen, zu Elisabeth zurückzukehren.

Schon mit seinem ersten Zug als Söldner nach Norditalien auf seiten des französischen Königs im Frühjahr 1536 fiel Claus von Hattstatt beim Kaiser in Ungnade, woraufhin alle seine Güter beschlagnahmt wurden. Somit war der Söldnerdienst seine nunmehr einzige Erwerbsquelle. Doch dieser Beruf war weit von jenem Ritterbild entfernt, das in Clausens Briefen und Gedichten aufschien. Vielmehr operierte er nun als selbständiger, auf die Planung und Durchführung von Feldzügen spezialisierter Unternehmer, der auf Provisionsbasis[24] entlohnt wurde: Erhielt er von einem beliebigen europäischen Fürsten einen Auftrag, so bemühte er sich zuallererst um entsprechendes Kapital, ließ Truppen anwerben und Waffen, Munition und Proviant organisieren, wobei er einen großen Teil der Kosten auch selbst vorstreckte. Erst während und nach dem Feldzug konnte er das Geld wieder einnehmen. In diesem Beruf verzeichnete Claus beachtliche Erfolge.

In den folgenden Jahren diente er zunächst dem sächsischen Kurfürst, dann dem schwedischen König. 1541 zog er nach Regensburg, um sich mit dem Kaiser wieder auszusöhnen und erhielt seine Güter zurück. Unterdessen hatte er seinen Dienst für die schwedische Krone beendet, ohne jedoch seine ihm zustehenden Gelder vollständig erhalten zu haben. Darum überfiel er 1545 schwedische Gesandte auf ihrem Weg zum Kaiser und nahm sie gefangen. Hiermit hatte er zugleich die

Schweden und den Kaiser provoziert, der Claus 1547 festnehmen und in Ensisheim einkerkern ließ. Erneut einigte er sich 1549 mit dem Kaiser und blieb danach einige Jahre in kaiserlichen Diensten. Ein großes persönliches Engagement entwickelte Claus dann wieder für den Feldzug Wilhelm von Oraniens in den Niederlanden, für den er Truppen und vor allem Kapital organisierte, so etwa 1569 beim Pfalzgrafen und bei der Stadt Straßburg. Dadurch hatte er sich freilich erneut gegen die Habsburger engagiert und fiel bei Erzherzog Ferdinand in Ungnade; 1570 erfolgte dann eine weitere Aussöhnung zwischen beiden. Nach längerer Krankheit unternahm Claus von Hattstatt 1576 seinen letzten Zug mit dem Heer des Pfalzgrafen Johann Casimir für Heinrich von Navarra und den Prinzen von Condé.

In der Biographie Claus von Hattstatts wird deutlich, daß er tatsächlich kein dauerhaftes Engagement, keinen Dienst ausschließlich für einen Herren, eine Konfession oder ein Land übernahm. Die einzige Konstante in dieser Geschichte der wechselnden Auftraggeber ist vielmehr der Wechsel selbst.

In der Trennung verbunden

Nachdem Claus sich im Jahre 1549 mit dem Kaiser ausgesöhnt hatte und von ihm begnadigt worden war, unternahm Elisabeth, vierzehn Jahre nach dem Urteil auf rechtmäßige Eheschließung mit Claus, einen Versuch, zu ihrem Ehemann zu gelangen. Hierbei richtete sie ihre Petitionen an den Rat in Colmar; ob sie sich außerdem unmittelbar an Claus wandte, ist nicht bekannt. In der Zwischenzeit dürfte das Urteil für sie gleich mehrere Funktionen erfüllt haben: Zunächst einmal erlaubte es ihr in Colmar selbst, und vor allem vor der informellen Öffentlichkeit der Frauen, eine halbwegs ehrenvolle Position als Ehefrau zu beanspruchen. Das Urteil konnte als Schutz gegen Injurien und üble Nachrede wirken. Wie auch immer sein faktischer Wert zu beurteilen ist, es stellte einen Besitz dar und bewahrte Elisabeth davor, gänzlich als Opfer aus dieser

Beziehung hervorgegangen zu sein. Nicht ihre Leichtfertigkeit oder mangelnde Tugendhaftigkeit waren Schuld am Scheitern der Beziehung, so konnte sie mit dem Hinweis auf Clausens Karriere argumentieren, sondern vielmehr der einzigartige Leichtsinn Claus von Hattstatts, der sogar gegenüber Kaiser und Reich seine Versprechen brach und in keiner Gemeinschaft Regeln einzuhalten gewillt war, auch nicht in der der Liebenden. Das Urteil verband sie beide lange über ihre persönliche Beziehung hinaus: Während Claus jedoch daran gehindert wurde, wieder eine – katholische – Ehe einzugehen, machte es aus Elisabeth, zumindest in Colmar, für immer die Ehefrau von Claus von Hattstatt. Was sie schließlich zu dem Versuch bewogen haben mag, zu Claus zurückzukehren, ist nicht eindeutig zu klären. Womöglich war es einfach die Enge der bürgerlichen und familiären Verhältnisse, in denen sie nun lebte, die sicher nicht dem entsprach, was sie gesucht hatte, als sie eine Ehe mit Claus plante.

Doch selbst für den von Elisabeth um Hilfe angegangenen Magistrat von Colmar war Claus von Hattstatt nun eine nur schwer erreichbare und kaum beeinflußbare Person geworden. Um Verhandlungen mit ihm in die Wege zu leiten oder der Angelegenheit wieder eine gewisse Dynamik zu verleihen, bedurfte es verschiedener, sorgsam überlegter diplomatischer Vorgänge. Der Rat mußte, wenn es verlangt wurde, für die Interessen der Affels in dieser sehr schwierigen Angelegenheit öffentlich eintreten. Er schrieb Briefe an Vertreter der wichtigsten benachbarten Herrschaften – etwa der vorderösterreichischen Regierung der Habsburger in Ensisheim oder an den Bischof von Basel – mit der Bitte, auf Claus Einfluß auszuüben und sich für Elisabeth zu verwenden. Die Antworten auf diese Briefe, soweit sie uns vorliegen, geben einer allgemeinen Hilfsbereitschaft Ausdruck, beinhalten das Versprechen einer eingehenden Prüfung des Falls und betonen nachbarschaftliche Verbundenheit und Hilfsbereitschaft, ohne freilich konkrete Maßnahmen in Aussicht zu stellen.[25]

Claus selbst schrieb dem Magistrat und Rat von Colmar[26] als Antwort auf eine weitergeleitete Supplikation Elisabeths im

November 1549 einen in dieser Hinsicht bemerkenswerten Brief. Er stellt sich darin als bescheidener Mann dar, den die Angelegenheit mit Elisabeth Affel nun schon seit langen Jahren „bisher viel zeit angelegen unnd zum schwersten bekümmert unnd betrübt" habe. Zur Sache selbst gibt Claus eine Deutung, mit der sich Colmarer Repräsentanten und Juristen auch in anderen Fällen haben zufrieden geben müssen: „Wie und was gestalt sich aber solches alles zugetragen unnd sich hallt mag der allmechtig gott am besten wissen, welchem ichs fürderhin in sein allmechtigkeyt unnd barmmherzigkkeit befolhen will haben." So ist eine höhere Ebene angerufen, vor der keine weltlichen Ansprüche oder Rechtstitel bestehen, ohne daß die Colmarer Obrigkeit eine solche Antwort als Provokation empfinden müßte. Claus, der sich im Laufe seines Lebens immer stärker den Protestanten zugeneigt hatte, ergänzt diesen Verweis auf Gott durch einen Hinweis auf die Prüfung seines inneren Ichs: „So hab ich mich inn allweg sovyl mir Got der herr gnad verlihen, mit allem meinem gwallt ersucht unnd kan nit befinnden das ich obgemelt Junckfrawen solle oder khöndt bewilligen."

In einem weiteren Brief[27] an Claus demonstriert der Rat sein aus faktischer Ohnmacht entwickeltes Geschick zum Taktieren. Er betont unter Verweis auf seine rechtliche Beistandspflicht, daß man sich nur auf Ersuchen und Drängen Elisabeths hin zu einer Handlung in dieser Angelegenheit überhaupt bewegen ließe, nicht ohne der Hoffnung Ausdruck zu geben, Claus möge dies nicht „zu ungutten uffnemmen". Es folgt eine Argumentation, in der Claus verdeutlicht wird, weshalb es auch von seiner Position her gesehen von Vorteil wäre, Elisabeth schließlich doch noch zu sich zu nehmen: Erstens sei sie nach dem Urteil des Gerichts vor Gott und der Welt seine Ehefrau. Ein solches Faktum sei nun nicht mehr zu revidieren und bedeute für beide auch die Unmöglichkeit, wieder zu heiraten. Zweitens müsse er als Edelmann – im Konzept steht ursprünglich „bider mann", doch dieses offenkundig zu bürgerliche Adjektiv wurde gestrichen und ersetzt – seine Zusagen auch honorieren. Im weiteren geht der Text auf die Vorzüge

Elisabeths ein. Ein Satz, der das materielle Argument der ansehnlichen Ehesteuer anführt, ist – wohl als eines Edelmanns unwürdig – aus dem Konzept gestrichen worden. Weiter wird der gute Ruf angesprochen, den sich Claus durch eine solche „barmherzige" Tat erwerben würde. Das zentrale Argument aber folgt am Schluß: Name und Stamm derer von Hattstatt könnten nach dem Tod seiner Brüder nur von Claus weitergegeben werden. Die Ehe mit Elisabeth war zu diesem Zeitpunkt tatsächlich die einzige Möglichkeit, die Claus zur Fortführung seines Geschlechts noch blieb, zumindest in katholischen Landen.

Clausens Antwort,[28] zugleich das letzte Dokument dieses Falls, ist von unverhüllter Deutlichkeit: Seit zwanzig Jahren belaste ihn nun diese Angelegenheit, obwohl er immer deutlich gemacht habe, daß er Elisabeth nicht heiraten wolle und die Ehe nie vollzogen wurde. Er habe ihr nie Hoffnungen gemacht, „sondern viel lieber letztlich nun land und leite darob verlassen, will auch nochmals ehr, leib und gut verlieren dan gedachte Jungfraw zu mir nemen". Clausens letzte Äußerung knüpft somit wieder an das vorherrschende Motiv seiner ersten Briefe an: Ehe er die Zumutungen der Colmarer Gesellschaft hinnimmt, zieht er es vor, von dannen zu reiten.

Durch kaiserliche Legitimationen seiner nichtehelichen Kinder aus Beziehungen zu zwei Dienstmädchen und seines immer wieder demonstrierten protestantischen Glaubens wurde es Claus schließlich ermöglicht, sich in Basel niederzulassen, dort das Bürgerrecht zu erwerben und 1575 nach Basler Kirchenrecht erneut zu heiraten.[29] Es ist bezeichnend, daß Claus gegen Ende seines Lebens, in der Zeit von 1578 bis 1585, statt sich auf den Stammsitz der Familie zurückzuziehen, einen Lebensstil wählte, der deutlich dem eines oberelsässischen stadtbürgerlichen Patriziers nachempfunden war. Selbst seine Bibliothek, in der sich nicht nur Werke zu allen Richtungen der protestantischen Lehre, sondern auch die Schwanksammlungen von Johannes Pauli fanden, glich recht genau der eines Stadtbürgers. Als Basler Bürger kümmerte sich Claus auch um zahlreiche karitative Stiftungen und um Schützengesellschaften. Noch am Ende seines Lebens[30] können wir also eine habituelle und kulturelle Nähe zum Stadtbürgertum feststellen.

Über Elisabeth Affels weiteren Lebensweg ist uns weit weniger bekannt. Der fehlgeschlagene Versuch, die Grenzen der Stände und des Üblichen zu überwinden und eine Liebesbeziehung auch rechtlich festschreiben zu lassen, bedeutete für Elisabeth letztlich vor allem den Beginn einer persönlichen Sonderrolle. Sie zog sich nach und nach zurück und versuchte schließlich noch 1550 in einer Supplikation, zu Claus nicht als Ehefrau, sondern als „Magd und Dienerin" ziehen zu dürfen. Nach dem endgültigen Scheitern ihrer verschiedenen Initiativen begab sie sich in Begleitung von Georg Wickram zu einem kurzen Aufenthalt ins Kloster Einsiedeln. 1555 wurde Elisabeth noch einmal namentlich in den Colmarer Bürgerbüchern erwähnt, um den Ort eines Hauses zu bestimmen. Sie wohnte demnach in einem Haus unweit der „Herberge zur Blume", das ihrem Bruder Jakob gehörte. Eine letzte Nachricht stammt aus dem Jahr 1585: „Bis in ihr End bewahrte sie ihr zerrüttetes Gemüt und verlor ihre Sinne."[31]

In der Entwicklung der Familie Affel hat sich das Scheitern des Konnubiums nicht als prägend erwiesen. Die Brüder Elisabeths, Cornelius und Jakob, setzten das Handwerk ihres Vaters als zünftige Goldschmiede in Colmar fort. Am „Schwörtag" 1566 wurden gleich drei Mitglieder der Familie Affel – Elisabeths Neffen – zu neuen Bürgern ernannt.

Über die hier zugrundegelegten Liebesbriefe, die uns nur als Folge des Scheiterns einer ungleichen Beziehung erhalten sind, erfahren wir vieles über die Spannbreite menschlicher Begegnungen zu Beginn des 16. Jahrhunderts, einer Zeit, aus welcher wir kaum persönliche Dokumente, geschweige denn Liebesbriefe kennen. Dabei werden Unterschiede und Gemeinsamkeiten von Reichsritter und Goldschmiedtochter gleichermaßen deutlich.

Wo Claus von Hattstatt sich und seine Vorstellung von einem wünschenswerten Leben in Demonstrationen individueller Autonomie – vorzugsweise in bewaffneten Aktionen – verwirklicht sah, war für Elisabeth wie für die meisten Colmarerinnen die persönliche Fähigkeit zur Teilhabe an den verschiedenen, alltäglichen wie ritualisierten Formen der Sozialität der Stadt die Grundbedingung eines ehrenhaften, also selbstbestimmten Lebens. Dies wird in den Reaktionen von Elisabeth und Claus auf die zu erwartenden Widerstände gegen ihre Ehe deutlich.

Zugleich lassen sich aber auch Gemeinsamkeiten erkennen: Jahre später war Elisabeth durchaus bereit, die ebenso schützenden wie bedrückenden Beziehungsgeflechte Colmars zu verlassen und in Clausens unsicherer Haushaltung zu leben, ebenso wie Claus schließlich seinen Sattel gegen einen Basler Bürgersessel eingetauscht hat.

Lange glichen historische Untersuchungen mathematischen Operationen: Es gab Prämissen, Regeln und eine oder höchstens zwei unbekannte Variablen – am Ende aber ging alles auf. In diesem Fall bleibt eine Variable ungelöst: die Ursache jener grundlegenden emotionalen Wandlungen, die sowohl Claus als auch Elisabeth im Laufe dieser Geschichte durchmachen. Die historische Anthropologie belastet uns mit der beunruhigenden Einsicht, daß manche Beziehungen und Entwicklungen für uns ebenso rätselhaft bleiben wie für ihre Zeitgenossen.

Doch die Geschichte zwischen Colmar und den Hattstatts war damit noch nicht beendet: Clausens Tochter Juliana, aus der Beziehung zu seiner Haushälterin und einzige Überlebende dieser Linie, heiratete 1576 Hans Jakob Link – einen Colmarer Stadtbürger adliger Herkunft.

Gerd Schwerhoff

Der Kornmesser und der Bürgermeister

Macht, Recht und Ehre in der Reichsstadt Köln (1592/93)

Am 6. Mai 1592 spielte sich eine turbulente Szene vor dem Eingang des Hauses des jüngeren Kölner Bürgermeisters Angelmecher ab.[1] Ein Mann namens Johann Kramer war dort vorstellig geworden und hatte dem Hausdiener eine „Supplikation" (Bittschrift) übergeben. Der Hausherr kam daraufhin an die Tür, um mit dem Bittsteller zu reden. Er habe, so berichten Zeugen später, Johann „gute Worte gegeben", ihn zwar an den älteren Bürgermeister Sudermann verwiesen, ihm aber gleichzeitig versprochen, ein gutes Wort für ihn einzulegen. Damit war Kramer aber keineswegs zufrieden: Viele „unnütze Worte" habe er im Haus des Bürgermeisters gesprochen: Man hätte ihm Gewalt und Unrecht angetan; „man sollte ihm sein Faß wiedergeben oder ihm seinen Kopf nehmen, er wollte es nicht dabei lassen".

Schließlich wurde er von dem Hausdiener auf die Straße gesetzt, wo er allerdings seine Anklagen in ähnlichen Wendungen wiederholte. Es kam zu einem Menschenauflauf, von zwei- bis dreihundert Personen ist nachher die Rede. Bekannte ermahnten Johann vergebens, er möge sich mäßigen, es werde kein gutes Ende nehmen. Das Ende kam schließlich in Gestalt der herbeigerufenen Gewaltrichterdiener, der städtischen Polizisten, die Kramer auf Geheiß des Bürgermeisters verhafteten und in das „Loch" auf einen der Stadttürme führten. Nur der Fürbitte seiner Frau, die gerade im Wochenbett lag, hatte es der temperamentvolle Mann offenbar zu verdanken, daß er fünf Tage später schon wieder freigelassen wurde. Streng bemerkt Turmmeister Michael Luitgens, der für die Gefangenenaufsicht zuständige Ratsherr, als er Kramer die gute Nachricht überbringt, er hätte eigentlich für seinen Aufruhr eine härtere Strafe verdient gehabt. Während andere Gefangene in dieser Situation ohne Zögern den erwarteten Kotau leisteten und sich für die Gnade des Rates bedankten, reagiert Johann Kramer anders: Sicher hätte er „etwas zuviel getan", so gibt er zu – „Er wüßte gleichwohl anders nicht, als das er die Wahrheit geredet."

Johann Kramer dachte nicht daran, diese Wahrheit zu verleugnen oder sich mit der Obrigkeit zu arrangieren. Am 23. Januar 1593 stoßen wir in den Protokollen, die der Turmschreiber über die Verhöre von Kölner Untersuchungsgefangenen anzufertigen hatte, erneut auf den streitbaren Mann. Was er auf die Fragen des Ratssyndikus Dr. Wilhelm Hackstein und des Turmmeisters Peter Kyffen erzählt, läßt erkennen, daß er seine Konfliktstrategie radikalisiert hatte. Ohne Zögern gibt er zu, sich in den vergangenen Tagen an verschiedenen Orten der Stadt, vor allem jedoch am Rathausplatz (den Aufenthalt im Dom und auf dem Gaffelhaus leugnet er), mit einem Strick um den Hals gezeigt zu haben. Nach seinem Motiv gefragt, schildert er eine weitere Konfrontation mit einem der Stadtoberhäupter, diesmal dem ‚älteren' Bürgermeister Sudermann. Der habe ihn vor einiger Zeit öffentlich am Rathaus vor der Gemeinde und vor den umstehenden Bürgern einen „meineidigen Dieb" gescholten. Nicht nur er, so erklärt Kramer pathetisch, sondern seine gesamte Nachkommenschaft sei so „zum ewigen Nachteil, Schmach und Schande" entehrt worden. Auf seine Verteidigung, er sei kein meineidiger Dieb, habe Sudermann erwidert: „Wie solltest Du nicht ein meineidiger Dieb sein, ein Erbarer Rat hat Dich doch für einen meineidigen Dieb erkannt." Wenn das stimme, replizierte Johann Kramer, dann solle man die betreffende Urkunde aus der Kanzlei holen, ihn ans kaiserliche Recht liefern und der gebührenden Strafe zuführen. Damit hatte es für diesmal sein Bewenden, aber Johann Kramer ließ im Bemühen um Wiederherstellung seiner Ehre nicht locker. Er bombardierte den Kölner Rat mit Bittgesuchen, und als das nichts fruchtete, schritt er zur Aktion und wandelte öffentlich mit dem Strick um den Hals umher.

Mindestens zweimal innerhalb weniger Monate war es so zu einer Konfrontation zwischen dem einfachen Kölner Kornmesser und den Bürgermeistern, den Lenkern der stadtkölnischen Politik, gekommen. Versuchen wir im folgenden die Hintergründe und die Bedeutung dieser Konfrontation zu verstehen. Es ging, wie sich zeigen wird, um das Berufsverbot für einen städtischen Bediensteten wegen der Unterschlagung von städtischem Korn. Die Angelegenheit war eigentlich viel zu unbedeutend, als daß sie die hohen Wellen, die sie in der Kölner Öffentlichkeit jener Monate schlug, gerechtfertigt hätte. Durch den hartnäckigen Widerstand Johann Kramers aber erregte die Affäre ungewöhnliche Aufmerksamkeit und fand ihren Niederschlag in zahlreichen Aktenstücken – eine Tatsache, die uns wiederum ermöglicht, den Fall zu rekonstruieren, um am ungewöhnlichen Beispiel einige Handlungsprinzipien der Zeitgenossen nachzuvollziehen.

Ungleiche Kontrahenten

Der Kornmesser und der Bürgermeister, die sich auf dem Rathausplatz gegenübergestanden hatten, bildeten tatsächlich ein sehr ungleiches Paar. Diese Ungleichheit kommt schon in der disproportionalen Verteilung der Informationen zum Ausdruck, die wir über die Protagonisten besitzen. Johann Kramer gewinnt sein Profil fast ausschließlich durch seine Aussagen, die er als Gefangener des Kölner Rates zu Protokoll gab, und durch die Aussagen von Zeugen. Die Angaben über seine Lebensumstände, über familiären Hintergrund, Herkunft oder Vermögen bleiben deshalb eher fragmentarisch und zufällig. Auf der anderen Seite vermitteln uns die Quellen ein außerordentlich lebendiges Bild von Johanns Temperament und Hartnäckigkeit, die ihn immer wieder in Schwierigkeiten brachten. Die Person des Bürgermeisters Sudermann, ebenso wie die seines Kollegen Angelmecher, bleibt demgegenüber merkwürdig blaß. Kein Problem, eine Menge Information über ihre politische und wirtschaftliche Stellung oder ihre Familien zusammenzubringen, aber ein wirklich individueller Charakterzug läßt sich kaum ausmachen. Die Exponenten der Macht bleiben fast gesichtslos. Das ist zweifellos lediglich ein Ergebnis der benutzten (und vorfindbaren) historischen Quellen und keine Widerspiegelung einer geschichtlichen Realität. Angesichts einer Überlieferungslage, die gewöhnlich die Mächtigen und Reichen privilegiert, können wir mit dieser ‚Verzerrung‘ leben.

Was wissen wir über Johann Kramer? Von Berufs wegen mußte er das Kölner Bürgerrecht und ein gewisses Grundkapital besitzen; arm also wird er nicht gerade gewesen sein. Seinen Wohnsitz hatte er, wie es undeutlich im Verhörprotokoll heißt, beim Stift St. Gereon. Zum Zeitpunkt der Geschichte müssen wir uns Johann wohl als einen Mann in den mittleren Jahren vorstellen. Er war mit einer Frau namens Helena verheiratet und bereits Vater von sechs oder sieben Kindern. Sein Beruf als städtischer Kornmesser läßt sich nur vor dem Hintergrund des ungewöhnlichen Steuersystems der Reichsstadt Köln verstehen. Bis auf wenige Krisenzeiten spielten direkte Steuern (etwa Kopfsteuern) hier so gut wie keine Rolle; vielmehr erhob die Stadt indirekte Steuern auf viele der einkommenden beziehungsweise verbrauchten Waren. Daß die Stadt von derartigen Akzisen leben konnte, zeigt, wie lebendig der Kölner Handel bis weit in die Frühe Neuzeit hinein war. Zur Hilfe kam ihr allerdings das Privileg des ‚Stapels‘, aufgrunddessen sie auf dem Fluß oder der Straße vorbeiziehende Waren in ihre Mauern zwingen konnte, wo diese zumindest umgeschlagen, unter bestimmten Bedingungen auch zum Kauf angeboten werden mußten.

Eine Akzise erhob die Stadt auch vom Mehl; was das rohe Getreide betraf, so kam sie in den Genuß der Hälfte des Ertrages vom Kornmaß. Dieses Maß mußte folglich bei einer bestimmten Berufsgruppe monopolisiert werden, und das eben waren die Kornmesser (‚Kornmudder‘) vom Schlage Johann Kramers.[2] Ihr Arbeitsgerät war das ‚Sümmerfaß‘, mit dem die

Menge des Getreides bestimmt wurde.[3] Seit dem späten 15. Jahrhundert verteilten sich die insgesamt 26 städtischen Kornmüdder auf verschiedene Kölner Stadttore, wo sie auf einkommendes Getreide warteten, um es dann an den zentralen Handelsplätzen zu vermessen. Von der Verkehrsdichte und der Qualität der einkommenden Waren hing die Attraktivität des jeweiligen Tores ab. Nach getaner Arbeit kassierten die Müdder von den Händlern ihr Messgeld, das sie zur Hälfte an die Stadt zu liefern hatten. Als Unterkäufer konnten sie zugleich Getreide, das noch nicht verkauft war, an einen Käufer vermitteln und zu diesem Zweck Muster umhertragen. Als Hauptumschlagplatz diente der Altermarkt.

Das Kornmüdderamt war ein ,dienendes' Amt und kein Spitzenposten in der Kölner Verwaltungshierarchie. Aber es war doch eine Vertrauensposition, umso mehr, als ihre Inhaber auch mit der Beobachtung der Preisbewegungen im Getreidehandel beauftragt waren. Aufgrund dieser Beobachtungen setzte der Rat allwöchentlich seine Brottaxen fest. So wurden die Inhaber des Kornmüdderamtes mit einer Vielzahl von Ge- und Verboten belegt, um Interessenskollisionen auszuschließen und möglicher Korruption vorzubeugen. Als Bewerber kamen nur freie und wehrfähige Kölner Bürger in Frage; Müdder mußten Bürgen stellen, durften keinen Handel treiben, keine Wirtshäuser unterhalten und sich nicht in den Rat wählen lassen. Sie waren direkt der Aufsicht der Bürgermeister unterstellt, die bei Reisen um Erlaubnis gefragt werden mußten, die jährlich den Eichstrich des Sümmerfaßes zu überprüfen hatten und überdies bei Amtsentsetzung beziehungsweise beim Tod eines Amtsinhabers das Faß an einen Nachfolger verkauften, wobei sie einen Teil des Kaufpreises in die eigene Tasche stecken konnten.

Natürlich hatten die Bürgermeister noch vielfältige andere Aufgaben. Ihre uns heute noch wohlvertraute Amtsbezeichnung gibt nur eine unvollkommene Idee von der Machtfülle der beiden Männer. Schon das Gemeinwesen, das sie zeitweilig zu repräsentieren hatten, war außergewöhnlich. Die Reichsstadt Köln erscheint in jener Zeit, trotz ihrer Unterordnung

unter den Kaiser als Reichsoberhaupt und trotz einiger Über-
reste der bischöflichen Stadtherrschaft, die ihre Souveränität
einschränkte, als eine kleine, de facto weitgehend unabhängige
Republik von einiger Bedeutung: Handelsmetropole, Universi-
tätsstadt und politisch-konfessionelles Zentrum der Katholi-
ken im Nordwesten des Reiches. Die Bürgermeister hatten
dieses Gemeinwesen nach außen zu repräsentieren und nahmen in seinem Inneren vielfältige Aufgaben im Gerichtswesen
und der Verwaltung wahr. Formell waren sie von den Be-
schlüssen des von den Bürgern gewählten Rates abhängig, dem
sie selbst – zumindest während ihrer Amtsdauer – nicht angehören durften.

Die Wirklichkeit jedoch sah anders aus.[4] Die mit dem Eh-
rentitel „Herr" ausgestatteten Bürgermeister wurden, einmal
in ihr Amt gekommen, alle drei Jahre für eine neue einjährige
Amtszeit wiedergewählt. So wechselten sich turnusgemäß drei
‚Paare' von Bürgermeistern in dieser Position ab; bei diesen
sogenannten ‚Sechsherren' konzentrierte sich die Macht in der
Stadt. Sie zogen in den wichtigen informellen Führungszirkeln
die Fäden und besetzten mit ihren Gefolgsleuten zentrale
Schlüsselpositionen. Auch nach ihrer Amtszeit blieb ihr Einfluß und ihr Ansehen erhalten. Ausgeschiedene Bürgermeister
nahmen turnusmäßig das Amt des Rentmeisters (Finanzmini-
sters) ein, daneben weitere entscheidende Ämter in der Fi-
nanzverwaltung und im Wehrwesen der Stadt. Im Rat traute
sich niemand, ihnen zu widersprechen – umso skandalöser
mußte das Verhalten Johann Kramers empfunden werden.

Die beiden Bürgermeister, mit denen er sich nacheinander
angelegt hatte, gehörten also mit Sicherheit zu den mächtigsten
Männern der Stadt. Ihre Macht war jedoch nicht allein der
Autorität ihres Amtes geschuldet, sondern zugleich das Ergebnis des Einflusses ihrer Familien. Formell wurden die Bürgermeister ebenso wie die Ratsherren durch die Vertreter der
Gemeinde gewählt; man kann allerdings sicher sein, daß diese
Wahlen entscheidend durch ein System von Verwandtschaft
und Klientelbindungen gelenkt wurden. Einige wenige „Fami-
lienclans" konnten seit der zweiten Hälfte des 15. Jahrhunderts

zunehmend faktisch die wichtigsten Ämter unter sich ver-
teilen. Aber auch zwischen den Inhabern des Bürgermeister-
amtes gab es gravierende Unterschiede an Macht und Ansehen.
1592 war der ‚jüngere' Bürgermeister, Gerhard Angelmecher
(† 26. Mai 1604), von Hermann von Weinsberg wenig freund-
lich charakterisiert als „an Leib und Gemüt aufgeblasener
Mann" voller Eigennutz, im Kreis seiner Kollegen fast noch
ein Newcomer.[5] Mit Hildebrand Sudermann dagegen, dem
‚älteren' Bürgermeister und Hauptwidersacher Johann Kramers, haben wir den zur Zeit der ‚Kornmudder-Affäre' absolut mächtigsten Kölner Politiker vor uns. Der 1592 etwa
58 Jahre alte Hildebrand († 11. Mai 1603),[6] zum ersten Mal in
den Rat gewählt und seit 1576 ebenso regelmäßig Bürgermeister, stammte aus einem alten Kölner Bürgermeistergeschlecht.
Nicht nur sein Vater Hermann hatte vor ihm dieses Amt inne-
gehabt; 1578 gilt die Familie zusammen mit einer anderen als
das vornehmste und traditionsreichste Geschlecht in der Stadt.[7]
Insgesamt gab es keine Familie, deren Vertreter zwischen 1396
und 1601 so häufig dieses Amt bekleideten wie die Sudermanns. Damit allerdings ist erst ein Teil ihrer Einflußsphäre
markiert, die Heiratsverbindungen reichten um ein vielfaches
weiter. Hildebrand war am Ende des 16. Jahrhunderts der vornehmste Repräsentant des Familienverbandes Rinck-Kanne-
gießer-Sudermann-Wesel, eines Clans, der „faktisch die abso-
lute Herrschaft bei der Verteilung der Bürgermeisterstellen"
innehatte.[8] Seine Großmutter Sophie entstammte der Ende des
15. Jahrhunderts führenden, dann aber im Mannesstamm aus-
gestorbenen Dynastie der Rinck. Sein Bruder Heinrich, der in
Lübeck residierte, hatte die einflußreiche Position eines Syndikus der Hanse inne, während seine Schwester Christina mit
Caspar von Drach, dem Greven (Vorsitzenden) des Kölner
Hochgerichts verheiratet war. Er selbst war in erster Ehe mit
Helena Imhoff verheiratet gewesen (der Vorname der Frau
stellte eine der wenigen Gemeinsamkeiten zwischen Hildebrand
und Johann Kramer dar), die 1568 gestorben war. Seine zweite
Frau Catharina Bolandt sollte ihn um zwei Jahre überleben.[9]
Deren Bruder Johann Bolandt war am Beginn des 17. Jahr-

hunderts einer der führenden Kölner Spanien- und Portugal-
händler. 1603 wurde Johann, gleichsam in der Nachfolge seines
verstorbenen Schwagers, zum ersten Mal Bürgermeister.

Trotz seiner beherrschenden politischen Stellung gab es am
Beginn der 1590er Jahre einige Dinge, die Hildebrands Lebens-
horizont trüben mußten. 1591 war sein Bruder Heinrich, der
Hansesyndikus, in Lübeck gestorben. Gegen große Widerstände der Ostseemetropole mußte die vom Verstorbenen selbst
gewünschte Überführung in die Heimatstadt Köln durchge-
setzt werden. Aber nicht nur der Tod seines Bruders machte
Hildebrand in den Jahren, in denen unsere Geschichte spielt,
zu schaffen. Im Juni 1593 sollte zu seinem großen Verdruß der
reiche Arnold von Siegen, mit dem er in einen umfangreichen
Reichskammergerichtsprozeß verwickelt war, zu seinem direkten Nachfolger im Amt des Bürgermeisters gewählt werden.[11]
Und dann war da noch jene Geschichte von dem Kornrest, der
sich zeitweilig zu einem die täglichen Ratsgeschäfte beherrschenden Thema entwickeln sollte.

Ein Übermaß an Korn

Zum ersten Mal begegnen wir Johann Kramer im Turmbuch
am 5. Februar 1592, also ein rundes Jahr vor seinem Auftritt
mit dem Strick um den Hals. Er erscheint nicht als Verhafteter,
sondern als Zeuge vor dem Syndikus und den zwei Turmher-
ren. Unter Eid und nach einer Ermahnung über die Folgen
eines Meineides wird er zu einer Affäre befragt, die schon zu
einigen Verhaftungen und umfangreichen Ermittlungen geführt hatte. Im Mittelpunkt hatte zunächst der Kornmüdder
Dietrich von Alfter gestanden, mit dem Johann Kramer über
seine Frau verwandt war und dessen Kind er aus der Taufe
gehoben hatte. Dietrich saß mindestens seit dem 24. Januar auf
der Hahnenpforte in Haft, wo er einem strengen Verhör unterworfen worden war. Der Vorwurf, wollte man ihn in modernen Begriffen formulieren, lautete auf ‚Begünstigung‘ und
‚Vorteilsnahme im Amt‘.

Außergewöhnlich war schon die Situation, vor deren Hintergrund sich die Geschichte entwickelte. Aufgrund schlechter Ernten in den Jahren 1585 und 1586 und verschärft durch die Wirren des Kölner Krieges, war es in der Stadt zu einer schweren Versorgungskrise gekommen.[12] Wie schon zuvor betrieb der Rat Schadensbegrenzung durch Höchstpreisverordnungen, aber auch durch den Ankauf von Getreide aus dem Oberrheingebiet, um die städtischen Vorräte aufzustocken. Im Winter 1586 und Frühjahr 1587 waren die Kölner Bäcker fast völlig von den städtischen Getreidevorräten abhängig. Gelagert und ausgegeben wurden diese Vorräte im ursprünglich als Tanz- und Festhaus gedachten Gürzenich, der zu dieser Zeit auch als städtisches Getreidemagazin diente und so die Kulisse für die Kornmüdderaffäre bildete.

Der Kern des Vorwurfs gegen den Kornmesser Dietrich von Alfter bestand darin, bei Gelegenheit einer dieser Getreideverteilungen dem Bäcker Daem Hundgebühr großzügig einen Sümmer Korn zuviel in den Sack getan zu haben. Dietrich bestritt in seinem ersten Verhör diesen Tatbestand nicht grundsätzlich, spielte aber die Menge herunter und lieferte eine entlastende Erklärung: Der Bäcker habe vom letzten Malter Korn abgemessen bekommen, danach sei ein kleiner Rest „des schlechten Korns mit dem Gestäub" (Kornstaub) übrig geblieben. Jacob Schorn, der damals als vom Rat bestellter ,Kornherr' die Aufsicht führte, hätte daraufhin angeordnet, diesen Rest dem Hundgebühr mit in den Sack zu füllen, damit man dieses Restes von der „Leuff [Galerie des Gürzenich] quitt würde". Vehement bestritt Dietrich von Alfter aber, am gleichen Tag dem Bäcker als Gegenleistung für seine Gefälligkeit im Weinhaus „Zum Steinernen Mann" ein Viertel Wein abgefordert zu haben. Auch leugnete er einen Plan, den Bäcker zu einer Falschaussage zu überreden.

Direkt im Anschluß an Dietrichs Verhör wurden mit Jürgen in der Weingartsgasse und Hermann von Königswinter zwei Berufskollegen Dietrichs vernommen. Sie waren, wie aus den Quellen eindeutig hervorgeht, die treibenden Kräfte hinter den Vorwürfen. Schon häufig hatten sie ihre Kontrahenten öffentlich der versuchten Vorteilsnahme beschuldigt, Jürgen hatte sich sogar mit Dietrich einmal im Gasthaus „Zum Esel" auf der Breiderstraße deswegen geprügelt. Der Bäcker Daem Hundgebühr selbst habe ihm, so Jürgen, einst erzählt, daß er von Dietrich und seinem Kumpanen Hermann Beilschmidt „fünf Sümmeren für ein Malder" gemessen bekommen hatte und daß die Müdder als Gegenleistung im „Steinernen Mann" ein „Hälfgen Wein" eingefordert hätten. Jürgen gibt an, Dietrich und Hermann öffentlich wegen ihres Vergehens gerügt zu haben („er würde nicht wie sie fünf Sümmer in einen Sack messen"); sie aber hätten sich wegen dieser Anspielung nie konsequent verteidigt.

Der betroffene Bäcker Daem Hundgebühr, auf den sich beide Seiten berufen hatten, wurde ebenfalls am 24. Januar vernommen. Er bestätigte in allen Punkten die Angaben der ‚Ankläger'. Zwar habe nicht er persönlich, sondern sein Diener den betreffenden Sack im Gürzenich entgegengenommen, doch sei er unmittelbar darauf von Hermann Beilschmidt und später auf der Straße und im Wirtshaus von Dietrich von Alfter angesprochen worden: „Ihr müsset uns zu Haus ein Vierteil Wein zum Besten geben, denn Ihr habt fünf Sümmer in einem Sack". Er habe sich standhaft geweigert und erst später auf der Mühle bemerkt, daß diese Angabe richtig war. Damit sei er, so fährt Daem in seiner Aussage fort, „übel zufrieden" gewesen, selbst nachdem seine Frau das Brot aus dem überschüssigen Korn den Hausarmen gespendet hatte. Unter anderem hätte er diese Geschichte auch Hermann von Königshoven erzählt. Nachdem die Sache schließlich derartige Kreise gezogen hatte, sei Dietrich öfter zu ihm gekommen und hätte versucht, ihn zu einer Falschaussage zu überreden; weil sie allen Beteiligten zum Nachteil gereichen könnte, sollte er, Daem, auf Befragen steif und fest darauf bestehen, der verstorbene Herr Schorn hätte ihm das überzählige Korn geschenkt.

Die Dinge standen schlecht für Dietrich und den mit ihm verhafteten Hermann Beilschmidt genannt Stroband, der sich zudem schnell in Widersprüche verwickelte. Mehrere Müdder und Bäcker wurden vernommen, ebenso der Mühlenschreiber

Andrieß Eggeradt. Seine Aussage offenbart, daß hinter den Kulissen schon heftig um das Schicksal der Inhaftierten gerungen wurde. Er war im Auftrag seines Landsmannes Hermann Beilschmidt bei Bürgermeister Angelmecher vorstellig geworden und hatte diesem 50 Taler in Aussicht gestellt, wenn er diesem Hermann wieder zu seinem Messfaß verhelfe.

Als der Zeuge Johann Kramer am 5. Februar 1592 zum ersten Mal in den Akten auftaucht, um mit seiner Aussage Dietrich von Alfter zu unterstützen, steht dieser Versuch also in einer Reihe mit ähnlichen Bemühungen für diesen oder jenen Inhaftierten. Die Frau des Dietrich von Alfter, so erzählt er bei seiner Vernehmung am 5. Februar, habe ihn darum gebeten. Allerdings wird schnell klar, daß er keineswegs den Part eines wohlwollend zeugenden Unparteiischen spielen kann, denn er muß zugeben, selbst bei der umstrittenen Aktion im Gürzenich anwesend gewesen zu sein. Er bestätigt die Mengenangaben Dietrichs (ein halber oder höchstens dreiviertel Sümmer schlechten Korns), den Befehl des Herren Schorn, Daem diesen Rest zu überlassen und will schließlich mit eigenen Augen gesehen haben, wie Daem den letzten Sack aufgehalten hatte. Außerdem ergänzt er seine Aussage einige Tage später mit einer Geschichte über ein Wirtshausgespräch, an dem auch Daem Hundgebühr beteiligt gewesen sei und in dessen Verlauf dieser jede Beschuldigung über das Sümmer Korn zuviel als unredlich zurückgewiesen hätte. Insgesamt hat sich Johann damit als entschlossener Parteigänger Dietrichs ausgewiesen, obwohl er an der freundlichen Belagerung Hundgebührs um das Viertel Wein im Wirtshaus damals offenbar nicht beteiligt war. Damit legte sich aber, wie er erst später realisieren sollte, eine imaginäre Schlinge um seinen eigenen Hals, die sich immer weiter zuziehen sollte.

Es war Hermann Beilschmidt, dessen Auskunftsfreudigkeit für Dietrich und Johann zur Katastrophe führte. Die Haft mochte ihm zusetzen. Zudem stand er wegen dem Bestechungsversuch an Bürgermeister Angelmecher über den Mühlenschreiber unter Druck. Als Angelmecher die angebotenen 50 Taler aus Angst um seine Reputation abgelehnt hatte, war er zudem vorübergehend aus der Stadt geflohen. So gelang es den Inquisitoren schließlich, Beilschmidt durch weitere Konfrontationen und durch die Verlegung in die bedrohliche Umgebung des Kunibertsturmes, wo gewöhnlich die peinlichen Verhöre stattfanden, weichzuklopfen. Jetzt will er gesehen haben, „daß es kein Rest gewesen", was Dietrich dem Bäcker zugemessen hätte. Auch muß er schließlich zugeben, im Wirtshaus dem unfreiwillig Bevorzugten den Wein abgefordert zu haben. Doch habe er das lediglich auf Information und Anstiftung Dietrichs und einiger anderer Müdder getan, und vor allem: keinesfalls schon im Kaufhaus.

Das Schuldbekenntnis Hermanns bildete, wie die Protokolle des Rates[13] zu erkennen geben, die Grundlage für den Schuldspruch des Magistrates. Sein Versuch, sich mit der Rolle des Mitläufers aus der Verantwortung zu stehlen, blieb allzu durchsichtig und hatte keinen Erfolg. Über ihn sowie über zwei andere in die Affäre verwickelte Müdder[14] wurde ein Berufsverbot verhängt; alle drei sollten laut einem Ratsbeschluß vom 21. Februar als pflichtvergessene Stadtdiener ihr Sümmerfaß abgeben müssen. Dem Bäcker Daem Hundgebühr, bereits seit einigen Tagen wieder auf freiem Fuß, wurde ein Malter Korn (also die vierfache Menge des unterschlagenen) als Buße abgefordert. Dietrich von Alfter blieb weiterhin in Haft, und: Johann Kramer, bisher nur als Zeuge vernommen, sollte ebenfalls zu Turm gefordert werden!

Die beiden Männer, der bisherige Hauptakteur und sein entschiedenster Parteigänger, der auch als Verantwortlicher für die Rechnungslegung in der Schußlinie stand, kamen zwar nach einigen Tagen, spätestens am 2. März, wieder frei; einige ‚Herren' und auch ihre Familien hatten sich für sie eingesetzt. Die Bedingungen der Freilassung aber schmeckten bitter: Sie sollten binnen Monatsfrist nachweisen, daß der Kornherr Jacob Schorn die Anweisung zur Verschenkung des Restes an Hundgebühr angeordnet hatte; andernfalls würden sie ihrer Messfässer – ebenso wie die drei anderen Mudder – verlustig gehen. Schorn aber konnte keine Aussage mehr machen: Er war bereits im November 1587 gestorben.[15] Und überzeugende

Ohrenzeugen hatten Dietrich und Johann bisher nicht aufbieten können. Die Sache stand also aussichtslos; und tatsächlich ist in der Folge von einem Berufsverbot gegen alle fünf betroffenen Müdder die Rede. Alle kämpften um ihre Rehabilitation. Allein Johann Kramer jedoch verfocht seine Interessen derart verbissen, daß ihn dieser Kampf in der Folge noch mehrfach mit der städtischen Obrigkeit in Konflikt bringen sollte.

Eigennutz und Konkurrenzneid

Man könnte versucht sein, im geschilderten Ermittlungsverfahren ein Indiz für die Korrektheit einer Kölner Verwaltung zu sehen, die nach dem Motto ‚streng, aber gerecht‘ Nachlässigkeiten und „Unterschleif“ durch ihre Beamten unnachgiebig sanktionierte. Immerhin hatte das Basisdokument der Kölner Stadtverfassung, der ‚Verbundbrief‘ von 1396, das Gemeinwohl als zentralen Grundwert festgeschrieben; diesen Grundwert führten die Stadtoberen zur Legitimation ihrer Handlungen fortwährend im Munde. Einige Umstände der Ermittlungen gegen die Müdder jedoch machen stutzig: Vor allem lag die Angelegenheit zum Zeitpunkt der Verhöre schon fünf Jahre zurück, Jahre, in denen es zu keinerlei Ermittlungen gekommen war. Was die Initialzündung zu den verspäteten Aktionen gegeben hatte, bleibt unklar. Bürgermeister Sudermann hatte am 3. Januar 1592 vor dem Rat von Unregelmäßigkeiten im Kornmaß berichtet, explizit aber nur das Gerücht erwähnt, ein Domherr habe illegal ein eigenes Sümmerfaß verfertigen lassen.[16] Offenbar fürchtete die Obrigkeit Kompetenzüberschreitungen von Seiten der erzbischöflichen Salzmüdder, die nicht nur das Salzmaß für die Stadt (ein Überrest der erzbischöflichen Stadtherrschaft des Hochmittelalters!) und das Umland wahrnahmen, sondern auch das Getreide außerhalb der Stadtmauern maßen und somit mit den städtischen Beamten in Konkurrenz treten konnten. Gerade 1590 war es wieder einmal zum Konflikt gekommen, weil das erzbischöfliche Maß etwas größer und somit für den Handel vorteilhafter war.[17] Vielleicht wurde im Zuge der obrigkeitlichen Inquisition in dieser Sache die alte Angelegenheit ans Tageslicht gespült. Eine zentrale Rolle aber spielte auf jeden Fall die Fraktionierung unter den Müddern selber.

Hermann von Königswinter und Jürgen von der Weingartsgasse treten während der Untersuchungen als zentrale Belastungszeugen auf. Schon im Vorfeld hatten sie das Gerücht über das Vergehen ihrer Gegenspieler kräftig geschürt. Worin wurzelte die Feindschaft? Jürgen selbst macht dafür den Neid seiner Berufskollegen auf seine attraktiven Nebenverdienste für den Abt von Altenberg und die Stiftsdamen von St. Maria im Capitol verantwortlich. Er erwähnt aber auch, daß Johann Kramer ihn vor acht Wochen bei einer Rechnungslegung als meineidig gescholten, „vonwegen das er etwa 28 Malder aus Vergesslichkeit bei der Rechnung außgelassen". Daraufhin hatte er repliziert, diejenigen wären meineidig, die fünf Sümmer für einen Malter gemessen hätten. Ob der wechselseitige Korruptionsvorwurf die Ursache oder seinerseits Ausdruck einer länger zurückliegenden Verfeindung darstellte, sei dahingestellt; jedenfalls hatte das obrigkeitliche Ermittlungsverfahren eine längere Vorgeschichte. Jahrelang hatte das Gerücht über den zuviel vermessenen Sümmer unter den Müddern und Bäckern geschwelt, ähnlich wie viele andere Gerüchte und Geschichten. Erst als es von der Obrigkeit aufgegriffen und zur Grundlage einer Untersuchung gemacht wurde, verdichteten sich die zuvor oft nur vage im Raum schwebenden Fakten soweit, daß sie für die Betroffenen zur Bedrohung wurden und schließlich zur Vernichtung der beruflichen Existenz führten.

Die Empörung der Kornmesser und insbesondere des Johann Kramer wirft die Frage auf, inwieweit sie tatsächlich unschuldig waren. Egal, ob der Kornherr Jacob Schorn die Anweisung zur Vergabe des „schlechten Korns" an den Bäcker Hundgebühr tatsächlich gegeben hatte oder nicht, die Tatsache, daß die Müdder Daem ein Viertel Wein als ‚Gegengabe' für das überschüssige Korn abgefordert hatten, bringt ihr Verhalten ins Zwielicht. Sie versuchten, aus dem Übermaß einen persönlichen Vorteil zu ziehen. Die materiellen Dimensionen dieses Vorteils erscheinen eher bescheiden, schließlich ging es gerade mal um ein Viertel Malter (ca. 37,5 Liter) Korn. Natürlich, gemessen an den modernen Maßstäben bürokratischer Rationalität kommt es weniger auf die Menge an als auf die Verletzung des Prinzips der Unbestechlichkeit städtischer Bediensteter. Vor dem Hintergrund der Kölner Verwaltungswirklichkeit nimmt sich das Verhalten der Müdder allerdings weitaus weniger ‚kriminell‘ aus.[18] Zum einen bot das Kölner Steuersystem mit seinem Zwang zur Zentralisierung des Handels und der Notwendigkeit zur umfassenden Überwachung dieses Handels an den Toren und Plätzen reichhaltige Möglichkeiten zur unauffälligen persönlichen Vorteilsnahme. Dafür, daß diese Möglichkeiten auch genutzt wurden, sprechen zweitens einige Fälle von Amtsmißbrauch, die in den Turmbüchern dokumentiert sind. Die aufgedeckten Fälle von Unterschlagung jedoch sind nur die Spitze eines Eisberges, Indizien für eine weitverbreitete Mentalität des ‚Eigennutzes‘. In einer Gesellschaft, in der offene und verdeckte Patronage zum Alltag gehörten und in der vor allem die Großen und Mächtigen bei Ämterbesetzungen rücksichtslos den eigenen Vorteil im Auge hatten, konnten auch Steuerhinterziehung und Unterschlagung leicht als Kavaliersdelikte erscheinen. Parallel zur Welt der geschriebenen Normen existierte in Köln wie in anderen Städten der Zeit ein Universum persönlicher Beziehungen und Abhängigkeiten, in dem viele Angelegenheiten gleichsam unter der Hand geregelt wurden.

Sicherlich hatten sich Johann Kramer und die anderen Kornmüdder nicht buchstabengetreu an den Wortlaut ihres Amtseides gehalten. Es spricht aber vieles dafür, daß sie sich subjektiv keiner großen Schuld bewußt waren. Vielleicht sahen sie sich eher als Opfer einer Kampagne ihrer Gegenspieler, als zufällige Objekte, an denen Vertreter einer Obrigkeit, deren Pflichtauffassung sich keineswegs von ihrer eigenen unterschied, ein Exempel statuieren wollten. Auch aus diesem Bewußtsein heraus ist die Heftigkeit der Gegenwehr des streitbaren Johann Kramer zu verstehen.

Der Strick um den Hals

Anläßlich der Konstituierung des neuen Rates im Juli 1592 führten die beiden ausscheidenden Bürgermeister Sudermann und Angelmecher bittere Klage, sie hätten wegen der abgesetzten Müdder viel „Mutwillen und Unruhe" erfahren – obwohl sie, wie sie treuherzig hinzufügten, doch nur Ratsbeschlüsse exekutiert hätten. In der Tat hatte die Angelegenheit der abgesetzten Müdder in den vergangenen Monaten die politische Öffentlichkeit der Stadt beschäftigt. Es war nicht Johann Kramer allein, der Unruhe verbreitete,[19] aber doch er in erster Linie. Im Mai hatte er wegen seines zu Anfang geschilderten Auftritts vor Angelmechers Haus einige Tage zu Turm gesessen, war dann aber begnadigt worden. Wahrscheinlich im September 1592 kam es dann zu jener Auseinandersetzung zwischen Hildebrand Sudermann und Johann Kramer, in deren Verlauf der Bürgermeister sein Gegenüber als meineidigen Dieb beschimpft hatte. Denn am 2. Oktober wurde vor dem Rat eine Supplik Kramers verlesen, worin er „klagt contra Herrn Alterbürgermeister Herr Sudermann, daß seine L[iebden] ihn einen meineidigen Dieb gescholten, was er nicht sei und was nimmer erwiesen werden könne, und erbot sich Fuß bei Fuß zu setzen". ‚Fuß bei Fuß' setzen, das bedeutete, im Rahmen einer Anklage beziehungsweise einer Verteidigung das Angebot zu machen, sich zusammen mit seinem Kontrahenten in Haft nehmen zu lassen und so die Bereitschaft zu dokumentieren, die Risiken einer solchen gerichtlichen Auseinandersetzung nicht zu scheuen und sich den Rückweg einer möglichen Flucht im Falle einer Niederlage zu verbauen. War schon die förmliche Klage gegen den Bürgermeister an sich eine Provokation, so umso mehr diese Form. Ein Bürgermeister, zumal ein solcher vom Format eines Hildebrand Sudermann, hatte genügend Reputation und finanzielle Sicherheit, um auch im Anklagefall von ehrbedrohender Turmhaft verschont zu werden. Der Anspruch auf Gleichheit und Gleichbehandlung, der hier implizit formuliert wird, mußte den Spitzen der Kölner Gesellschaft als Anmaßung erscheinen.

Nicht nur Rat und Bürgermeister waren beunruhigt. Im November klagte Daem Hundgebühr, der Bäcker, dessen Aussage mit zum Berufsverbot gegen die Müdder geführt hatte, gegen Dietrich von Alfter und Johann Kramer wegen „Wegelagerei". Offenbar hatten beide ihm aufgelauert und ihn unter Drohungen veranlassen wollen, seine Aussage zu ihren Gunsten zu korrigieren. Eine Woche später, am 18. November, erscheint aber wiederum die Obrigkeit als das Hauptziel des umtriebigen Johann Kramer. Bürgermeister Beiweg gab zu Protokoll, dieser sei mit seiner Frau samt sechs oder sieben Kindern vor dem Rathaus erschienen und habe öffentlich gerufen, der Rat hätte ihm zu Unrecht sein Fäßchen abgenommen. Damit hatte Johann einen weiteren Eskalationsschritt getan. War der Tumult vor Angelmechers Haus noch eher situativ und in Folge des unbefriedigenden Verlaufes eines Gespräches entstanden, so suchte er mit dem demonstrativen Auftritt auf dem Rathausplatz die Öffentlichkeit. Das bedeutete nicht, daß er das Schreiben von Petitionen und Eingaben an den Rat unterließ. 27 verschiedene Supplikationen, so hat Johann Kramer später seinem Leidensgenossen Theiß von Paffrath geklagt, richtete er insgesamt an die Adresse des Rates – eine hohe Energieleistung, wenn man bedenkt, daß er diese Schreiben wahrscheinlich ebenso wie den letztjährigen Brief an Bürgermeister Angelmecher selber entwarf, dann aber von kundigen Leuten korrigieren und abschreiben ließ. Die Kölner Obrigkeit aber zeigte nicht die erhoffte Reaktion auf seine „demütigen" Ersuche zur Wiederherstellung seiner Ehre und seiner ‚Nahrung'. Sie gewährte ihm, wie er es sah, weder „Schutz noch Schirm". So habe er sich zu der spektakulären Aktion gezwungen gesehen, von der schon die Rede war, nämlich „seine Ehr und Glimpff . . . auf dem Platz, da er die verloren, offentlich mit solchem angehängten Strick zu verteidigen".

Der Auftritt Johann Kramers mit dem Strick um den Hals auf dem Rathausplatz spielte sich in den letzten Dezembertagen des Jahres 1592 ab. Am 30. Dezember berichtet das Ratsprotokoll in empörtem Ton davon und vergißt nicht zu erwähnen, die Handlung sei „zur Schmälerung eines ehrbaren

Rates und der Herren Bürgermeister" geschehen. Man beschließt, Johann erneut zu verhaften. Doch noch am 13. Januar 1593 ist er auf freiem Fuß und hat den Strick immer noch um seinen Hals hängen. Mit einer gewissen Theatralik beschließt der Rat, die Gewaltrichterdiener sollen ihn umgehend, ob bei Tag oder Nacht, verhaften. Offenbar dauerte es immer noch einige Zeit, bis die Diener ihrem Auftrag nachkamen, das erste Verhör Johann Kramers auf dem Frankenturm datiert vom 23. Januar. Diesmal allerdings sollte es einige Zeit dauern, bis er das Licht der Freiheit wiedersah.

Das Thema der ersten Verhöre ist bestimmt von den dramatischen öffentlichen Auftritten Johanns im Vorfeld: Wie kann ein Bürger gegen eine legitime Entscheidung der Obrigkeit protestieren? Er kann, wie Kramer in seiner einzigartig intransigenten Art den Herren darlegt, deren ungläubige Verblüffung über soviel Widerspenstigkeit noch durch die Zeilen des Turmschreiberprotokolls hindurchschimmert: „Obwohl ein Erbarer Rat ihm das Faß aberkannt, so wären doch seine Kläger nicht Richter gewesen". Den Entscheidungsträgern, und hier nennt er ausdrücklich Angelmecher und Sudermann, unterstellt er also Parteilichkeit. Ob er den ganzen Rat beschuldigen wollte, ihm Unrecht getan zu haben, haken die Inquisitoren nach? „Antwort Nein, sondern er halte es dafür, daß ein Erbarer Rat unrecht unterrichtet, sonst würde man ihn bei seinem Faß gelassen haben". Immerhin schreckt er davor zurück, dem gesamten Rat bösen Willen zu unterstellen, bescheinigt ihm aber doch eine objektiv falsche Informationslage. Johann Kramer bewegte sich auf einem sehr schmalen Grat, seine Vorhaltung stand hart am Rand der kollektiven Ehrbeleidigung gegen den Rat.

Diese prekäre Position spiegelt sich auch im Ringen um die Interpretation des Strick-Symbols, nach der die Herren den Gefangenen eindringlich befragen. Nachdem trotz langwierigen Supplizierens der Erfolg bei dem Bemühen, den Schutz und Schirm des Rates zu erlangen, ausgeblieben sei, so erklärt Kramer, habe er wegen der Scheltworte Herrn Sudermanns befürchtet, aus seiner Gaffel – der politischen, zunftähnlichen

Gemeinschaft, der jeder Kölner Bürger angehören mußte – ausgeschlossen zu werden. Er sei der Meinung gewesen, „wenn er den Strick trüge und ans Recht nicht geliefert würde, daß er seine Ehre genug damit verteidiget hätte".

Die alternativen Deutungsangebote der Inquisitoren zeigen, wie schwerwiegend die Aktion Johann Kramers bewertet werden konnte. Ob er nicht vielmehr mit dem Umhertragen des Stricks den gesamten Rat vor der Bürgergemeinde beschuldigen wollte, ob er diese nicht sogar gegen die Obrigkeit aufbringen wollte? Während er diese Unterstellung entschieden zurückweist, gelingt es ihm nicht, den Vorwurf agressiver Drohreden gegen Bürgermeister Sudermann überzeugend zu entkräftigen. Nicht nur ein Kollege bestätigt, Johann habe ihm einige Tage vor der Aktion am Platz vor dem Bürgermeistergericht angekündigt, er wolle Sudermann den Strick „an den Hals werfen und damit sich ins Blutrecht ziehen". Die Auseinandersetzung spitzt sich damit in Johanns Perspektive ganz auf den Zweikampf zwischen ihm und Bürgermeister Sudermann zu. So gefährlich der direkte Kampf gegen einen solch mächtigen Kontrahenten war, so hatte diese Zuspitzung doch ihren argumentativen Vorteil: Nicht die Obrigkeit an sich, der Rat, wird von ihm angegangen, sondern ‚nur' Sudermann, der durch die Klage eher als Privatperson denn als Amtsträger angesprochen erscheint – eine Trennung, die natürlich von der Gegenseite nicht anerkannt und nicht mitvollzogen wurde.

Selbsterniedrigung als Angriffsstrategie

Johann Kramers Kampf um seine Rehabilitierung ging zugleich um ‚Nahrung' und um Ehre. Beide Elemente waren eng (wenngleich, wie wir sehen werden, nicht unauflöslich) miteinander verwoben: Die Begründung für das Berufsverbot, der Vorwurf der Unterschlagung, schmälerte die Ehre und Reputation Kramers entscheidend. Im öffentlich ausgetragenen Konflikt trat das Motiv der Ehrverteidigung gegenüber dem der Wiedereinsetzung in das Mdderamt dominant in den Vordergrund, doch darf man sich von der Rhetorik nicht täuschen lassen. Wenn Kramer etwa fürchtete, aus der Bäckergaffel ausgestoßen zu werden, dann war damit nicht nur die Angst vor sozialer Heimatlosigkeit verbunden, sondern ebenso diejenige vor dem endgültigen Verlust der beruflichen Basis, ja seiner Existenz in der Stadt überhaupt, die von der Zugehörigkeit zu einer Korporation notwendig abhing.[20]

Als „meineidige Mödder" erscheinen die Betroffenen in den Ratsprotokollen, und Hildebrand Sudermann hatte diesen Vorwurf Johann gegenüber noch gesteigert, indem er ihn öffentlich als „meineidigen Dieb" gescholten hatte. Derartige Schimpfwörter waren eine gängige Münze (nicht nur) im frühneuzeitlichen Köln und besaßen einen hohen Grad an Stereotypisierung. „Dieb" stellte absolut gesehen die häufigste, bis zu einem gewissen Grad auch geschlechtsübergreifend benutzte Injurie in der Rheinmetropole dar.[21] Durch die allgemein negative Stigmatisierung des Diebstahls – im Gegensatz etwa zur Gewalt – war die Botschaft allgemeinverständlich, deutlich und erreichte umgehend ihr Ziel, die Ehre des Gegners zu verletzen. Stereotypisierung der Schimpfwörter bedeutete jedoch keineswegs Beliebigkeit in ihrem Gebrauch, und so zielte der Angriff Sudermanns ganz präzise auf die unterstellten Vergehen Kramers, auf die Unterschlagung (=Diebstahl) des Korns zum eigenen Vorteil und auf die damit verbundene Verletzung des Amtseides (=Meineid). Der Vorwurf traf, wie die Reaktion Kramers zeigt.

Aber auch dessen öffentliche Auftritte mit einem Strick um den Hals berührten einen empfindlichen Nerv bei seinen Kontrahenten von der Obrigkeit. Der Tod durch den Strang war die denkbar schimpflichste Hinrichtungsart der damaligen Zeit, der vor allem Diebe unterworfen wurden.[22] Der Galgen stellte den Ort der Unehre par excellence dar. Nicht von ungefähr zeigten zeitgenössische Schandbriefe, zur gezielten Ehrverletzung von Schuldnern oder anderen Kontrahenten geschaffen, die Gegner am Galgen hängend.[23] Indem Johann Kramer mit einem Strick um den Hals umherläuft, scheint er also zunächst die gegen ihn erhobenen Vorwürfe zu bestätigen, ja noch zu verstärken. Ein solcher Aufzug konnte Bestandteil eines Rituals sein, das einem Übeltäter als Ehrenstrafe auferlegt wurde oder dem er sich als Buße freiwillig unterwarf.

Augenscheinlich hatte der symbolische Akt im Fall Johann Kramer eine ganz andere, eine völlig ‚verkehrte' Bedeutung: Er erscheint ja keineswegs als demütige Unterwerfungsgeste, sondern geradezu als agressive Handlung gegen den Rat. Ein derartiges Vorgehen war nicht ohne Vorbilder. Genau achtzig Jahre zuvor war der ehemals einflußreiche Ratsherr Heinrich Büschler aus Schwäbisch-Hall dem Kaiser Maximilian – wahrscheinlich während des Reichstages in Köln – ähnlich entgegengetreten; er trug sogar nicht nur einen Strick um den Hals, sondern auch zwei andere Hinrichtungsinstrumente, ein Rad und ein Schwert, mit sich. Büschler fühlte sich von patrizischen Gegnern ohne Richterspruch aus seiner Heimatstadt vertrieben und bat – erfolgreich! – den Kaiser um Intervention.[24]

Das Beispiel mochte in der kollektiven Erinnerung der Kölner durchaus noch präsent sein, denn die Bedeutungen ähneln sich. Durch eine demonstrative, aber gleichsam konditionale Selbstunterwerfung wurde versucht, die Obrigkeit unter Druck zu setzen. Wenn die Vorwürfe gegen mich („meineidiger Dieb") wirklich stimmen, dann dürfte ich nicht nur meines Amtes entsetzt werden, sondern darüber hinaus rechtmäßig mit peinlicher Strafe bedacht werden – für diese logische Verbindung steht das Symbol des Stricks. So erklärt Johann Kramer, „daß man ihn an das kaiserliche Recht lieferte, damit er es mit dem Hals bezahle, wenn er ein solcher Mann wäre, wofür er gescholten worden wäre". Trüge er aber den Strick und werde nicht ans Recht geliefert, dann hätte er seine Ehre verteidigt, fügte er hinzu. Im Umkehrschluß lautete also die Botschaft: ‚Liefert ihr mich nicht an das Gericht, dann erweisen sich die ganzen Vorwürfe gegen mich als falsch, und ich muß mein Sümmerfaß zurückerhalten'. Nach dieser binären Logik konnte es also nur eine totale Schuld oder eine völlige Unschuld geben, und Johann versuchte, mittels des Symbols für Unehrlichkeit die Anerkennung seiner Ehre zu erzwingen, mit

Selbstunterwerfung über seine Gegner zu triumphieren. Allerdings schoß er bisweilen, getrieben von höchster Erregung, mit seinen agressiven Äußerungen gegen Sudermann weit über sein Ziel hinaus und machte sich als Aufrührer angreifbar. Es fiel offenbar unerhört schwer, einen Anschlag auf die eigene Ehre nicht mit einem Gegenangriff zu beantworten.

Zum Verständnis seiner Empörung ist noch auf die Kluft zwischen der Macht und dem Recht hinzuweisen, die in Köln sicht- und fühlbarer war als in anderen Städten.[25] Die Hochgerichtsbarkeit wurde hier von einem Schöffenkollegium unter Vorsitz des Greven ausgeübt, das auch am Ende des 16. Jahrhunderts noch auf den Kurfürsten von Köln vereidigt war. Dabei handelt es sich um einigermaßen anachronistische Reste der erzbischöflichen Stadtherrschaft. De facto allerdings hatte das Hochgericht sehr eingeschränkte Befugnisse. Das alleinige Recht zur Verhaftung lag beim städtischen Rat, der ebenso ermächtigt war, die Inhaftierten zu verhören und gegen sie zu ermitteln. Aufgrund dieser Ermittlungen war der Magistrat frei in seiner Entscheidung darüber, ob er die Betreffenden an das Hochgericht überstellen (,liefern') solle oder nicht. Diese Wahlfreiheit hatte er nicht zuletzt aufgrund seiner eigenen Gerichtsfunktionen. Eine Vielzahl von städtischen Untergerichten war für kleinere Vergehen zuständig. Als Obrigkeit für alle Kölner Bürger und Einwohner, die ihm durch Treueid verpflichtet waren, konnte er allen Ungehorsam als Bruch dieses Eides in eigener Machtvollkommenheit, ohne Zuziehung des Hohen Gerichts, sanktionieren. Gewöhnlich fielen seine Urteile relativ milde aus. Die Kehrseite der Medaille aber war, daß diese Urteile nicht auf solch wasserdichten Beweisgrundlagen fußen mußten, wie sie die Rechtstheorie der Zeit von einem peinlichen Gericht forderte. Sie verlangte zur Überführung eines Missetäters entweder sein Geständnis oder zwei Augenzeugen.

Johann Kramer war, wie mancher andere Kölner vor und nach ihm, mit der über ihn vom Rat verhängten Strafe unzufrieden. Seine Forderung, vor das Hochgericht gestellt zu werden, erfolgte aus dem Bewußtsein heraus, daß er dort gute

Chancen auf einen Freispruch haben würde. Was an Zeugenaussagen und Verdachtsmomenten für die Aberkennung seines Sümmerfäßchens ausreichen mochte, taugte noch längst nicht zum gerichtsverwertbaren Schuldbeweis für eine gerichtliche Strafe. Sollten die Schöffen ihn aber freisprechen, erschiene auch das Berufsverbot obsolet. Nicht nur in den symbolischen Mitteln, auch in den Zielen erscheint Johann Kramers Vorgehensweise einem nachvollziehbaren rationalen Kalkül zu folgen. Aber auch hier gibt es eine darüber hinausweisende, prinzipielle Ebene. Spürbar hegen Bürger wie der Kornmüdder deutliche Vorbehalte gegenüber der arbiträren Machtvollkommenheit des Rates, der beansprucht, zugleich die Macht und das Recht zu vertreten. Seine Forderung, ihm das formelle Ratsurteil in seinem Fall zu präsentieren, verweist in diese Richtung. Ebenso bewegt sich das Angebot, sich mit Bürgermeister Sudermann ‚Fuß bei Fuß‘ setzen zu lassen, völlig in der Logik eines alten Akkusationsprozesses und ignoriert souverän die Tatsache, daß Kramer im Rahmen eines obrigkeitlichen Ermittlungsverfahrens gegen ihn auf dem Turm saß. Schließlich bleibt auf den Ausspruch zu verweisen, ‚seine Kläger seien doch nicht Richter gewesen‘, d.h., die Kläger dürften doch nicht Richter sein. Auch hier unterstellt er ein unfaires, nicht rechtmäßiges Verfahren, das er nicht akzeptieren kann und dem er das Hochgericht als zuständige Instanz gegenüberstellt.

Schlußakkorde:
Zwei Schmähschriften und eine Teufelsbeschwörung

Mit seinen spektakulären Protestaktionen hatte sich Johann Kramer in kurzer Zeit zweimal hintereinander in Turmhaft gebracht. Zwar wurden die Untersuchungen über die Kornaffäre dadurch erneut aufgerollt, aber letztlich verliefen sie im Sande. Trotzdem ‚erreichte‘ es Johann Kramer, wegen anderer Angelegenheiten, erneut ins Gerede zu kommen. Am 4. März 1593, Johann saß schon über einen Monat in Haft, wurde auf dem Frankenturm der Faßbinder und frühere Soldat Lambert Deckens, gebürtig aus Maastricht, verhört. Deckens wurde der Besitz einer Schmähschrift vorgeworfen, über deren Inhalt wir nur wenig wissen. Sie bezog sich auf die innerstädtischen Unruhen von 1512/3, die mit der Hinrichtung führender städtischer Politiker und weitreichenden Verfassungsänderungen geendet hatten.[26] Wir können deshalb davon ausgehen, daß in dem ‚Pasquill‘ unter Anspielung auf die damaligen Geschehnisse weitreichende Kritik an der aktuellen Führungsschicht geübt wurde. Die Schrift hatte ihre Adressaten unter der Bürgerschaft erreicht, sie war von Hand zu Hand gegangen und wurde gegenseitig vorgelesen. Das Medium der Schrift sicherte der Kritik an der Obrigkeit so weite Verbreitung, die Anonymität des Verfassers schützte vor Repressionen.[27] Die demonstrativ zur Schau gestellte Unwissenheit und Naivität aller Beteiligten, wie sie sich in den Verhörprotokollen darstellen, wirkt selbst auf den heutigen Leser aufgesetzt und unglaubwürdig. Nur einer lenkte durch vorlaute Bemerkungen erneuten Argwohn auf sich: Johann Kramer.

Selbst auf dem Turm hatte die Schmähschrift für Wirbel gesorgt. Deckens hatte sich mit seinen Mitgefangenen über die Schmähschrift unterhalten. Der Mitgefangene Johann Kramer, so erzählt Lambert später seinen Inquisitoren, habe dabei geäußert, er kenne noch etliche derartige Schmähschriften und habe sich sogar einmal eine solche kopieren lassen. Provozierend habe Kramer darüberhinaus in Gegenwart des Gefängnisaufsehers die Frage aufgeworfen, „wenn er von dergleichen Briefe einen bei sich hätte, ob er darum wohl in Pericull [Gefahr] kommen sollte, wenn er denselben nicht gedichtet". Diese Formulierung ist nichts weniger als eine echte Frage, vielmehr eine unverblümte Kritik an einer Obrigkeit, die Deckens ebenso wie ihm Unrecht widerfahren ließ. Kramer hatte sich einmal mehr selber „in pericull" geredet. Erneut verhört, mußte er wieder einmal seine Aussagen abschwächen. Lediglich einmal will er flüchtig mit einer derartigen Schmähschrift in Berührung gekommen sein. Sicherlich wird es dem günstigen Fortgang des eigenen Verfahrens nicht zuträglich gewesen sein. Während Lambert Deckens am 23. März 1593 den Turm wieder verlassen darf (nicht ohne die Ermahnung, sich zu mäßigen), bleibt Johann gefangen.

Kaum war es Frühjahr geworden, da sah sich die politische Führungsschicht mit einem neuen Akt der Aufmüpfigkeit des ehemaligen Müdders konfrontiert. Am Sonntag, dem 4. April 1593, hatte ein Franziskanermönch von der Kanzel der Pfarrkirche St. Christoph einen Fürbittzettel mit folgendem Wortlaut verlesen: „Es wird begehrt, ein Pater noster und ein Ave Maria für einen Mann, der nun dreimal binnen eines Jahres gefänglich eingezogen zu Unrecht, daß Gott der Allmechtige die Sache wohl ende zu des Leibes und der Seele Seeligkeit." Zunächst streitet Kramer ab, von dem Zettel zu wissen und verweist die Befrager an seine Frau beziehungsweise seinen Schwiegervater. Schließlich aber, mit dem Originalzettel konfrontiert, muß er zugeben, daß dieser von seiner Hand stammt – die erste Unwahrheit, derer er überführt wird. Noch aus der Haft heraus hatte der streitbare Mann also seinen öffentlichkeitswirksamen Feldzug gegen die Obrigkeit fortgesetzt und dabei sogar geschickt die Kirche für seine Zwecke einzuspannen und als Forum der Kritik zu nutzen gewußt. Denn wo hätte er ein größeres Auditorium für seine in eine Fürbitte gekleidete Klage, der Rat habe ihn innerhalb eines Jahres dreimal zu Unrecht verhaften lassen, finden können als in der Sonntagsmesse? Bei der Obrigkeit hatte er es sich aber durch diese öffentlichkeitswirksame Aktion endgültig verscherzt.

Gerade recht kam den Herren da eine Aussage der Frau des Gefängnisaufsehers, die am 24. April eine groteske Geschichte zu Protokoll gibt, die den Gefangenen in einem neuen Licht zeigt.[28] Kramer habe ihr neulich von einem Erlebnis erzählt, das schon zwölf Jahre zurücklag. Er habe sich eine verlorene Tasche mit Hilfe eines ‚Zauberbuches' wiederbeschafft. Die Version des natürlich prompt erneut vernommenen Häftlings, wie sie das Protokoll überliefert, weicht um einiges von der Erzählung der Frau ab – wahrscheinlich ein Anzeichen dafür, daß Kramer seine Rolle in der Erzählung gegenüber der Frau seines Bewachers ein wenig positiver dargestellt hatte, als sie eigentlich war.

Tatsächlich hatte er nachts in der Nähe von St. Christoph eine Tasche mit wichtigem Inhalt verloren (unter peinlichen Umständen, denn er hatte sie niedergelegt, um sein Wasser abzuschlagen). Bei der Überlegung, wie er sie wieder beschaffen könne, sei er auf die zwei Zauberbücher mit Beschwörungsformeln verfallen, die er im Besitz des Müdders Albert an der Hahnenpforte wußte; dort waren sie von einem inzwischen verstorbenen geistlichen Herren deponiert worden. Diese Bücher habe er ausgeliehen und einige Zeit später, als er sehr „beschenkt" (also betrunken) aus dem Wirtshaus nach Hause kam, auch benutzt. Nachdem er die darin befindlichen deutschen und lateinischen Worte rezitiert hatte (darunter die Formel: „Ich beschwöre dich, Sathan"), habe er im Kerzenschein viele Schatten erblickt und Geräusche gehört. Bevor er ins Bett flüchten konnte, schwanden ihm die Sinne. Er habe nicht gewußt, wie ihm geschehe. Zwischenzeitlich fand er sich auf der Stadtmauer zwischen Friesen- und Ehrentor wieder, bevor er wieder „ausging, wie eine Kerze ausgeht", d.h. erneut bewußtlos wurde. Zuletzt sei er im Hof seines Hauses aufgewacht, hineingegangen und habe die Nachbarn und seinen Schwiegervater am Feuer sitzend gefunden. Ihm habe nichts gefehlt, nur ein Zeh sei schwarz gewesen. Der Schwiegervater habe ihn ins Bett gebracht und die Bücher ins Feuer geworfen. Wo die Tasche war, so schließt Johann, habe er nicht durch die Bücher, sondern letztlich durch eine Nachbarin erfahren.

Wahrscheinlich löste die Geschichte schon bei den zeitgenössischen Zuhörern einiges Kopfschütteln aus. Johann Kramer, soviel scheint klar, war alles andere als ein professioneller Teufelsbeschwörer. Er hatte lediglich ein Buchrezept ausprobiert, mit einem gewissen Effekt, kaum aber mit Erfolg. Natürlich war eine derartige Beschwörung offiziell verboten, doch übten sich auch fromme Christen in der Kunst, Geister herbeizuzwingen und sich dienstbar zu machen. Das alles war kein Grund, den Mann, der als Magier kaum eine souveräne Figur gemacht hatte, als Meister der schwarzen Kunst zu dämonisieren, zumal die Blütezeit der Hexenverfolgung noch einige Jahrzehnte in der Zukunft lag.[29] Wenn der Ratssyndikus dennoch zu diesem Mittel griff, dann signalisiert das nicht etwa die Angst dieses Herren vor dem unfreiwilligen Flieger, sondern einen starken Überdruß der Führungselite an der Kornmüdder-Affäre. Man wollte sich den renitenten Johann endlich vom Hals schaffen.

Das Amt verloren – die Ehre bewahrt

Am 26. Mai 1593 unterbreitete der Ratssyndikus Dr. Hackstein dem Rat erneut die Angelegenheit Johann Kramer und zählte dessen Sündenregister auf: Er habe wegen seiner Amtsverfehlung rechtmäßig sein Sümmerfaß aberkannt bekommen. Dennoch habe er öffentlich in aufrührerischer Manier seinen Strick zur Schau gestellt und damit dem alten Bürgermeister Sudermann eine „Unehre" antun und ihn „ins Recht ziehen" wollen. Er habe einen Schmähzettel von der Kirchenkanzel verlesen lassen. Und schließlich handele es sich nach seinem eigenen Bekenntnis um einen Schwarzkünstler. Das alles sollte reichen, um den Inhaftierten an das Hohe Gericht zu überstellen. In der Tat: Ein entsprechender Beschluß wurde endlich gefaßt.

Hier könnte die Geschichte von Johann Kramer enden, denn über das endgültige Schicksal vieler Personen, die an das Hohe Gericht überstellt wurden, berichtet die städtische Überlieferung nichts. Glücklicherweise bildet Johann Kramer auch hier eine Ausnahme. Am 28. Juli muß der Rat das Gerücht zur Kenntnis nehmen, die Schöffen des Hochgerichts hätten Johann Kramer „absolviert", also freigesprochen. Der Grund bleibt unklar, denn, wie noch einmal memoriert wird, schließlich sei Kramer „aus vier beständigen Ursachen" an das Gericht geliefert worden. Weil die Angelegenheit die „Reputation" des Rates berühre, wie es ausdrücklich heißt, soll eine Kopie des Urteils angefertigt und im Rat verlesen werden. Das geschieht bereits zwei Tage später, aber die Verunsicherung der Ratsherren kann nicht beseitigt werden, weil das Schriftstück „seltsam und unbeständig" befunden wird. Die Unzufriedenheit ist nachvollziehbar, denn die Kopie der „Sententia absolutoria" des kurfürstlichen kölnischen Hochgerichts, datiert auf den 14. Juni 1593, hat sich erhalten.[30] Nach ihrem Wortlaut war sie übrigens auf das ausdrückliche „Anhalten und Begehren besagten Müdders" angefertigt worden – ein Hinweis darauf, daß Johann Kramer selbst für die Verbreitung seines Freispruches Sorge trug. Im Urteil tun Greve und Schöffen des Gerichts öffentlich kund, daß Johann Kramer, der zuvor vom ehrbaren Rat „wegen bezichtigter Übertretung" in Haft genommen und dann an das Recht geliefert worden war, vom Gericht nach geschworener Urfehde „ohne einige weitere Entgeldnis erledigt und frei gelassen" wurde. Die Entscheidungsgrundlage der Schöffen bleibt im Dunkeln. Vermutlich hatten sie den Angeklagten aus Mangel an Beweisen freilassen müssen; damit war das Kalkül des ehemaligen Müdders aufgegangen.

Zum Teil wenigstens – sein Fäßchen hat er wohl nicht wieder in Besitz nehmen können; eine entsprechende Supplik vom 4. Oktober 1593, einige Monate nach dem Freispruch, wurde abschlägig beschieden. Das war nicht anders zu erwarten, denn der Rat war in seiner Entscheidung über die Vergabe von Ämtern unabhängig von der Gerichtsentscheidung. Zudem hatte Kramer vor Gericht keinen Unschuldsbeweis führen können und damit keinen Freispruch erster Klasse erreicht. Über seinen weiteren Lebensweg ist nichts bekannt. Mit dem Ausgang der turbulenten Geschichte konnte er nicht völlig zufrieden sein, denn seine ‚Nahrung', die Wiedereinsetzung in das Müdderamt, wurde ihm weiterhin verweigert.

Selbst wenn das Recht noch eindeutiger für ihn Stellung bezogen hätte, wäre es ihm wohl kaum gelungen, die Macht zu zwingen. Auf der anderen Seite durfte Johann seine Ehre als wiederhergestellt betrachten, notwendige, wenn auch nicht hinreichende Voraussetzung dafür, wieder eine Arbeit zu finden und von seinen Zunftkollegen nicht geächtet zu werden. Die Macht hatte es weder geschafft, seinen Widerstand zu brechen, noch war ihre Kriminalisierungsstrategie aufgegangen. Insofern dürfen wir vermuten, daß auch Hildebrand Sudermann die Geschichte mit dem Gefühl der Niederlage hinter sich ließ.

Zufrieden ist am Ende wohl vor allem der Historiker. Der außergewöhnliche Konflikt und der nicht minder exzeptionelle Starrkopf Johann Kramer haben einige interessante Einblicke in das Miteinander und Gegeneinander von Macht, Recht und Ehre am Ausgang des 16. Jahrhunderts gegeben. Macht und Recht waren in der Reichsstadt Köln zu dieser Zeit nicht völlig deckungsgleich, das auf den Erzbischof vereidigte Hochgericht setzte der obrigkeitlichen Gewalt des Kölner Rates gewisse Grenzen. Diese Konstellation stellte für eine mächtige Reichsstadt einen Anachronismus dar, sie war ein Relikt aus vergangener Zeit und kein Vorgriff auf eine moderne Gewaltenteilung. Eine Auswirkung konnte aber, wie gesehen, darin bestehen, dem einzelnen Bürger in der Auseinandersetzung mit der Obrigkeit einen Rückhalt zu bieten, mit dem er argumentieren und erfolgreich agieren konnte.

Der faktische Kern der beschriebenen Auseinandersetzungen bezog sich auf materielles, interessengeleitetes Handeln; zur Debatte stand die Unterschlagung von Gütern beziehungsweise die Reaktion der städtischen Obrigkeit darauf. Seine Dynamik und Schärfe bezog der Konflikt jedoch aus der Tatsache, daß dieses Handeln in der Sprache der Ehre thematisiert wurde. Indem Bürgermeister Sudermann Johann Kramer öffentlich als meineidigen Dieb abfertigte, sorgte er für einen entscheidenden Eskalationsschub. Der Müdder fühlte sich zu einer entschiedenen Reaktion genötigt, weil mit dem Absprechen der Ehre die Integrität seiner gesamten Person infrage gestellt war. Vielleicht ohne sich über die Tragweite seines Tuns völlig im Klaren zu sein, hatte der Bürgermeister damit den Grundstein für Kramers Widerstand gelegt. Für den Kornmesser war die Grenze zwischen Amtshandlung und persönlicher Verunglimpfung überschritten. Folgerichtig versuchte er in seinen Worten und Taten, die Angelegenheit als eine ‚Privatsache‘ zwischen ihm und Sudermann hinzustellen, nicht als Ausdruck von Ungehorsam und Aufsässigkeit gegen die obrigkeitlichen Amtsträger schlechthin. Dabei ging er meist defensiv vor; durch das Tragen des Strickes suchte er nur die Wiederherstellung seiner eigenen Ehre zu erreichen und beschimpfte nicht etwa seinerseits den Bürgermeister, wie er es mit einem Gleichrangigen zweifellos getan hätte. Sudermann hingegen verfolgte offenbar die umgekehrte Strategie: Er sah und beschrieb sich selbst lediglich als ausführendes Organ des Rates und nicht als persönlich betroffenes Individuum. Auch darin liegt ein Grund, warum der mächtigere Teil des ungleichen Paares als Person so blaß bleibt.

Die Beurteilung des streitbaren Müdders fällt in der Rückschau nicht leicht. Bisweilen ist man durchaus geneigt, ihn als engagierten und prinzipientreuen Kämpfer für sich und die Seinen zu betrachten. Dennoch taugt er kaum zur Besetzung der Rolle des strahlenden Heroen: Zu oft erscheint er eher als starrsinniger Querulant, manchmal sogar als tolpatschige Figur mit tragischen Zügen. Gerade aus seinem Starrsinn und aus der Fähigkeit zum Übersehen von offensichtlichen Realitäten, nicht aus taktischer Raffinesse und kühlem politischen Kalkül bezog Johann aber seine Stärke – eine Stärke, die ihn befähigte, der Macht immerhin eine Wiederherstellung seiner Ehre abzutrotzen.

Renate Blickle

Die Supplikantin und der Landesherr

Die ungleichen Bilder der Christina Vend und des Kurfürsten Maximilian I. vom rechten ‚Sitz im Leben‘ (1629)

Die Zeit nach der Katastrophe war immer schon die Zeit der Frauen. Und regelmäßig ging ihre Ära zuende, waren die Ruinen abgeräumt und eine ‚Ordnung‘ auf dem besten Weg, wieder das Regiment zu übernehmen. Christina Vend und unsere Wahrnehmung ihres Schicksals machen da keine Ausnahme. Sie taucht als Schattenriß in den Quellen zum Sommer 1628 vor unseren Augen auf, tritt uns im folgenden Frühjahr als energische Gestalt entgegen und entfernt sich dann ebenso rasch wie geräuschlos und endgültig. Ein Jahr nach ihrer ersten Nennung verweht die schmale Spur ihrer Geschichte. Nicht, daß sie damals schon gestorben wäre, sie lebte noch lange Zeit, wie man auf Umwegen herausfinden kann, aber sie hatte ihre Mission jenseits dieser Nahtstelle, wo das soziale Leben in ein öffentliches und konstatiertes überging, beendet. Sie hatte – nach der Rottenbucher Katastrophe am 14. August des Jahres 1628 in München – den Platz der Vends in dieser Welt behauptet, und das bedeutete zugleich, Georg Vend – der Mann – würde künftig die Repräsentation dieses Platzes wieder übernehmen.

Als die Vendin in die kurze ‚sichtbare‘ Phase ihres Daseins eintrat, befand sie sich in großer Not. Sie hatte ihren Mann und ihre Existenz verloren. Rechtlich galt sie als Witwe, ihre beiden kleinen Kinder als Waisen, da der Ehemann und Vater als Aufrührer des Fürstentums Bayern auf ewig verwiesen worden war. Sie selbst hatte man nicht aus dem Land, aber doch von

Haus und Hof vertrieben, das Dach über dem Kopf und die Nahrung waren ihr genommen, und zudem war es ihr verboten, sich innerhalb eines Umkreises von fünf Meilen um die Hofmark niederzulassen. Also dort, wo sie Hilfe hätte finden können, wo ihre Verwandtschaft wohnte, man sie kannte und ihre Nachbarn lebten, durfte sie sich nicht aufhalten.

In dieser Situation begann Christina Vend, das verlorene Terrain zurückzugewinnen. Ihre Ziele waren klar. Sie wollte für ihren Mann die Erlaubnis zur Heimkehr, die Landeshuld, erwirken, wofür sie den persönlichen Konsens des Kurfürsten einwerben mußte. Und zudem erstrebte sie die Rückkehr der ganzen Familie auf den Vendhof. Das setzte eine Genehmigung des Grundherrn, des Rottenbucher Stiftspropstes, voraus. Hinsichtlich der Mittel hatte sie wohl keine Wahl, es gab nur einen gangbaren Weg: Sie mußte versuchen, die Zustimmung des Fürsten gleichsam herbeizuzwingen, ihm mit eigenen Bitten und den Fürbitten anderer solange zusetzen, bis er sich genötigt sah – oder gerechtfertigt wähnte –, Gnade zu gewähren. Der Propst würde dann folgen. Christina Vend ist diesen Weg gegangen. Jede Woche, so behauptet der Stiftssyndikus als Chronist, „rannte" sie nach München und „quälte" dort mit ihren Schreiben und Bitten die Räte des Landesherrn.[1] Zwei dieser Supplikationsschriften (Bitt- oder Beschwerdeschriften) haben sich erhalten.

Die Frauen und der Konflikt

Die Frauen hatten, zumindest stimmen die spärlichen Nachrichten über ihre Haltung hierin überein, während der Auseinandersetzungen mit der Obrigkeit nicht beschwichtigend auf ihre Männer eingewirkt, sondern waren für den Konfrontationskurs eingetreten. Die Bauernschaft in der Hofmark Rottenbuch stritt über anderthalb Jahrzehnte – eben bis zu jenem 14. August des Jahres 1628 – mit den Pröpsten des Stiftes Rottenbuch um die Besitzrechte an den Bauernanwesen. Von Anfang an waren auch der Landesherr, Herzog Maximilian I.

von Bayern – seit 1628 Kurfürst – und seine Beamten, vor allem der Hofrat in München, in den Konflikt einbezogen. In dessen Ablauf sind deutlich zwei Phasen zu unterscheiden: Die erste endet nach einem Summarischen Prozeß, den die Bauern vor dem Hofrat gegen das Stift angestrengt hatten, mit einem Entscheid, der am 4. Januar 1619 in München als Rezeß publiziert wurde. In den folgenden Jahren drehte sich alles um den Vollzug des Rezesses. Seine Bestimmungen wurden von den Parteien auf unterschiedliche Weise verstanden und gegensätzlich interpretiert.[2]

Die etwa 260 hofmärkischen Hauswirte hatten sich zu Beginn der Auseinandersetzungen zu einer Einung gegen das Stift verschworen. Die Bauernschaft war daher in der Lage, bei den anfallenden Aufgaben und Aktionen von einer breiten Personalbasis aus zu operieren. Die Akten der Obrigkeit registrieren weit über hundert Männer mit ihren Namen, die im Auftrag und im Sinne der Nachbarschaft aktiv oder sonst irgendwie auffällig geworden waren, viele davon erscheinen mehrmals, einige – wie Georg Vend – wohl hundertmal und öfter. Hingegen wird niemals auch nur eine der ‚zugehörigen‘ 260 Hausfrauen mit Namen erwähnt. Christina Vend tritt namentlich erst nach Beendigung des Konflikts auf und bleibt zudem die Ausnahme von der Regel. In den Konfliktakten ist die Frau weder ‚nominal‘ vertreten noch ‚personal‘ zu sehen, es gibt sie allenfalls ‚formal‘ – „die Frau des N. N. (Peter Strauß)“ etwa, auch „N. N. (Jakob Stickl) mit Weib und Kind“. Und gelegentlich ist ‚pauschal‘ von ihr die Rede: etwa von „den Frauen“, die nachts unter die Fenster des Klostergebäudes kamen, in dem im April 1620 152 Rottenbucher acht Tage lang von Soldaten bewacht gefangen lagen, die Männer zum Standhalten ermunterten und sie beschworen, „von einander nit zeweichen“.[3] „Die Frauen“ waren es auch, die vor dem Haus lautstark und für alle Zeiten das Kloster verfluchten, als drinnen in der Klosteraula Adam Keller und Magnus Holmayr vom Henker mit Ruten gezüchtigt wurden.[4] Dem Propst, das mag auf der Seite des Klosters hinzukommen, schienen die Frauen nicht geheuer. Als er im Juni 1628 Amtshilfe vom benachbarten kurfürstlichen Pflegsverwalter in Weilheim anforderte, weil er sich keine Chance ausrechnete, die Rottenbucherinnen zum Abzug von den Gütern zwingen zu können, erinnerte er an dessen eigene diesbezügliche Erfahrungen: „Wie dem Herrn Nachbarn selbst wißlich", so mahnte er, seien „die weiber halssterriger als die Männer".[5] Dennoch dürfte hinter den wenigen und zudem blassen Phrasen zum Thema Frauen als Gegnerinnen der lokalen Obrigkeit wohl mehr gestanden haben als ein allgemeines mönchisches Unbehagen, verpackt in Amtsfloskeln. Nach der Niederlage der Bauern, als die Rottenbucher an vier Tagen zwischen dem 18. und dem 22. August 1628 einzeln vor dem Propst und den landesherrlichen Kommissaren in der Herzogsstube des Klosters Urfehde ablegten, da mußte nicht nur jeder Mann, sondern auch jede Frau an den Tisch zum Schwur vortreten.[6]

Der etwas andere Umgang der Obrigkeiten mit den Frauen ist auch bei der Landesregierung zu beobachten. Als die Rottenbucherinnen in der eskalierenden Schlußphase des Konflikts den Radius ihrer Aktivität räumlich erweiterten und nach München zogen, um Kurfürst Maximilian persönlich anzulaufen, wurden sie – dies als Schlußfolgerung ex silentio – niemals inhaftiert, während der Befehl, in die Stadt kommende Rottenbucher gefangenzunehmen und in das Malefizgefängnis im Falkenturm einzuliefern, an den Männern regelmäßig vollzogen wurde. Dabei spielte zumindest bei einer der Demonstrationen, die von den Bauern vor dem Fürsten aufgeführt wurden, eine Frau die ‚Hauptrolle'. Ende Juli 1628, als schon ein Dutzend Familien amtlich von ihren Gütern vertrieben war, begaben sich nämlich zum dritten Mal in diesem Jahr gut zweihundert Rottenbucher auf den Weg nach München, um den Landesherrn auf ihre existentielle Gefährdung aufmerksam zu machen und um Abhilfe zu erbitten, da ihnen allen Vertreibung und Armut drohte. Sie inszenierten für die Augen Maximilians ein lebendes Bild, das ihre verzweifelte Lage suggestiv verdeutlichen sollte: In langer Reihe mit gegeneinander verschränkten Armen beim Haus des Hofratspräsidenten sitzend, bildeten die Bauern den Rahmen für eine Frau in ihrer Mitte, die in Lumpen gekleidet war, ein kleines Kind auf dem Arm hielt und fortwährend eine Bittlitanei wiederholte, bis der Fürst eintraf, der alte Georg Grezmann sich erhob und ihm eine Supplikationsschrift überreichte.[7] Beim nächsten und letzten Zug der Rottenbucher drei Wochen später waren die Frauen wiederum dabei, und während die Männer, soweit man ihrer habhaft werden konnte – immerhin 70 –, verhaftet und in den Münchner Falkenturm eingeliefert wurden, setzte man keine der Frauen fest.[8] Die Männer hatten Kurfürst Maximilian und die Frauen gleichzeitig Kurfürstin Elisabeth ein je eigenes Bittschreiben übergeben.

Doch waren die Frauen den Männern gegenüber in der bäuerlichen Welt nicht in diesem Ausmaß unterrepräsentiert, wie es hier den Anschein hat. Schon ein Blick auf die Vermögensregelung und die Arbeitsbereiche modifiziert das Bild.

Christina beispielsweise hatte bei Georg Vend auf dem Hof, den er von seinem Vater übernommen hatte, eingeheiratet. Seither bewirtschafteten die Eheleute das Anwesen nicht nur gemeinsam, sondern es gehörte ihnen auch auf gleiche Weise. Denn nach Rottenbucher Ehebrauch sollte „zusammengebracht guet, und was sie [die Eheleute] auch inkhünfftig miteinander bekomen oder erobern, ain guet sein, haißen und bleiben". „Der man [hatte] das weib, vnd das weib den man zue erben", heißt es in den Heiratsbüchern.[9] Das galt sowohl für die Fahrhabe als auch für die Rechte am Anwesen, die Zustimmung des Stifts, was letzteres anlangt, vorausgesetzt. Eine Witwe verfügte darüber genauso wie ein Witwer, sie konnte – etwa durch Kinder aus einer früheren Ehe ihres Mannes – nicht aus dem Haus gedrängt werden.

Die Frauen beherrschten die meisten der in der Landwirtschaft anfallenden Arbeiten, sie waren nicht nur in den weiblichen Domänen Kinder und Haus, Garten und Textilien tätig, sondern ebenso im Stall, auf Wiesen und Feldern.[10] Ihre Kompetenz im Gesamtbetrieb kam den Rottenbucherinnen zustatten, als ihre Männer wochen- und monatelang ausfielen, weil sie im Gefängnis lagen,[11] sich verbargen oder für die Sache der

Bauernschaft unterwegs waren.[12] Die Frauen übernahmen in diesen Zeiten die Leitung und die Verantwortung für die Wirtschaft. Zur Bewältigung der Arbeitsmenge blieben sie allerdings häufig auf die Hilfe von Nachbarn oder Gesinde angewiesen. Die Arbeit auf dem Vendhof in Krummengraben – in etwa ein „halber" Hof – konnte von Christina unmöglich allein bewältigt werden. Man fütterte dort ungefähr fünf Pferde und zehn Rinder durch den Winter.[13]

Ihr Leben als Bäuerin war von Anfang an alles andere als geruhsam verlaufen, denn der Konflikt mit dem Kloster hatte längst begonnen, „ehe mier zu Hauß khomen" – wie die Vendin sagte. Ihr Mann könne, wollte sie damit klargestellt haben, also kein Urheber desselben gewesen sein. Die bloße Beteiligung aber dürfe ihm nicht zur Last gelegt werden, denn als junger Mann und Neuling unter den Hauswirten hätte er „wie ainem gmains mann gebüertt" mit der Nachbarschaft „zu lögen vnd zu heben" gehabt,[14] um dem Herkommen Genüge zu tun. In eine extraordinäre Rolle sei er – und somit auch sie – dann aufgrund einer schieren Zufälligkeit geraten: Der Vendhof werde in den klösterlichen Salbüchern als erster verzeichnet[15], und ihr Mann, als derzeitiger stiftender Inhaber, sei vom Kloster als erster Rottenbucher aufgefordert worden, das Leibrecht, die lebenslange Leihe, für das Gut zu kaufen oder abzuziehen, wenn er dem Willen des Propstes nicht nachzukommen gedenke. Unversehens war Georg Vend damit die Aufgabe zugefallen, exemplarisch handeln zu müssen; denn die Bauernschaft hatte beschlossen, beim hergebrachten Leiherecht, dem Freistiftrecht, verbleiben zu wollen. Seine Entscheidung – Ablehnung oder Annahme – konnte in dieser Situation die Haltung der Nachfolgenden stark beeinflussen.

Als die neue Hauswirtin und Mitinhaberin fand sich Christina folglich nicht lange nach ihrem Aufzug auf dem Vendhof in den einsetzenden „täglichen Krieg" um diesen Hof voll verwickelt. Im Herbst 1619 war mit den landesherrlichen Kommissaren zum ersten Mal Militär in der Hofmark erschienen, und 164 Rottenbucher saßen anschließend 16 Tage im Kloster gefangen. Im Januar 1620 kamen die Kommissare abermals, und im April brachten sie wieder Schutztruppen mit. Zusammen mit 26 anderen Rottenbuchern fuhr Georg Vend im Anschluß daran zum ersten Mal auf einem Wagen festgeschmiedet öffentlich über Land nach München bis ins zentrale bayerische Malefizgefängnis, während die meisten anderen Bauern im Kloster festgesetzt waren. Im Juni des selben Jahres wurden die Vends zum ersten Mal „abgestiftet", man kündigte ihnen das Gut auf und befahl ihnen abzuziehen. Sie gingen nicht. Zur Strafe landete Georg Vend daher einen Monat später und diesmal allein, wieder im Münchner Falkenturm.

Alles das wiederholte sich in den nächsten Jahren. Die „Musquetieren" – ein Haupt-"Argument" der Obrigkeit[16] – erschienen noch öfter, die Amtleute, klösterliche und landesherrliche, kamen auf den Hof, brachten Befehle, pfändeten das Vieh, fahndeten nach dem Mann, verhafteten ihn. Gegen Ende waren sogar veritable Hofräte aus München in Krummengraben erschienen, in ihrem Gefolge den Ehemann in Ketten gefesselt mit sich führend. Man hat die Vends noch mindestens zweimal, im Januar/Mai 1622 und im Juli 1628 abgestiftet, und da sie nicht gingen, waren ihre „Mobilia", der bewegliche Hausrat, „für das heimat heraus geworfen" und das Haus „gerichtlichen zugeschlossen" worden. Sie hatten es jedesmal wieder geöffnet. Beim letzten Mal, nachdem Georg Vend des Landes verwiesen und Christina mit den Kindern effektiv und für längere Zeit aus dem Haus vertrieben war, erbrach die Vendin die Verriegelung allein.

Aus der Retrospektive urteilte der Propst über Christina Vend, sie habe sich „ebenmessig wie der mann in allen sachen vnd in wehrender action trutzig und widersessig erzeigt".[17] Auch bei ihr hätten Ermahnungen zum Gehorsam und der Hinweis auf das künftige traurige Schicksal ihrer kleinen Kinder nicht verfangen. Daß sie nach einem Jahrzehnt als Bäuerin auf dem Vendhof reichlich Erfahrung im Umgang mit Obrigkeiten und Amtleuten hatte sammeln können und von ihnen nicht mehr leicht zu beeindrucken gewesen sein dürfte, wird man ihr zubilligen wollen.

Die Supplikationspraxis am Hof Kurfürst Maximilians I.

Wo Christina Vend in ihrer Zeit als „Quasi-Vidua" nun eigentlich wohnte, wer ihre Kinder versorgte, wenn sie über Land ging, wer ihr beistand mit Rat und Tat, ist unbekannt. Jedenfalls setzte gleich nachdem sich die Bauernschaft – unter dem Eindruck der Katastrophe auf dem Münchner Schrannenplatz am 14. August 1628 – mit dem Kloster arrangiert hatte, das übliche Bemühen um Interzessionen ein. Das heißt, die Rottenbucher schickten im Namen der „Gmain" Abgeordnete an den Abt des Nachbarklosters Steingaden, um diesen zu veranlassen, sich beim Propst in Rottenbuch für die Rückkehr der Vendin und der Frau des Peter Strauß einzusetzen.[18] Bei den beiden Frauen handelte es sich um die einzigen, die damals „wirklich" aus ihren Anwesen vertrieben waren.[19] Der angesprochene geistliche Herr entzog sich der Bitte nicht, seine Fürbitte blieb damals aber noch ohne Erfolg.

Christina Vend hingegen versuchte, ihre Sache andern- und höherenorts voranzutreiben. Sie wandte sich an den Kurfürsten und seinen Hofrat. Daß sie damals „jede Woche" nach München geeilt wäre, wie der Syndicus schreibt, dürfte nicht wörtlich zu nehmen sein, denn er schätzt die Übertreibung als literarisches Stilmittel. Zweifellos aber unternahm die Vendin wiederholt Reisen in die Stadt. Für den einfachen Weg von Rottenbuch nach München mußte man zu Fuß zwei Reisetage veranschlagen, der Syndicus war die Strecke einmal in elfeinhalb Stunden geritten, die Hofräte hatten mit der Kutsche in umgekehrter Richtung drei Tage benötigt, waren allerdings auch vom Weg abgekommen. Ein derartiger Irrtum dürfte der Vendin nicht unterlaufen sein. Sie wird die Route gut gekannt haben, wenn nicht aus eigener Anschauung, etwa weil sie an einer der Rottenbucher Demonstrationen in der Stadt teilgenommen hätte, so gewiß aus den Schilderungen ihres Mannes, der ein wahrer Kenner dieser Strecke gewesen sein muß, bedenkt man, wie oft er sie unfreiwillig und freiwillig zurückgelegt hat.

Auch wie in der Stadt weiter vorzugehen war, an wen und wohin man sich zu wenden hatte, wußte Christina Vend dank der Erfahrungen, die sie in den letzten Jahren gemacht hatte, wohl ziemlich genau. Zunächst und vordringlich galt es, eine schriftliche Supplikation zu beschaffen und zu dem Behuf, einen Schreiber oder Advokaten aufzusuchen. Denn ohne das Blatt Papier, auf dem geschrieben stand, welches Anliegen man hatte, waren die Chancen, „angehört" zu werden, gering.[20]

In der Praxis gab es zwei Möglichkeiten, den Fürsten oder zumindest sein Regiment auf sich und sein Problem aufmerksam zu machen. Entweder man klopfte in der Alten Feste an die Tür der Hofkanzlei, wartete, bis sie sich auftat und übergab dem heraustretenden Ratsdiener die mitgebrachte unverschlossene Supplikationsschrift, oder man versuchte, dem Kurfürsten das Schreiben persönlich zu überreichen, wenn er sich in der Öffentlichkeit zeigte. Ob Christina Vend damals im Herbst 1628 die eine oder die andere Möglichkeit oder, was wahrscheinlich ist, beide erprobt hat, wird nicht berichtet. Sie hatte jedoch mit diesen frühen Aktionen keinen Erfolg.

Über den Umgang Kurfürst Maximilians mit den Supplikanten, über seine persönliche Sicht des Supplikenwesens und über dessen konkrete Handhabung finden sich bislang nur wenige Informationen, obwohl Supplikationen zu den Angelegenheiten zählten, mit denen ein Regent und seine zentralen Behörden in der frühen Neuzeit tagtäglich konfrontiert wurden.[21] Man sieht sich für den Zusammenhang einerseits auf Normatives zurückverwiesen, wie die Prozeß-, Policey- und Verwaltungsordnungen[22], die dieses zentrale Institut des frühmodernen Staates regelten[23], und andererseits auf Streu- und Zufallsfunde, also Einzelvorgänge, denen eher Exempelcharakter zukommt oder Anekdotisches anhaftet.[24]

Maximilian höre, wird eine Schilderung des Augsburger Kunst- und Nachrichtenhändlers Philipp Hainhofer zur Illustration des gesitteten Münchner Hoflebens gern zitiert, „alle Morgen seine Meß und wenn er dazu oder davon geht, nimmt er von den armen Unterthanen die Supplicationes" entgegen, auch pflege er die Schreiben selber zu lesen.[25] Beim Antritt seiner Alleinregierung im Jahr 1598 hatte der Herzog auf die Empfehlung der Geheimen Räte, er solle auch den „armen Parteien und gleichsam jedermann Gelegenheit zum Vortrag oder zur Überreichung einer Bittschrift geben", erklärt, „er wolle sich gerne, wo ihn einer treffe, solange aufhalten, bis dieser seine Werbung vorgebracht habe".[26] Die Standardsituation für eine persönliche Begegnung zwischen einem Untertanen und dem Landesherrn stellten tatsächlich die Fahrten des Fürsten von und zur Kirche dar. Selbstverständlich war das im fürstlichen Tagesablauf eingeplant und unter den Untertanen allgemein bekannt. Auch die Rottenbucher hatten den Kurfürsten, als sie ihn in den letzten Jahren häufiger „persönlich anliefen", meist auf dem Kirchweg abgepaßt und dort ihre Supplikationen überreicht. Ob Maximilian die Schriften gewöhnlich sogleich las, wie es zumindest angelegentlich berichtet wird, ob bei diesen Szenen je ein Wort gewechselt wurde oder alles in stummer Gestik ablief, wird nicht dargelegt.

Zu den Audienzen, die innerhalb der Residenz stattfanden, dürften die bäuerlichen Untertanen wohl kaum Zugang gefunden haben. Sie wurden den Gesandten fremder Staaten gewährt und Leuten von Stand, die dort empfangen wurden, „Ihrer Du[rchlaucht] die Hand zu küssen".[27] Daß man am bayerischen Hof ähnliche Chancen wie am Kaiserhof hatte, die eigenen Anliegen zu befördern, indem man mit dem Personal im „Vorraum der Macht" Kontakt aufnahm und dort Fürsprecher der eigenen Interessen gewann, darf man wohl unterstellen. In Wien war es beispielsweise Adam Keller und Magnus Holmayr im Januar 1629 gelungen, mit Hilfe eines „Offiziers", der in diesem „Vorraum" kundig und zuhause war, ein kaiserliches Interzessionsschreiben zu Gunsten aller landesverwiesenen Rottenbucher zu erlangen.[28]

Die dem Landesherrn persönlich übergebenen Schriften stellten nur einen Bruchteil aller Beschwerde- und Bittschreiben dar, die in der frühen Neuzeit an einen Herrscher gerichtet wurden. Dieser Teil des Supplikenwesens ist als ein Mosaikstein im großen Schaubild der Herrschaftspraxis aufzufassen, als die stilisierte Engführung der im übrigen weitgehend unterbundenen Möglichkeiten einer physischen Begegnung zwischen dem Regenten und dem Untertanen. Die derart überreichten Schreiben gingen anschließend gewöhnlich den administrativen Routineweg.

Die Vends hatte man, obwohl ihre Bemühungen um die Huld des Landesherrn und um die Gunst des Rottenbucher Propstes im Herbst gescheitert waren, alsbald wieder in Krummengraben angetroffen. Christina brach das amtlich verriegelte Haus auf, wie berichtet, und Georg kehrte aus der Verbannung zurück, um das Feld zu bebauen bevor der Winter einbrach. Die Klosterbüttel trauten ihren Augen nicht, als sie ihn schon von weitem sahen, wie er nahe der offenen Landstraße mit dem Pflug über seinen Acker zog. Er versuchte gar nicht, ihnen zu entkommen. Wieder setzte man ihn auf einen Karren, fuhr zur nahen Landesgrenze am Lech und schob ihn, das Urteil vom August zitierend, abermals aus dem Land.

Anfang Februar 1629 eröffnete Christina Vend ihre zweite Supplikationsrunde. Das Frühjahr nahte, das Land mußte bestellt werden, und hinzu kam eine alarmierende Attacke des Propstes. Er hatte seinen Amtmann am Sonntag vor der Pfarrkirche in Rottenbuch ausrufen lassen, wer Christina Vend und ihre Kinder „behause oder behofe, oder vber nacht beherberge" werde mit 10 Thalern Strafgeld belegt; Formulierung und Vorgehen erinnerten an eine schmachvolle Ächtung. Dahinter stand die Absicht des Propstes, sich des Problems Vend endgültig zu entledigen und den Vendhof einzuziehen. Er wollte das Gut zum Stiftsland schlagen; wie er gegenüber dem landesherrlichen Hofrat vorbeugend behauptete, benötige er das Land zum „nottwendig vnd vnentpörlichen nuzen" des Klosters. Christina Vend war sich der akuten Gefahr bewußt.

Vom Schriftverkehr dieser zweiten Supplikationsrunde sind zwei Schreiben der Vendin in Abschrift erhalten. Das erste, die „vnderthenigiste hechst notdrungliche Supplication vnnd angehengte Petition", wurde am Mittwoch, dem 14. Februar, im Hofrat in München verlesen. Über das zweite Schreiben, ihre

„verrere diemütigiste Supplikation oder Replic", wurde am Samstag, dem 17. März, im Rat debattiert.[29]

Die beiden Supplikationen durchliefen den üblichen Geschäftsgang im Münchner Regiment. Sie wurden nach Eingang in der Hofkanzlei mit Datum versehen, in der Ratsstube auf den Tisch mit den Neuzugängen gelegt und im Rat verlesen. Die erste Supplikation wurde sodann zur weiteren Erledigung an die hofrätlichen Kommissare, die im vergangenen Jahr mit der Rottenbucher Affäre betraut gewesen waren, überwiesen. Das Schreiben enthielt die beiden bekannten Anliegen der Vendin. Ihre Bitte um die Heimkehrerlaubnis für den ausgewiesenen Ehemann mußte dem Kurfürsten zur Entscheidung vorgelegt werden, da er sich die Erteilung der „Landeshuld gnadenhalber" als Reservatrecht vorbehalten hatte.[30] Maximilian schlug die Bitte der Vendin ab. Die Kanzlei hatte der Petentin die Entscheidung mitzuteilen. Ihr zweites Anliegen, die Rückkehr auf den Vendhof, bedurfte der Stellungnahme des Propstes. Daher wurde das Original der Supplikation am 17. Februar nach Rottenbuch gesandt und der Propst aufgefordert, mit einem Bericht – die Frist dafür betrug gewöhnlich 14 Tage – seine Position darzulegen; zugleich wurde ihm mitgeteilt, daß der Kurfürst die Bitte um Landeshuld abschlägig entschieden hatte. Die Antwort des Propstes fiel ebenfalls negativ aus. Er sandte seinen Bericht am 5. März vorschriftsgemäß zusammen mit der Originalsupplikation an den Hofrat zurück. Der Bericht des Propstes wurde mit einem Signet des Rates an Christina Vend weitergeleitet. Die Hofräte äußerten darin ihr Einverständnis mit der ablehnenden Haltung des klösterlichen Grundherrn, erlaubten aber der Supplikantin dennoch, eine Replik einzureichen.

Bei dem zweiten erhaltenen Schreiben Christina Vends handelt es sich um eben diese Replik. Die Vendin wiederholte ihre beiden Anliegen, das heißt, Kurfürst Maximilian mußte der erbetenen Landeshuld halber wiederum informiert werden. Die Reaktion fiel diesmal vollkommen anders aus: Georg Vends Rückkehr in das Land sollte gestattet werden. Am 17. März sandte die Hofkanzlei das Original der Replik mit einem Begleitschreiben nach Rottenbuch. Man legte dem Propst die Aufnahme der Supplikantin nahe. Er verstand den deutlichen Wink und willigte ein, trotz „genuegsamber bedenckhen", wie er in seinem Bericht vom 23. März betont, den Hof an die Vendin und ihre Kinder zu übergeben.[31] Vom weiteren Schriftverkehr hat sich nichts erhalten.

Das hier vorgestellte Supplikationsverfahren war damals eingespielte Praxis, Routine. Man könnte es als die „summarische", also verkürzte Version des „Summarischen Prozeßverfahrens" beschreiben.

Eine Messe für den Kurfürsten oder ein Exempel schuldigsten Gehorsams – die beiden Schreiben der Christina Vend

Hiob oder „ihr" Bild: Aus tiefster Not, um Gottes, Mariens und des Jüngsten Gerichtes willen appellierte Christina Vend in ihrer ersten Supplikation an die Barmherzigkeit des Fürsten, er möge sie anhören. Ihr Mann sei ohne Schuld. Niemals habe er die Schändlichkeiten begangen, für die er bestraft wurde. Er sei kein Urheber des Rottenbucher Streites gewesen; die Bauernschaft sei bereit, seine Unschuld bittschriftlich zu bezeugen. Die übrigen Familien seien in der Zwischenzeit alle wieder in häuslichen Ehren und lebten auf ihren Höfen, nur sie und ihre unschuldigen Kinder würden ins Elend getrieben. Christina mahnt Gleichbehandlung an. Das müsse vor allem Gott, sodann aber dem Fürsten geklagt werden. Mit Geduld habe ihr Mann alle Strafen ertragen, er sei des Landes verwiesen, mit Ruten ausgestrichen und sein Ohr sei abgeschnitten worden. Aber er habe „sein auferladne straff gehorsamb ausgestanden", und er hätte „sonder gar sein leben dargeben". „Nun", so resümiert sie das Los des Menschen, „es hilft nicht, was man vns auftragen, [wird] gehorsamblich ausstanden". Aus Barmherzigkeit möge der Kurfürst sie hören und befehlen, ihnen den Hof zu erhalten und ihrem Mann das Land zu öffnen. Sie, die Vends, gedächten „solches ... umb E[uere]

Ch[u]rf[ürstliche] D[urchlauch]ht so lang würr leben jherlichen auf dem Peyssenberg mit ainer heiligen meßß vnvergössen zuverdienen".[32]

Dem Versuch, mit diesem Bild Georg Vends ihre Ziele zu erreichen, war kein Erfolg beschieden. In ihrer Replik, der zweiten Supplikationsschrift, veränderte die Vendin die Grundlinien ihrer Argumentation vollständig.

Der Musteruntertan oder „sein" Bild: Sie „bekenne", so ließ sich Christina Vend in ihrer Replik vernehmen, wie ihr Ehemann sich seinerzeit den ihm wohlwollend erteilten „vatterlichen" Ermahnungen stark widersetzt und „vnrecht" getan, deshalb seine Strafe auch wohl verdient habe. Doch sollten die unschuldigen Kinder nicht für das „Verbrechen" des Vaters büßen und ins Elend ziehen müssen. Andere Leute, die Reue gezeigt hätten, wären schon vor längerer Zeit auf kurfürstlichen Befehl hin in Gnaden wieder aufgenommen worden. Sie erbitte einen gleichen Gnadenbefehl, weil ihr Mann seine Handlungen „herzigelichen berheüe" und anböte, wie er seinerzeit als böses Vorbild der Halsstarrigkeit den anderen vorangegangen sei, ihnen jetzt „mit dem Exempel schuldigsten gehorsambs ... vorzuleichten". Sie begehre, die „milte gnad" des Fürsten zeit ihres Lebens mit täglichen Fürbitten gehorsam verdienen zu können.[33] Das solcherart übermalte Porträt der Vends und ihrer Taten verhalf ihnen zu Haus und Hof und Georg Vend zur Huld seines Landesvaters.

Die argumentativen Strategien der beiden Suppliken unterscheiden sich, wie gesagt, sehr stark, und die getroffene Wortwahl tut es nicht minder.[34] Dabei wirken die gedanklichen Konzepte und die Vokabularien wie jeweils auf einander abgestimmt und konzis kombiniert.

Christina Vend durchwob ihr erstes Schreiben stark mit religiösen Bildern und Ausdrücken. Sie nannte den Namen Gottes achtmal, zitierte Maria und das Jüngste Gericht herbei, und sie verlangte vom Kurfürsten Barmherzigkeit – sie bat ihn nicht um Gnade. Aus Barmherzigkeit möge er sie anhören, schrieb sie ein- und ausleitend, und empfahl damit eine christliche Tugend als angemessenes Motiv, ihr beizustehen.[35]

Sie bewegte sich in der geschriebenen Sprache nahe beim gesprochenen Wort. „Gott Lob", rief sie gleichsam dreimal aus, derartiges Unrecht müsse „Gott dem allmächtigen im hochen Himmel geclagt" werden, konstatierte sie zweimal und ebenfalls zweimal bat sie, „durch Gottes willen" gehört zu werden. Die häufige Erwähnung des Gottesnamens ist eine Eigentümlichkeit der ersten Schrift Christina Vends, doch findet man Entsprechungen dazu in ihrem engeren Umfeld: In den drei kurzen Supplikationsschreiben, die von den Rottenbucher Bauern im Laufe des Jahres 1628 selbst geschrieben worden waren, wird Gott sechs-, vier- und fünfmal genannt. Eines der Schreiben, die Supplik der Rottenbucher Männer, enthält viermal in Folge wie in einem kirchlichen Fürbittgebet die Sentenz „jetzt bitten wir E[uer] Ch[ur]f[ürstliche] D[urchlauc]ht umb Gottes willen für . . .".[36]

Der perspektivische Fluchtpunkt in dem Bild, das Christina in ihrer ersten Supplikation von der Vendschen Existenz entwarf, war die Behauptung der Schuldlosigkeit Georg Vends. Die Anschuldigungen, die man gegen ihren Mann erhoben habe, seien nie erwiesen worden, und würden sich „in ewickheit nit erfünden", betonte sie darin nicht ohne Emphase. Der Propst nahm den Ball in seinem „Bericht" auf und bemerkte, sie werde „in ewigkheit ihres ausgezichtigten mannß vnrecht thun keineswegs iustificirn" können.[37] Doch mit diesem Einwurf war Christina Vends Konzeption nicht zu treffen. Sie hatte die Frage von Schuld oder Unschuld längst über die positivrechtliche Ebene hinausgehoben als sie erklärte, ihr Mann habe im übrigen „alles was ihme geschehen, vnd auftragen worden, gehorsamblich mit aller gedult angenomen".

Kurfürst Maximilian, dessen Justiz das Urteil über Georg Vend gesprochen und es exekutiert hatte, konnte die Behauptung der Vendschen Unschuld nur als Affront verstehen. Doch die Überhöhung des verurteilten Delinquenten zum Dulder hiobschen Formats, der „sein auferladne straff gehorsamb ausgestanden" und sich somit doppelt – als unschuldig und als standhaft – bewährt hatte, mußte dem Fürsten als Äußerung höchst ungebührlichen Freimuts und als Angriff auf die

Deutungskompetenz der Obrigkeit erscheinen.[38] Reklamierte die Vendin doch die Tugend der Standhaftigkeit, die zu den vornehmsten Herrschertugenden zählte, für einen malefizisch bestraften Bauern, und entwand sie zudem den Verurteilten gänzlich der obrigkeitlichen Gerichtsgewalt. Er trage, so nämlich stellte sie es dar, sein Los als von Gott auferlegtes, sei Gottes Geboten gefolgt und daher gerechtfertigt. Er bedürfe der fürstlichen Gnade nicht eigentlich – allenfalls mochte maximilianische Barmherzigkeit seiner Prüfung ein Ende setzen.

Christina hatte ihre erste Supplik mit der Zusicherung beendet, die Vends wollten die Erfüllung ihres bittlichen Begehrens mit einer jährlich für den Kurfürsten auf dem Peißenberg gefeierten Messe „verdienen". Das war ein ungewöhnliches Versprechen insofern, als die Bauern in vergleichbaren Situationen stattdessen ihr tägliches Gebet zu offerieren pflegten. Die Vorstellung hingegen, wonach man mit einer Messe für empfangene Hilfe danken oder versprechen konnte, gegebenenfalls eine Messe lesen lassen zu wollen, war anderen Leuten nicht weniger vertraut als der Vendin. Damals „verlobten sich" Menschen aus der engeren und weiteren Umgebung häufig mit einer Messe zur Mutter Gottes auf den Peißenberg, wenn sie in der Stunde der Not Hilfe brauchten; manchmal, aber viel seltener, versprach jemand auch, Wachs oder Geld für Almosen zu geben. Im Sommer vor sechs Jahren hatte die Schneidbergerin von Moos, eine von Christinas nächsten Nachbarinnen, der Madonna eine Messe und zudem einen Fuß aus Wachs zugelobt, als sie sah, wie die Rösser mit dem hochbeladenen Heuwagen durchgingen und ihr Töchterchen darunter zu liegen kam. Maria hatte ihr geholfen, und Mutter und Tochter konnten schon im November den gut vierstündigen Weg auf den Berg gemeinsam zurücklegen, um das Gelübde einzulösen.[39] Die Votivmessen stellten eine geschätzte Möglichkeit dar, den Heiligen für ihre Fürbitten bei Gott angemessen zu danken. Christinas Absicht ist jedoch ein wenig anders einzuordnen; denn sie wollte die irdische Hilfe eines irdischen Fürsten, nicht die eines Heiligen, mit einem Meßopfer „verdienen"; den Boden der Kirchenlehre verließ sie mit diesem Vorhaben nicht.[40]

Im allgemeinen sahen die bäuerlichen Supplikanten in ihrem häuslichen Gebet die adäquate Gabe, die für eine empfangene fürstliche Wohltat im Gegenzug zu erbringen war,[41] – auch die Vendin hatte sich in ihrem zweiten Schreiben dieser Konvention entsonnen. Das Gebet ermögliche es, meinten die Supplikanten, den fürstlichen Beistand abzuverdienen.[42] Die Rottenbucherinnen beispielsweise, die ihre selbstgeschriebene Supplikation im August 1628 Kurfürstin Elisabeth mit der Bitte um Interzession überreicht hatten, versprachen darin, die Fürbitte der Fürstin bei ihrem Gemahl mit ihrem „gebett bey Gott dem allmächtigen abverdienen" zu wollen. Sie baten um fremde Fürbitte und boten eigene Fürbitte dagegen.

Der hochgemute, dramatische Ton im ersten Schreiben der Christina Vend wird offensichtlich von der Überzeugung getragen, ihr Sitz im Leben stünde unter dem unmittelbaren göttlichen Schirm. In der zweiten Schrift, der Replik, herrscht dagegen Nüchternheit vor, und es fehlt jeder Blick gen Himmel. Vor dem Recht und vor Gott, darauf hatte die Vendin ja solange bestanden, war ihr Ehemann nicht schuldig geworden. Nun aber, da sie zugab – oder zugeben mußte, oder vorgab zuzugeben – Georg Vend habe Schuld auf sich geladen und bereue alles zutiefst, überging sie jene beiden Instanzen mit Stillschweigen. Gottes Name wurde in der Replik kein einziges Mal genannt, das Handeln weder am positiven noch am göttlichen Recht vermessen.

Christina schnitt die vergangenen Taten Georg Vends und deren Folgen für die Gegenwart jetzt neu zu und folgte dabei den Leitlinien eines patriarchalischen Herrschaftskonzepts. Ihre Vorgehensweise war – das dürfte ihr selbst gewiß nicht entgangen sein – als strategisches Muster bekannt und wohlerprobt. Es hatte sich zuletzt im September 1628 im Fall Jakob Stickl bewährt[43] und sollte sich auch hier, was die konkreten vendschen Anliegen betrifft, als effektiv herausstellen.

Die Frage ‚warum nicht gleich so‘, die sich unweigerlich einstellt – warum zögerten die Vends so lange, warum verweigerte Christina noch in der ersten Supplik die Tränen der Reue, die man doch so offensichtlich von ihr erwartete –, bleibt unbeantwortet.

Die Vendin paßte also ihre zugestutzten Fakten dem Lehrplan jener pädagogischen Provinz an, als welche sich die innere politische Ordnung eines Landes in der Perspektive patriarchalisch gesonnener Obrigkeiten angelegentlich darstellte. In der neuen Deutung der alten Geschichten handelte es sich bei Georg Vend um jemanden, der die „vatterlichen ermanungen" seiner Obrigkeiten – des Propstes, der Kommissare, der Räte, des Fürsten – überhört hatte. Der Georg war ‚ungehorsam' gewesen,[44] er war dadurch schuldig geworden und folglich auch verdientermaßen bestraft worden. Doch nun bereute er alles von Herzen und hoffte wie andere reuige Übeltäter auch, Gnade bei seinem Landesvater zu finden.

Kurfürst Maximilian zeigte sich diesem Ansinnen gegenüber aufgeschlossen. Es entsprach den Vorstellungen, die er von der Beziehung zwischen sich als Landesherr und den Vends als seinen Untertanen hatte. Maximilian nahm für sich selbst das Bild des Fürsten, der seinen Untertanen wie ein Vater begegnet, in Anspruch. Etwa zehn Jahre nach den hier geschilderten Ereignissen beschrieb er für seinen Sohn das Idealbild eines christlichen Fürsten im Spiegel seiner Pflichten.[45] Den Untertanen gegenüber empfahl er seinem Nachfolger die Haltung eines Vaters als angemessene Einstellung.

Den Anstoß und das Motiv für den kurfürstlichen Meinungswandel sahen die Räte im „herzelichen threülichen reü vnd laidtwesen", das Georg Vend seiner gezeigten Widersässigkeit wegen „trage". Seine Reue würde durch die Schreiben seiner Frau und des Steingadener Abtes sowie durch das für ihn und seine Gefährten vorgebrachte kaiserliche Interzessionsschreiben bezeugt.[46] Die Reue, wie sie Georg Vend nun vorzeigte und die Gnade, wie Christina Vend sie jetzt vom Fürsten erbat, das waren die gesuchten Signalwörter. Sie standen für einen Prozeß der Läuterung, den die Vends durchgemacht hatten, und sie demonstrierten eine neue Einsicht in die alleinige Geltung obrigkeitlicher Ordnungsvorstellungen. Die

Lektion war gelernt, und der bekundete Gesinnungswandel konnte vom Kurfürsten mit Gnade beantwortet werden. Auch über diesen Punkt hatte Maximilian seinen Sohn belehrt: Der Fürst müsse das Böse strafen, um Gottes Zorn von Land und Untertanen abzuwehren, aber er solle auch „milde Gnade" walten lassen. Gott sei hierin sein Vorbild. Er selber aber habe das Vorbild seiner Untertanen zu sein, sie würden sich an seinem Exempel ausrichten.

Christina Vends Einsicht in das System reichte weit. Völlig korrekt versicherte auch sie, ihr Mann – in der Vergangenheit ein Exempel des Ungehorsams – beabsichtigte, künftig anderen als ein Vorbild an Gehorsam voranleuchten zu wollen.

Eva Labouvie

Geheimnisvolle Neigungen

Ein Herzog und sein Alchemist (1764 – 1775)

Unsere Geschichte spielt in den Jahren 1764 bis 1775 im Herzogtum Pfalz-Zweibrücken, einer innerhalb des Deutschen Reiches nicht unbedeutenden Herrschaft, welche in jenen Jahren von Herzog und Pfalzgraf Christian IV. regiert wurde. Als Christian 1740 die Regierungsgeschäfte übernahm, stand es ihm wegen Erbfolgeschwierigkeiten in der Pfalz und in Bayern durchaus noch zu seinen Lebzeiten in Aussicht, beide Kurfürstentümer einmal unter seinem Thron vereinigen zu können.[1] Als Anwärter auf ein äußerst beachtliches Territorium machte sich der junge Herzog denn auch beizeiten daran, in seiner Herrschaft Landwirtschaft, Handel und Gewerbe, vor allem aber Bau- und Dichtkunst, Malerei und Musik zu fördern.[2] Seine Hofhaltung erhielt Glanz und Pomp; alljährlich unternahm Christian, zumeist in den Herbstmonaten, eine Reise an den französischen Hof, unterhielt persönliche Beziehungen zu Ludwig XV., ja gehörte zum Freundeskreis um die Marquise de Pompadour und die Gräfin Du Barry. Nach den Berichten des Hofmalers Mannlich liebte es der Herzog, bei diesen Besuchen den reichen Fürsten am Versailler Hof und den großzügigen Gastgeber in seinem Pariser Stadthaus „Hôtel des Deux-Ponts" zu spielen, Rollen freilich, denen seine tatsächlichen finanziellen Mittel keineswegs auf Dauer gewachsen waren.[3] Die Literatur beschreibt den pfalz-zweibrückischen Herzog als klugen und geistreichen Mann und als einen Regenten, der „das politisch Machbare von phantastischen Höhenflügen zu trennen" verstand[4], verschweigt jedoch geflissentlich jenes Makel des Herzogs, welches erst nach seinem Tode im November

1775 in seiner ganzen Konsequenz für das Herzogtum zutage treten sollte. Aus einem Gutachten der herzoglichen Rentkammer aus dem Jahre 1776 entnehmen wir eine differenziertere Beurteilung des Herzogs und seiner Neigungen: „So muß ich hier vorzüglich einem Vorurtheil begegnen, welches nothwendig in den gemüthern aller derjenigen, welche nur die Größe, das Erhabene und Vortreffliche der Eigenschaften meines höchstseeligen Herrn, nicht aber den unglücklichen Hang zur Chymie und Alchymie ... gekennet. Gar sehr wünschte ich diesen Punkt übergehen zu können."[5] Was die spätere Geschichtsschreibung zur Regierung Christians IV. unbeschadet tun konnte, war jenem Schreiber des Jahres 1776, welcher von Amts wegen mit der „Affäre Stahl" betraut war, angesichts der bis dahin entdeckten Ungeheuerlichkeiten und Betrügereien nur noch frommer Wunsch. Der allseits im Lande bekannte Doktor Josephus Michael Stahl, welcher dem Herzog von 1764 bis 1775 als Alchemist und treuer Diener zur Seite gestanden hatte, ausgezeichnet mit den Titeln Physikus und Leibarzt der Gräfin von Forbach, Geheimer Rat und Hofrat, Direktor der herrschaftlichen Porzellanfabrik, der Tiegelfabrik, der Ziegelei und der Glashütte, Oberbergdirektor aller herrschaftlichen Bergwerke, „Secretario cum voto et sessione" beim fürstlichen Bergratskollegium, Direktor des Chaussee-, Münz- und Achatwesens und Polizeidirektor in einem Teil des Herzogtums, hatte mit Billigung und aktiver Beteiligung des Herzogs in den zehn Jahren seiner Tätigkeit das Land an den finanziellen Ruin gebracht.[6]

Kennengelernt hatten sich Alchemist und Herzog im Herbst 1764, kurz bevor Christian seine alljährliche Parisreise antreten wollte. Schon weit früher, etwa seit den beginnenden 50er Jahren, hatte der Herzog seine alchemistischen Interessen entdeckt und in einem eigenen Laboratorium sowie mit Hilfe angeblicher Alchemisten aus Mannheim, Darmstadt und Zweibrücken versucht, den „Stein der Weisen", eine Substanz („Arcanum") zur Vermehrung von Gold und Silber, zu gewinnen. Zwar lag die große Zeit der Alchemie und ihrer Schulen schon geraume Zeit zurück; gerade im 18. Jahrhundert schien sich

jedoch eine unverkennbare Renaissance dieser Ideen anzu-
kündigen, die – befördert durch neue naturwissenschaftliche
und philosophische Erkenntnisse – erst im 19. Jahrhundert
ihren Abschluß fand.[7] Dennoch mag erstaunen, daß es einem
aufgeklärten Fürsten wie Christian IV. noch um die Mitte des
18. Jahrhunderts möglich war, die traditionelle alchemistische
Wissenschaft in derartiger Intensität an seinem Hof zu kulti-
vieren.[8]

Kennzeichnend für das im Folgenden näher betrachtete Verhältnis des ungleichen und doch von gemeinsamen Interessen
und Illusionen geleiteten Paares Herzog/Alchemist war die
wechselseitige, je anders gelagerte Abhängigkeit voneinander in
einer asymmetrischen und von beiden wie auch der Außenwelt
so wahrgenommenen Beziehung, welche auf den Pfeilern Treue/
Gunst (Gnade), Dienstbarkeit/Inschutznahme, (alchemistisches) Wissen/(finanzielle, politische) Macht, Taktik/Glauben
und Rationalität/Illusion ruhte. Etwa 300 von Stahl an den
Herzog gerichtete Briefe, eine größere Anzahl von Verfügun-
gen und Schreiben des Herzogs an seinen Alchemisten, eine
rund 3.000seitige Dokumentation des späteren Prozeßverfahrens gegen Stahl sowie Rechnungsbücher und Zeugenverneh-
mungen ermöglichen die Rekonstruktion und Analyse[9] der
Beziehung dieses ungleichen Paares.

,Transmutationen'

Josephus Michael Stahl, geboren um 1725 im kurmainzischen
oder gräflich-schaubornischen (Ober-)Steinheim als Sohn eines
Schulmeisters, erhielt um 1732 Aufnahme im Jesuitenkolleg zu
Münster in Westfalen, wo er seine ersten Kenntnisse in den
Naturwissenschaften erlangte.[10] Nach Abbruch des Besuchs
der Klosterschule und eines in Köln begonnenen Theologie-
studiums verzog Stahl 1744 in einen Marktflecken im Hoch-
stift Münster, wo er im Alter von 21 Jahren des Bürgermeisters
Tochter ehelichte. Mit einer zweiten Heirat – seine erste Frau
war im Kindbett gestorben – verließ Stahl auch diesen Ort, um

sich schließlich in Offenburg niederzulassen und eine Laufbahn als Mediziner und Quacksalber zu beginnen. Um 1750 heiratete Stahl nach dem Tod seiner zweiten Frau die Tochter des Offenburger Feldscherers Stückemeister, stürzte sich jedoch mit seiner medizinischen Kunst derart in Schulden, daß er bald auch diese Stadt in Richtung Trier verlassen mußte. Hier scheint er ebenfalls als reisender Arzt und als Händler mit Theriak und Wundermitteln sein Glück versucht zu haben. Aus späteren Unterlagen wird ersichtlich, daß Stahl vom Trierer Kurfürsten wegen Scharlatanerei, Falschmünzerei und Betrug gefangengenommen und verklagt werden sollte, sich jedoch dem Prozeß durch Flucht entzog. Seine Wanderschaft brachte ihn schließlich als Arzt nach Lebach im heutigen Saarland, wo Stahl bei einer gemeinsamen Krankenbehandlung die Bekanntschaft des Leibmedicus der Grafen von Nassau-Saarbrücken, des Hofrates Dern, machte, welcher ihm durch Empfehlungen und Zeugnisse seiner medizinischen Kenntnisse den Sprung zur legalen Arztpraxis ermöglichte. Bald zog es den wieder einmal hoch verschuldeten Mediziner ohne Ausbildung nach dem lothringisch-kurtrierisch verwalteten Städtchen Merzig. „Zu dem Ende", so berichtet später der Amtmann und Rat zu Thronecken, Meusener, „seye er auf allerley Erfindungen gerathen, zum beispiel, eine praeparation von Kaffee, welche aus trockenen Taffeln bestanden, von geröst-gemahlenem Caffee, Zucker etc. componirt ... Da aber diese Erfindung die Probe nicht halten wollte, so projectirte er eine Seifenfabrique, die der venetianischen gleich seyn solte".

Statt als angesehener Seifenfabrikant oder als Vertreiber des ersten Instant-Kaffees ein sorgloses Leben in Merzig zu verbringen, mußte Stahl der Stadt wegen enormer Schulden bald schon den Rücken kehren. Auf Empfehlungen des Amtmannes Meusener, den der Arzt und Erfinder während seines Aufenthalts in Lebach kennengelernt hatte, gelang es ihm, die Stelle eines Physikus in Kirn, einer Stadt in der Grafschaft Salm-Kyrburg nahe der pfalz-zweibrückischen Grenze, zu erhalten. Über die „pauvren Umstände, die man auch an seinem äußeren Aufzug bemerken konnte" und über das Erscheinungsbild der

Familie Stahl bei ihrem Einzug in Kirn berichtet Meusener: „An allem aber war zu sehen, daß die vermögens Umstände des Herrn Stahls nicht die besten waren, die bey sich gehabte Equipage war gantz klein beysammen, und er führte sie alle auf der Chaise in etlichen Coffres oder Umschlägen." Die Verhältnisse schienen sich aber auch in Kirn nicht zu bessern. Seinem späteren Bergmeister Günther vertraute Stahl an, daß er in Kirn „in der qualitaet als Physicus im größtem Elende gelebet... wie er nicht so viel credit gehabt, daß ihme die Becker das brodt geborget".[11]

Doch bald schon, genauer gesagt im Herbst 1764, sollte sich das Blatt wenden und Stahl nebst Familie in Zweibrücken Einzug halten. Es war der pfalz-zweibrückische herrschaftliche Münzprüfer und alchemistische Adept des Herzogs, Feustel, welcher den verarmten Medicus dem Herzog wärmstens empfahl. Herzog Christian IV., der vom Münzprüfer schriftlich von Stahls außerordentlichen alchemistischen Fähigkeiten erfahren hatte, gewährte diesem sogleich Audienz. Hatte er doch selbst bereits über fast zwei Jahrzehnte sein Glück in der arkanischen Wissenschaft mit Hilfe untauglicher Scharlatane versucht: Da war bis 1756 jener Mannheimer Alchemist Buhl, dem der Herzog ein eigenes Laboratorium hatte einrichten lassen, mit der Vermehrung von Gold beauftragt worden. Nachdem seine angeblichen Entdeckungen jedoch als Betrügereien entlarvt worden waren, zog er es vor, das Herzogtum schleunigst zu verlassen.[12] So mußte der Herzog zusammen mit seinem Münzwardein Feustel die Arbeiten selbst wieder aufnehmen, bis sich 1761 zwei weitere Adepten der alchemistischen Kunst meldeten. Schriftlich hatten der hessisch-darmstädtische Kammerdiener Knaus und ein jüdischer Handelsmann namens Herz Wahl Dessauer Christian ihr bereits erprobtes „Goldarcanum" gegen Bezahlung von 10.000 Gulden und eine Ernennung zum Hofrat beziehungsweise Hof- und Kammeragenten angeboten.[13] Zwei Jahre lang konnte Dessauer – Knaus hatte sich gleich zu Anfang mitsamt Geld und neuem Titel verflüchtigt – seine Stellung als Arkanist des Herzogs mit großer Überredungs- und Hinhaltekunst behaupten, war jedoch wegen ausbleibender Ergebnisse mehr und mehr in Mißkredit geraten. Und mit ihm Feustel, welcher ehedem für seine Einstellung eingetreten war.

In jenen Herbsttagen des Jahres 1764 trafen sie nun zusammen: ein dem Elend preisgegebener, unechter Medicus mit großem Erfindungsgeist und der Absicht, einen Gönner für seine künftigen Projekte zu finden, ein in Mißkredit geratener und möglicherweise auch als alchemistischer Adept abgewiesener Münzprüfer und ein gerade vor seiner jährlichen Reise in die Welt des Prunks stehender, immer noch von einer „chemischen Hochzeit"[14] weit entfernter Herzog. Daß diese Begegnung eine besondere „Transmutation"[15] ergeben sollte, läßt sich bereits an dieser Stelle erahnen.

Tauschgeschäfte

Kurz nach der Bekanntschaft mit Münzprüfer Feustel hatte sich Stahl im besten Gasthof der Stadt Zweibrücken, dem „Goldenen Engel", einquartiert, um wenig später bei Herzog Christian vorzusprechen. Die weiteren Ereignisse lassen erkennen, daß es Stahl gelungen war, den Regenten von seinen Kenntnissen zu überzeugen. „Was seine erste bestimmung gewesen, wisse er nicht", so gab später der Bergmeister Günther, mit dem Stahl über Jahre zusammengearbeitet hatte, zu Protokoll, „allein so viel seye gewiß, daß er gleich mit Projecten machereyen und chymisiren den anfang gemacht".[16] Und so war es denn auch: Kaum war Christian IV. von seiner Parisreise im Frühjahr 1765 an den Zweibrücker Hof zurückgekehrt, wurde mit der Einrichtung eines alchemistischen Labors in der Stadt Zweibrücken begonnen, so daß Stahl wenig später die Arbeit aufnehmen konnte. Gleich mit der Übersiedlung seiner Familie erhielt der falsche Doktor seine Ernennung als Physikus und Leibarzt der Gräfin von Forbach, der ehemaligen Tänzerin Marie Anne Camasse und nunmehrigen Gattin Christians, sowie 80 Louisdor aus der herzoglichen Privatschatulle zur Einleitung der Gold- und Silberexperimente. Das

Spiel, welches Stahl zunächst mit der Taktik des Auftrumpfens eingeleitet hatte, indem er bei Hof den Anschein von Reichtum und Gelehrsamkeit vortäuschte, konnte beginnen.

Bereits zwei Monate nach seiner Ankunft in Zweibrücken teilte Stahl dem Herzog in einem Brief erste Erfolge seiner Experimente zur Goldvermehrung mit und verwies auf eine außergewöhnlich hohe erwartbare Ausbeute an Gold, ohne zu vergessen, sich als treuester Diener seiner Exzellenz für die bisherigen Wohltaten zu bedanken und auf künftige größere Erfolge zu verweisen. Von seinen ersten Versuchen waren andere Mitwisser allerdings keineswegs so überzeugt wie der erfinderische Doktor selbst: So hatte Münzmeister Mellinger öffentlich verlauten lassen, der Stahl werde zum Teufel geschickt, wenn erst einmal heraus sei, daß er Gold in die Tiegel praktizierte, um so Ergebnisse einer Goldvermehrung vorzuschwindeln; auch sein Vorgänger im alchemistischen Geschäft, Wahl Dessauer, beschuldigte den neuen Arkanisten in einem Brief an den Herzog der Betrügerei.[17] Ob der Herzog zu diesem Zeitpunkt bereits die ersten Erfolge des Stahlschen Laborierens selbst in Augenschein genommen hatte, bleibt dahingestellt. Angesichts einer vermehrten Zahl von Gegnern und vorerst ausbleibender eindeutiger Ergebnisse, sah sich Stahl jedoch in einem persönlichen Brief an den Herzog zur Legitimierung genötigt. Im September 1766 eröffnete er seinem Gönner, er habe „einen Ort entdeckt, so die achte manuscripta des universalioni nach dem mineralischen Weeg als ein großer Schatz bewahret" würden, ein Schatz freilich, welchen er nicht für sich behalten, sondern dem Herzog zu Füßen legen wolle.[18] Entzückt von dieser geheimen Offenbarung wies Herzog Christian den Münzmeister Mellinger an, Stahl weiteres Gold und Silber für seine Experimente zur Verfügung zu stellen; wieder kassierte der Arkanist zusätzliche 80 Louisdor aus des Herzogs Privatvermögen. Eine neue Strategie, welche auch später immer wieder erfolgreich eingesetzt wurde, hatte sich bewährt: Auf leere Versprechungen, deren Einlösbarkeit selbst Außenstehende anzweifelten, folgten geheimnisvolle Offenbarungen, die das Interesse und die Zuversicht des Herzogs

weckten und kanalisierten, aber zugleich seine Finanzierungs-
wünsche förderten. Andererseits lassen die Reaktionen des
Herzogs erkennen – öffentliche Inschutznahme vor dem herrschaftlichen Münzmeister und private finanzielle Zuwendungen –, daß es Stahl gelungen war, durch sein angebotenes
Dienst- und Treueverhältnis das Vertrauen seines Herrn zu
gewinnen.

Die Erfolge schienen sich trotz des entdeckten alchemistischen „Schatzes" aber nicht so rasch wie angekündigt einzu-
stellen, so daß der Doktor es vorzog, von nun an doppelgleisig
zu fahren: Bereits im März 1767 machte er eine Eingabe an den
Herzog zur Errichtung einer Porzellanfabrik in Zweibrücken
auf eigene Rechnung, wobei Herzog Christian für die Hälfte
des Gewinns die Gebäude und Materiallieferungen stellen
sollte.[19] Es gehöre die Errichtung einer solchen Manufaktur zu
den ersten und unverzichtbaren Repräsentationsaufgaben eines
Regenten und setze die Erforschung des geeigneten Porzellanarcanums voraus, in dessen Kenntnis er sich befände, so lenkte
Stahl geschickt vom bisher gescheiterten Goldprojekt ab. Daß
er zu diesem Zwecke den Modellmacher Russinger von der
Höchster Porzellanmanufaktur, welcher das Geheimnis der
Masse- und Glasurbereitung, der Errichtung von Brennöfen
und die Fertigkeiten des Modellierens mitbrachte, angeworben
hatte, verschwieg er dabei.[20]

Der Plan zur Errichtung einer herrschaftlichen Porzellanmanufaktur mußte auch den reformwilligen und renommee-
bewußten Herzog reizen. Begeistert willigte Christian wenig
später ein und stellte sein Schloß Gutenbrunnen zur Einrichtung der Fabrik zur Verfügung. Zudem erlaubte er dem „Pro-
jektmacher", in Zukunft mit ihm Privatbriefe austauschen zu
dürfen, ein Privileg, welches spätere Recherchen in der „Affai-
re Stahl" extrem behindern sollte. Damit erwiderte und erweiterte der Herzog das von Stahl durch dessen geheimnisvolle
Offenbarungen eingeleitete Vertrauensverhältnis, denn nur mit
dem Alchemisten, so geht aus einer späteren Stellungnahme
hervor, habe Christian „ganz geheim und in der Stille", ja
„hinter den collegiis" privat korrespondiert.[21] Gleichzeitig ge-

lang es Stahl, sein chemisches Labor von Zweibrücken nach dem abgelegenen Gutenbrunnen und damit aus der Reichweite feindseliger Beobachter zu verlegen.[22] Die Bewilligung dieses zweiten Schrittes hatte wiederum ein Schreiben Stahls an den Herzog bewirkt, in welchem er bei seinem Experiment des „arcanum particularis" mit Salmiak eine Ausbeute von 150.000 Gulden in Aussicht stellte – sofern er in Ruhe intensiv weiterarbeiten könne. Nicht nur an letzterem war auch dem Herzog gelegen; vielmehr schien er in Stahl seinen persönlichen Privatgelehrten zu sehen, mit dem er vertrauliche Briefe wechselte, den er aufsuchte und mit dem er in wissenschaftlichem Austausch stand. Streng trennte Christian diesen Privatbereich seines „besonderen Vergnügens"[23] vom offiziellen Geschehen bei Hofe, wo Stahl wie alle seine Vorgänger weder seine Laboratorien hatte einrichten noch wohnen dürfen. Möglicherweise eröffnete der Umzug des Alchemisten von Zweibrücken nach Gutenbrunnen auch dem Herzog die einmalige Gelegenheit, endlich unbeobachtet seiner „alchymistischen Sympathie" nachgehen zu können.

Proben der „lieb, treu und gehorsams"

Ende des Monats bereits erhielt der Herzog einen ersten Bericht aus dem neuen Laboratorium im Gutenbrunner Schloß: „Kein last ist mir zu groß, keine arbeit zu schwer, welche ich nicht aufnehme, höchstdenenselben die proben der lieb, treu und gehorsams vor höchste augen zu legen", so schloß Stahl seinen Brief, in welchem er den Herzog unter weiteren Vorspiegelungen, daß bei der Kulminierung der „arcana universalisimi particularis und des wachstums der metallen" nunmehr eine Ausbeute von 816.000 Gulden zu erwarten sei[24], um ein passables Jahresgehalt von 1.000 Gulden und die Begleichung entstandener Schulden in Höhe von weiteren 1.000 Gulden bei seinem Onkel anging.[25] Kennzeichnend für diesen ersten Privatbrief Stahls an den Herzog ist ein zwischen formellen Treue- und Gehorsamsgelöbnissen, persönlichen Mitteilungen etwa über des Alchemisten Gesundheitszustand und einer fast zu vertraulich anmutenden Schroffheit schwankender Schreibstil, der auch für die folgenden Briefe charakteristisch bleibt. Er läßt auf ein der sozialen Distanz widersprechendes, freundschaftliches Verhältnis schließen, welches aber durch die Positionierung der Korrespondenten in den treuen und pflichtbewußten Bittsteller Stahl und den um Gunst und Zuwendung angegangenen herzöglichen Herrn geschickt in die Schranken der Realität zurückgeführt wird.

Trotz seiner geradezu anmaßenden Formulierungen war der Alchemist dennoch erfolgreich, schienen seine Forderungen nicht auf Mißkredit zu stoßen: Ein Jahresgehalt von 1.000 Gulden wurde ihm ab sofort und rückwirkend bewilligt; statt der angeblich vom Onkel ausgeliehenen 1.000 Gulden erhielt er 1.400 und dazu einen weiteren Gold- und Silbervorrat aus der Zweibrücker Münze zur Durchführung seiner Versuche.[26]

Kaum also der herzoglichen Aufsicht entronnen, war es Stahl vorgeblich gelungen, sein alchemistisches Verfahren derart zu vervollkommnen, daß er nunmehr eine im Vergleich zu den Zweibrücker Experimenten fast sechsfache Ausbeute an Gold in Aussicht stellen konnte. Eine neue Vorgehensweise hatte sich vor dem Hintergrund jener seit nunmehr drei Jahren auf der Allianz von Treue und Gunst, Dienstbarkeit und Inschutznahme funktionierenden besonderen Beziehungen bewährt: jene Kombination aus Versprechungen und gleichzeitigen finanziellen Forderungen, wobei letztere im Verhältnis zum voraussichtlichen Gewinn als Marginalitäten erscheinen mußten.

Nicht nur in der Aussicht auf baldige Reichtümer, sondern sicherlich auch zur Beförderung der von ihm so geliebten Wissenschaft, schien Christian nun jedoch zu drängen, Stahl möge „in der arbeit nicht saumseelig" sein, er selbst würde gern eine Probe seiner Arbeit sehen. Flugs erfolgten im Abstand von 14 Tagen drei Begründungsschreiben, deren Inhalt der Herzog am Ende des Jahres gebührend anerkennen sollte. Es vergehe kein Tag, so Stahl, an welchem er nicht von 3 Uhr in der Frühe

bis abends 11 Uhr arbeite; allein die „Capellen von Schönau",
ohne welche doch kein „praeparatum" vorgenommen werden
könne, sowie das echte Frankfurter „Sale armoniaco als der
haupt ingrediaenti" seien noch nicht angekommen.[27] Dennoch
habe er aus den „überbleibseln" der „vorigen Sublimentatio-
nen" ein „Mercuriam" von anderer Farbe erhalten[28], welches,
wenn er es mit dem „sal armoniae und übrigen ingredientzen
abreibe, in fässer schlage und eine zeit stehen lasse, dann erst
sublimiere", eine Ausbeute von drei statt bisher zwei Loth
Gold erbringe.[29] Im letzten seiner drei Berichte eröffnete Stahl
– wohlwissend um des Herzogs intensives Interesse an einem
gelehrten Austausch – schließlich das Geheimnis seiner Experimente: Das Schreiben enthält eine detaillierte, dreiseitige
Anleitung zur Gewinnung des Arkanums und dessen Anwen-
dung zur Vermehrung der Gold- und Silbermetalle. Ob mit
dieser Offenbarung bereits zu diesem Zeitpunkt weitere Pläne
verbunden waren, bleibt dahingestellt; wohl aber hatte der
Doktor den wissensdurstigen Herzog aufgrund seiner durch
Fachbegrifflichkeit und wissenschaftliche Formulierungskunst
gelehrt und seriös wirkenden Darstellung vorerst von der Besichtigung der Experimente abhalten können und zudem wenige Wochen später Gelegenheit, den Trumpf der herzoglichen
Mitwisserschaft auszuspielen. Wie schon einmal beabsichtigte
er, die dem Herzog anvertrauten geheimen Offenbarungen
gegen persönliche Vorteile einzutauschen.

Als am 2. Juli 1767 der Leibmedicus des Herzogs verstarb,
war es Stahl, welcher sich schriftlich um dessen Nachfolge
bemühte. Wäre er nicht schon zum Nachfolger des nassau-
saarbrückischen Leibmedicus Dern bestimmt, so log er dem
Regenten vor, würde er gerne die Stelle des herzoglichen Leib-
arztes Obercamp übernehmen, zumal er dem Landesherrn sein
allerhöchstes Vertrauen bereits durch die Preisgabe seiner
chemischen Geheimnisse bewiesen habe. Zudem sei seine
Goldausbeute bereits bei 4 1/2 Loth angelangt.[30] Für diesmal
erfolglos und in seine Schranken verwiesen – der Herzog
schien seinen medizinischen Fähigkeiten keineswegs dasselbe
Vertrauen entgegenzubringen wie seinen alchemistischen und

übertrug einem Franzosen namens Robert die Stelle –, verlagerte Stahl seine Aktivitäten in jene Bereiche zurück, die ihm bislang wenigstens eine geistige Nähe zum Herzog garantiert hatten. Wiederum schien Christian auf eine gewisse körperliche Distanziertheit und einen räumlichen Abstand großen Wert zu legen.

Erneut begann der nun vollends eingeweihte und von der wissenschaftlichen Richtigkeit der Experimente überzeugte Herzog zu drängen, worauf die Flut der zwischen Juli und November 1767 vom Alchemisten an den Hof gerichteten Briefe schließen läßt. In ihnen kommt jene Verschleppungs- und Hinhaltetaktik in besonderem Maße zum Ausdruck, die die Stahlsche Strategie – eine Mischung aus geheimnisvoller Andeutung, konkreter gewinnträchtiger Zukunftsprognose und eigennütziger Forderung – zielsicher ergänzte. Argumente wie das Kasseler „Sal armoniacum" habe sich bei der „Prob" in Küchensalz verwandelt und das Gold angegriffen und „geraubet", das vom Herzog zur Erprobung angewiesene Verfahren eines Mannheimer Alchemisten sei Betrügerei, er selbst aber habe gerade eine neue Methode der „Transmutation" des „universalissima" mit Gold und Blei so erfolgreich getestet, daß er eine Probe gleich mit seinem Brief folgen lasse, wobei das Verfahren jedoch weiter vervollständigt werden müsse, dienten letztlich folgender Absicht: „chemische unternehmungen kann ich ohnmöglich bewerckstelligen", so Stahl im November 1767, „wan nicht meine umstände sich ändern, meine viele arbeit gemindert wird, besonders aber ich von dem rechnungswesen [der Porzellanfabrik] befreyet werde".[31] Hinter diesem berechtigten Wunsch nach Entlastung steckte mehr: ein riesiger Schuldenberg der Porzellanfabrik, welchen Stahl durch Rechnungen nicht mehr belegen konnte. Er gab statt dessen an, sein ganzes Vermögen in die Fabrik investiert und Schulden bei Verwandten aufgenommen zu haben.[32] Würde ihm der Herzog seine Auslagen von 7.500 Gulden vergüten und die Fabrik übernehmen, von der er einen Jahresgewinn von 30.000 Gulden erwarten könne, sei er selbst dazu bereit, „das arcani der feinen masse und glasur, ordinaeren porcelain masse und glasur, gazetten masse aller farben, der Verguldung, der brenn, glüh und einschmelzöffen, des feinbrennens, einschmelzens", welche Geheimnisse „mit gäntzlicher resignation" sein „privilegium" seien, Christian „privative vor höchste persohn" zu überlassen.[33] Ein drittes Mal ließ sich der Herzog auf das bewährte Stahlsche Tauschgeschäft von geheimen Kenntnissen gegen finanzielle Zuwendungen ein. Und auch diesmal gelangte der wissbegierige Regent an Geheimnisse, die nur für ihn persönlich bestimmt waren, ja deren Aufzeichnungen nicht einmal in seinem späteren Nachlaß gefunden werden konnten.

Ein neues, nicht mehr dem Austausch, sondern eher der geschickten Bestechung zuzurechnendes Moment trat hinzu: Mit der Übergabe der ersten Stücke feinen Porzellans – es waren Tassen mit dem Monogramm des Herzogs in Gold – und der Bemerkung, er sei nur ein Mensch und wisse heute nicht, was morgen mit ihm vorgehe, reichte der Doktor zugleich seine getürkte Rechnungslegung mit der Bitte ein, der Herzog möge ihm „Debit" geben, damit er endlich mit der chemischen Arbeit fortfahren könne. Noch im selben Monat genehmigte Christian mit Unterschrift und ohne Einsichtnahme die gesamte sowohl die Porzellanfabrik wie das chemische Labor betreffende Rechnungslegung und ernannte den nunmehrigen Oberdirektor der jetzt herrschaftlichen Porzellanfabrik zum Oberbergdirektor aller Silber-, Quecksilber-, Steinkohle-, Vitriol- und Alaunbergwerke des Herzogtums mit einem Jahresgehalt von 1.000 Gulden und 1.460 Gulden Reisediäten sowie zum Münzdirektor.[34] Wiederum einen Monat später, im Januar 1768, erhielt Stahl seine im November für die Preisgabe des Porzellanarcanums erbetenen 7.500 Gulden, zu seiner Entlastung in der Fabrik den Rechnungsführer Michora, als Unterdirektor den Münzprüfer Feustel und zur persönlichen Auszeichnung den Titel des Hofrates.[35] Erfolgreich hatte er – neben den schon bewährten Strategien einmal des Austauschs von Wissen gegen Geld und zum anderen des Ausspielens einer Entlastung im Rechnungswesen gegen die Intensivierung seiner zwar sehr guten, aber immer noch unvollendeten arkanischen Versuche – diesmal die Taktik eingesetzt, mit der angedeuteten Aufgabe oder zumindest der Verzögerung seiner alchemistischen Arbeit von seinen ihm später nachgewiesenen Geldbetrügereien abzulenken. Das doppelgleisige Projektieren hatte sich wieder einmal ausgezahlt; mehr noch: Stahl war neben seiner Stellung als persönlicher Privatgelehrter des Herzogs zu dessen offiziellem Beamten mit gleich mehreren Ressorts avanciert.

Natürliche und andere Feinde

Wie wir wissen, verpflichten Titel und Anerkennungen, so daß Hofrat, Oberfabrik- und Oberbergdirektor Doktor Stahl in der Folgezeit auf immer neue Strategien der Verschleppung, Verschleierung und Rechtfertigung sinnen mußte. Schon im Juni 1768 kam ihm dabei die Natur zu Hilfe: Ein Wolkenbruch, so berichtete er schriftlich dem Herzog, habe sein Laboratorium in einem Nebengebäude des Gutenbrunner Schlosses verwüstet. Der Herzog erteilte zwei Tage später die Order, „alles was Herr Hofrath Stahl begehren wird in dem Gutenbrunner Schloß, welches durch das vorgestrige Ungewitter beschädigt worden, machen zu lassen" und „den Kostenbetrag einzuberichten".[36] Die wenigen tatsächlich vorgenommenen Neuerungen deuten an, daß Stahl stark übertrieben hatte. Noch einmal, im Jahre 1769, sollte sich die Natur in Form einer Überschwemmung des Flusses Blies gegen seine arkanischen Aktivitäten verschwören.

Schon wenige Wochen nach dem Regenguß des Jahres 1768 ging es jedoch um tatsächliche Verschwörung, besser: um Konspiration. Ein ihm unbekannter Franzose aus Paris sei angereist und habe mit Hilfe des Gutsverwalters Richard auf dem Gutenbrunnen herumspioniert, welche Begebenheit ihm große Angst um sein Porzellanarkanum eingejagt habe. „Wen aber werde ich wohl zur Goldscheidung nehmen können, dem ich trauen kann, wan ich nicht förchten will, um das [Gold]-arcanum zu kommen", so die Begründung für das zukünftig langsamere Fortschreiten der alchemistischen Experimente, welche Stahl angesichts dieser Erfahrung nun allein und ohne seinen Adepten Feustel durchzuführen gedenke.[37] Sowohl ihm selbst als auch dem Herzog mußten die arkanischen Rezepturen als Geheimsache gelten, eine in der alchemistischen Philosophie zutiefst verankerte Anschauung, derzufolge nur wirklich „Eingeweihte" in den Besitz von Kenntnissen gelangen durften. Im Hinblick auf die dürftige Entwicklung seiner alchemistischen Projekte, besonders aber in Vorahnung der folgenden Ereignisse schien es dem Arkanisten bereits zu diesem Zeitpunkt mehr als ratsam gewesen zu sein, mögliche Beobachter sowohl seiner chemischen als auch der verwaltungstechnischen Aktivitäten fernzuhalten.

Der Rechnungsführer der Porzellanfabrik, Michora, nämlich verklagte den Oberdirektor bereits im September 1768 bei Minister Freiherr von Esebeck wegen Unterschlagungen und Rechtswidrigkeiten. Stahl, der vom Porzellanbrennen keine Ahnung und deshalb etliche mißlungene Brände verursacht habe, hätte den Brenner bereits vor einem viertel Jahr entlassen, um dessen Gehalt von 20 Gulden monatlich in die eigene Tasche zu stecken; auch sei ihm, Michora, schon im Mai die Rechnungsführung entzogen worden, so daß er ohne Pflichtverletzung nicht länger in der Fabrik bleiben könne. Zwei Tage später hatte Stahl den Spieß umgedreht, Michora zu einem ehrlosen Verräter des Herzogs, ja zu einem Betrüger und „böswicht" gemacht, welcher bei Dienstantritt keinen Kreuzer besessen, jetzt aber mit neuen Strümpfen, Hut, Mantel, Fingerring, mit „Eau de Levante" und Taschen voller Biskuits herumstolziere. Das Geld für derartige Anschaffungen habe der Rechnungsführer zweifellos der Fabrikkasse entnommen, weshalb er sofort verhaftet werden müsse. Werde jedoch die Stahlsche Autorität, seine „Ehr und Reputation" wegen dieser Angelegenheit leiden, so sei er fortan für seine Aufgaben „ohnbrauchbahr".[38] Sechs Tage später lag der landesherrliche Entscheid vor, welcher angesichts eines möglichen Verlustes des Alchemisten und jetzt auch herzoglichen Beamten im Stahlschen Sinne ausfiel: Auf Wunsch des Fabrikoberdirektors leistete Michora Abbitte vor dem versammelten Fabrikpersonal, wanderte acht Tage ins Gefängnis, mußte eine Kürzung seines Gehaltes um zwei Drittel und eine Versetzung als Kanzlist auf die Rentkammer hinnehmen, während das von Stahl unterschlagene Gehalt des Brenners ab sofort unter dem Rechnungstitel: „dem Herrn Hofrat für das Laboratorium" erschien. Langfristig bewirkte dieses neue Argument mit dem Verweis des Arkanisten auf den Zusammenhang zwischen Autoritätsverlust in der Öffentlichkeit und Unbrauchbarkeit der Person des Beamten und Geheimwissenschaftlers, daß mehrfache Eingaben der Rentkammer wegen undurchsichtiger Rechnungslegungen Stahls jedesmal mit dem herzoglichen Verzicht auf dessen öffentliche Rechtfertigung beigelegt wurden.[39] Betreffs der Finanzenverwaltung hatte der Hofrat damit eine gewisse Immunität erreicht. Der Herzog hatte ihn offiziell unter seinen persönlichen Schutz gestellt, ob aufgrund des nach fast fünf Jahren immer noch ungebrochenen Vertrauensverhältnisses, das der Briefwechsel weiterhin dokumentiert, oder wegen äußerer Zwänge, die ihm auferlegten, die Integrität dieses doch etwas anderen Beamten zu garantieren, wollte er sich vor Hofrat und Beamtenschaft mit seiner durchaus bekannten Beziehung zu Stahl und deren eigentlichen Hintergründen nicht dem öffentlichen Gerede aussetzen.

Der Fall Michora hatte trotz herrschaftlicher Eingriffe Signalwirkung: Acht Monate schon lag Doktor Stahl in ständigem Streit mit immer neuen Widersachern. Vor Kummer sei er darüber schwer erkrankt, was ihn „eine zeithero [so] völlig übernohmen", daß er „zur noth des tags [nur] einige stunden auf seyn" könne[40] und deshalb mit der alchemistischen Arbeit stark in Verzug geraten sei. Just als er im April oder Mai 1769 wieder bei Kräften gerade 14 Loth 15 Grän, 48 Taler Gold und 14 Mark 1 Loth Silber „per viam universalismi zur augmentation" angesetzt hatte, drangen die Fluten des nahen Bliesflusses in das Laboratorium ein, rissen die gefüllten Kolben um und schwemmten das „kostbare Solutum" mit sich fort. Den heutigen Leser des Briefes, worin Stahl dem Herzog plastisch und ergriffen diese katastrophalen Ereignisse schildert, macht allein schon die immense, in Säure aufgelöste Gold- und Silbermenge angesichts der dauernden Klagen des Arkanisten über das zur Scheidung nötige, jedoch nicht beschaffbare „Sal armoniacum" stutzig. Spätere Prozeßgutachten verweisen dagegen auf eine möglicherweise naheliegendere Vermutung: „Das Wasser schmeisset die Kolben um und das solutum fliesset fort, nicht aber in den blies-flus, sondern den stahlischen beutel", so etwa der Kommentar zur Flutkatastrophe aus der Sicht des Jahres 1776.[41]

Herzog Christian indes kam dem Geschädigten sofort mit umfänglichen Münzlieferungen sowie mit einer Lieferung Rheingold zu Hilfe, wobei letzteres nach Stahls Beurteilung weit besser aufzuspalten und seine Bestandteile daher genauer zu untersuchen seien, als bereits geschmolzenes Münzgold.[42] Daß es durch die Schäden der Überschwemmung notwendig geworden war, die gesamte Porzellanfabrik vom Gutenbrunnen in die Residenzstadt Zweibrücken zu verlegen, konnte unserem Erfinder angesichts derart großzügiger finanzieller „Hochwasserhilfen", die freilich baldige neue alchemistische Ergebnisse erheischten, mehr als nur recht sein. War es ihm doch durch die freigewordenen Räume im Schloß jetzt erst recht möglich, seine mit Gründung der Porzellanfabrik erfolgreich erprobte Politik der Mehrgleisigkeit mit ungetrübtem Erfindersinn weiterzuführen.

Mit dem Arkanieren konnte aufgrund tatsächlicher Wasserschäden vorerst nicht fortgefahren werden. „Da Euer Hochfürstliche Durchleucht... aus meinem laboratorio noch keinen nutzen gezogen, ich hingegen viele hohe Gnaden genossen", so argumentierte Stahl in einem seiner nächsten Briefe[43], wolle er, bis das Laboratorium wieder benutzbar sei, andere Projekte angehen. Daß es sich hierbei in erster Linie um Ablenkungsmanöver von einer höchst mißlichen Lage handelte, die nicht erst durch das Blieswasser verursacht worden war, als vielmehr durch ein nach fast fünf Jahren des Experimentierens immer noch ausstehendes Goldvermehrungsverfahren, belegt die Tatsache, daß Stahl seine Arbeit im Gutenbrunner Laboratorium erst gar nicht mehr, ja das Projekt der Goldvermehrung erst nach mehreren Jahren wieder aufnahm. In den Räumen des Gutenbrunner Schlosses, so schrieb er dem Herzog, gedenke er eine Tiegelfabrik zu errichten, desweiteren eine Ziegelei; im lichtenbergischen Dorf Hof plane er eine Glashütte mit Steinkohlefeuerung, und außerdem beabsichtige er zur Hebung der Landwirtschaft die Fabrikation von Dungmasse, welche im Jahr einen Gewinn von 120.000 Gulden abwerfen könne. Binnen kürzester Zeit hatte Stahl Christian IV. für all seine Pläne gewonnen, ja zur Durchführung seines Dungprojektes neben dem Eschelbacher Hof bei Baumholder das bedeutendste herzogliche Hofgut, den Königreicher Hof, zur Verwaltung übereignet bekommen. Bald schon zog er samt Familie von Zweibrücken auf den Eschelbacher Hof. Diesmal war es ihm mit dem alten Argument, er könne nun dort in aller Ruhe seine zeitaufwendigen chemischen Experimente durchführen, nicht nur wie bei der Verlegung des Labors von Zweibrücken nach Gutenbrunnen geglückt, seine alchemistische Arbeit, sondern seine Person und seine Familie einer Beobachtung durch die Hofbeamtenschaft zu entziehen.

Nicht zum ersten Mal drängt sich dem aufmerksamen Betrachter des Stahlschen Aktivismus die Frage auf, warum Herzog Christian auf alle Wünsche des Arkanisten einging, ja sogar einen Wandel des traditionellen Alchemisten zum neuartigen „Projektemacher" guthieß. Hatte auch der Regent plötzlich Spaß am Projektieren? Es ist zu vermuten, daß sich der Herzog nicht ganz dieser besonderen Mode seiner Zeit und dem Zwang der Zurkenntnisnahme neuer experimenteller Erfindungen entziehen konnte und wollte. „Projekte" anzugehen war im 18. Jahrhundert ohne Zweifel die fortschrittlichere Variante einer naturwissenschaftlich ausgerichteten Alchemie, deren „Stein der Weisen" nicht mehr der Goldvermehrung, sondern der Erschließung von Bodenschätzen dienen sollte. Ein Herrscher um die Mitte des 18. Jahrhunderts, der mithalten wollte – und daß Christian zu konkurrieren suchte, zeigen seine Auftritte am Pariser Hof – konnte nicht mehr ohne weiteres nur seinen privaten arkanischen Leidenschaften frönen. Das eine durch das andere zu ersetzen und die Edelmetallvermehrung zugunsten etwa einer gezielten Bergwerkspolitik aufzugeben, lag dem Regenten freilich ebenso fern wie dem Alchemisten.

Die neue Idee

Ein halbes Jahr gelang es Stahl mit mancherlei Begründungen, den Herzog hinzuhalten. „Nicht so sehr nach dem nutzen vor mich, als die freude zu haben, Euer Hochfürstlichen Durchleucht von dem glücklichen erfolg die unterthänigste nachricht geben zu können und mich mit sämtlich meinen bemühungen zu höchsten füssen zu legen, diesem glücklichen augenblick sehe mit begierd entgegen und ersterbe in tiefester unterthänigkeit", so schrieb er dem Herzog am 13. Dezember 1773.[44] Er plane vor der erneuten Inangriffnahme der Goldvermehrung das Ausschmelzen von Eisenerzen, dann von Silbererzen mit Steinkohle, wobei er die Erze mit der Kohle vermischen wolle. Allein für die Eisenschmelze erhoffe er sich eine jährliche Ausbeute von 146.000 Gulden. Auf den ersten Blick schien im Alchemisten der Oberbergdirektor die Oberhand zu gewinnen, welcher jetzt auf technische Innovationen drängte. Der Gedanke, das im 18. Jahrhundert bereits knappe Holz im Verhüttungsprozeß durch Kohle zu ersetzen, war zwar nicht neu, eine Realisierung bislang jedoch daran gescheitert, daß man, wie es Stahl nun wohl auch vorzuhaben schien, Brennstoff und Erze zusammengebracht hatte, wobei der aus der Steinkohle austretende Schwefel das Eisen brüchig machte. Auch auf der benachbarten nassau-saarbrückischen Halberger Hütte waren die um 1760 eingeleiteten Versuche der Verkokung der Steinkohle zur Eisengewinnung gescheitert und vorläufig verworfen worden, ja erst 1833 führte die Neunkircher Hütte als erste in der ganzen Gegend das sogenannte „Puddelverfahren" und den Kokshochofen ein.[45]

Nur scheinbar wollte sich Doktor Stahl jedoch ausschließlich der Nutzung neuer Energieträger zur Eisen- und Silbergewinnung widmen. Dahinter steckten höhere, alte gemeinsame Ziele, die Inanspruchnahme nämlich energietechnischer Neuerungen für alchemistische Zwecke. Mehrere Monate nach Ankündigung seines neuen Projektes und angeblich zweifelsfreien Versuchen mit Eisenerz, empfing der Alchemist Herzog Christian in der Obermoscheler Silberschmelze zur Vorführung eines ersten Experiments mit Silbererz. Im Vordergrund dieses Versuches stand jedoch keineswegs nur die wirtschaftlich fortschrittliche Aufschließung des Silbererzes mit Steinkohle, sondern die Anreicherung des Verfahrens mit geheimen Zusätzen, welche eine gleichzeitige Vermehrung des gewonnenen Silbers erbringen sollten. In Anwesenheit des Herzogs und des Bergmeisters Günther, von dem wir in seiner späteren Aussage erfahren, daß Stahl die Tiegel wohl mit Blei präpariert hatte, um so einen Zugewinn von Silber vorzutäuschen[46], gelang das Vorhaben so vortrefflich, daß Christian zu intensiverer Arbeit ermunterte und sogleich einen weiteren Besuch ankündigte. Stahl indes – er hatte über fünf Jahre lang eine Inaugenscheinnahme seiner Experimente durch den Herzog zu vereiteln gewußt – verhinderte jede künftige Behelligung, indem er vorgab, er müsse zuerst herausfinden, ob die „Augmentation" sich durchgängig einstelle und seine weiteren Versuche fernab aller Beobachter in sein Privatlaboratorium auf den Eschelbacher Hof verlegte. Zur Bekräftigung teilte er schriftlich mit, beim jetzigen Stand der Versuche könne man von einer Ausbeute von 500.000 Gulden ausgehen, denn „Gott habe alle seine arbeit gesegnet". Tatsächlich aber hatte er zu diesem Zeitpunkt bereits allein für die Silberschmelze 32.778 Gulden aus verschiedenen landesherrlichen Kassen, dem Münzfond und der herzoglichen „chatoulle" erhalten.[47]

Parallel zur immer noch erfolglosen Erz- und Silbervermehrung scheint der Arkanist mit Hilfe seines 12jährigen, ältesten Sohnes nach einer fast dreijährigen Pause auch das Laborieren mit Gold wieder aufgenommen zu haben. Denn wenige Zeit nach dem Obermoscheler Experiment gab Stahl vor, der mit dem jetzigen Arkanum erzielte Goldgewinn sei „ganz entsetzlich" und mindestens auf 689.420 Gulden zu veranschlagen – eine Zahlenreihe, die genaueste und realistische Berechnungen aufgrund wirklicher Ergebnisse implizierte. Daß er für die Goldschmelze ebenfalls Steinkohle verwandte, ist insofern anzunehmen, als sich in der Folgezeit Klagen darüber, daß „der leusige Schwefel das Gold gefressen und eins mit dem andern in Rauch uffgegangen" sei, mehrten.[48] Zu derartigen Rückschlägen bekannte der Doktor sich allerdings erst, nachdem er für sein Silber- und Goldvermehrungsverfahren ein weiteres Hofgut, diesmal das Bernsteinische oder Falkenburgische Lehen zu Obermoschel, erhalten hatte.

Allmählich schien jedoch das Kartenhaus einzustürzen, in das Stahl selbst viel Zeit und Energien, der Herzog eine große Geldsumme und seine Interessen investiert hatte: Die Porzellanfabrik hatte immer noch keine Gewinne eingebracht, Tiegelbrennerei und Ziegelei sahen ihrem Ende entgegen, an der Glashütte waren bereits 11.000 Gulden verloren gegangen, das Dungmasseprojekt hatte Stahl erst gar nicht in Angriff genommen, und die Silber- und Goldreserven waren durch Naturkatastrophen und die chemischen Prozesse restlos vernichtet worden. Da die Landeskassen leer waren, des Herzogs liebstes Kind aber die Goldvermehrung blieb und angesichts dieser Finanzkrise auch bleiben sollte, sann der Alchemist auf neue Pläne. Der mittlerweile elffache Familienvater ersetzte um die Mitte des Jahres 1773 die ausgescherzte Taktik der mehrgleisigen „Projektemacherei", mit der er den Landesherrn aufgrund seiner sichtlichen Mißerfolge nicht ein zweites Mal hätte gewinnen können, durch die Strategie der Konfrontation mit ganz neuartigen arkanischen Erkenntnissen. Aus angeblich goldhaltigen Schwefelkiesen, die in der Nähe von Baumholder gefunden wurden, wolle er durch Zusatz weiterer Metalle und geheimer Substanzen Gold in riesigen Mengen gewinnen. Es würde ihm sicher niemand glauben, aber erste Ausbeuten seien bereits vorhanden. Der überraschte und zugleich hocherfreute Herzog willigte ohne Zögern ein und unterzeichnete nach altem Muster eine von Stahl gleich mitgelieferte, äußerst unvollständige Generalabrechnung für das Jahr 1773 mit den Worten: „alles nach unserm befehl, auch mit unserm Wissen und Willen geschehen. Wir ertheilen desentwegen unserm geheimen Rat und Oberberg Director Stahl ... general Decharge".[49] Ganz nebenbei hatte sich unser Alchemist noch ein Guthaben von 1.700 Gulden ausgerechnet und zur Belohnung seiner Verdienste vom Herzog den Titel des Geheimrates erhalten.

Im Frühjahr 1774 trat Doktor Stahl eine Parisreise an, um seine Gold-Kies-Versuche von französischen Experten prüfen zu lassen. Zurückgekehrt ließ er schriftlich verlauten, nun sei er sich seines Erfolges ganz sicher und erwarte einen Gewinn von mindestens 252.912 Gulden. Herzog Christian griff wieder einmal kräftig in seine Privatschatulle und ließ dem Arkanisten durch seinen Kammergarderobier 200 Louisdor zur weiteren Durchführung seiner Experimente zukommen. Daß der Landesherr von der neuen Sache überzeugt war, am älteren Silberprojekt jedoch zweifelte und wie gut Stahl daran getan hatte, von der Silber- und Eisenschmelze wieder zur Goldgewinnung zu wechseln, zeigt ein Brief Christians von seiner Parisreise an Regierungsrat Wernher: „Das Werk [Kiesprojekt] ist von Wichtigkeit und kann etwas Gutes werden, sonderlich wenn des Hofagenten Sagen nach diese Erde goldhaltig ist ... Ich glaube nicht, daß das Eisen mit Steinkohlen zu schmelzen viel ausgeben wird".[50]

Als Christian im September auf sein Schloß in Petersheim zurückgekehrt war, erwarteten ihn bereits mehrere Briefe des Alchemisten, in welchen dieser einerseits über Ischias und 1.100 Gulden Schulden klagte, die der Herzog doch begleichen möge, andererseits von seinen bisher sehr erfolgreichen Aktivitäten berichtete, einen Gewinn von nunmehr 600.000 Gulden prophezeite und den Herzog schließlich zur Besichtigung seiner Versuche einlud. Ob ein solcher Besuch stattfand, ist nicht bekannt; vermutlich aber wußte Stahl bereits zu diesem Zeitpunkt von der Erkrankung des Herzogs und hatte die seinen Erfolg dokumentierende Einladung risikolos aussprechen können. Als ihn umgekehrt im November der Herzog zu sich bestellte, kam wieder einmal die Natur zu Hilfe: „Dergleichen Schnee hab ich nicht gesehen, noch mir einbilden können, das cement haus stehet im schnee bis unter das dach, und so ist mein Hoof rundum gleich mit einem wall umgeben", so entschuldigte der Doktor sein Fernbleiben und zugleich den Stillstand seiner alchemistischen Arbeit, übersandte dem noch immer kranken Herzog allerdings gleich ein persönlich zusammengestelltes Salbenrezept.[51] Bei derartiger Fürsorge winkte bald schon der Lohn, diesmal in Form weiterer Auszeichnungen: Am Ende des Jahres 1774 blickte Oberberg- und Oberfabrikdirektor, Hofrat und Geheimer Rat Doktor Stahl auf weitere Ehrungen als Mitglied des Bergratskollegiums, Direktor des Chaussee- und Straßenbauwesens sowie Polizeidirektor des Bezirks Landsberg mit Hauptsitz in Obermoschel. Mit dem Eintritt ins Bergratskollegium hatte der Alchemist das langersehnte Regierungsamt sowie die gesamte Verwaltung des Bergwerkswesens erlangt; mit der Ernennung zum Polizeidirektor in seinem derzeitigen Aufenthaltsbezirk aber waren ihm die besten Möglichkeiten gegeben, seinen Gegnern und Widersachern mit herrschaftlicher Gewalt entgegenzutreten. Daß Stahl dies in vollem Umfang tat, belegen spätere Recherchen.[52]

Der Herzog freilich schien die Einladung Stahls zur Begutachtung seiner Experimente nicht vergessen zu haben, denn ab März 1775 hatte der Doktor allergrößte Mühe, seinen Gönner von einem Besuch auf dem Eschelbacher Hof abzuhalten. Am 8. März berichtete er schriftlich, er habe wegen des Regenwetters nicht viel erledigt, rechne jedoch damit, am 16. des Monats die nächste Probe machen zu können, wozu der Herzog herzlich willkommen sei. Prompt zum 16. März erhielt der Landesherr die Mitteilung, ein Besuch sei ihm keinesfalls zuzumuten, da wegen des schlechten Wetters und eines fehlenden Kamins im Labor die entstehenden Dämpfe nicht abziehen könnten.[53]

Herzog Christian schienen die aussichtsreichen Experimente seines Alchemisten zu langsam voranzuschreiten; jedenfalls verweisen mehrere an seinen Regierungsrat Wernher gerichtete Briefe seit Januar 1775 darauf, daß der Regent zusammen mit Wernher und den Lizentiaten Scholler und Gressel parallele Versuche zur Goldgewinnung aus Kies unternahm. Am 29. Januar schrieb Christian von München: „Ich sehe dem

Nachfolgenden mit dem größten Verlangen entgegen um zu erfahren, wie des Licentiaten Proben werden ausgefallen sein. Ich habe beständig gute Hoffnung dazu, glaube aber, daß mit den Kiesen die Ursache der unterschiedenen Proben schuld ist. Wenn mehr damit gearbeitet worden sein, so wird sich dies klären".[54] Während der von den herzoglichen Experimenten vorerst wohl ahnungslose Stahl immer noch damit beschäftigt war, die Kräfte der Natur als Ausreden für seine bisherige Erfolglosigkeit zu beschwören, erteilte Christian im Mai 1775 von Paris aus seinem Adepten Wernher den Auftrag zur Errichtung von Laboratorien. „Meine Meinung ist", so der Landesherr an Wernher, „daß tatsächlich ein Zentner Kies ausgearbeitet werde, auf daß es der Mühe wert ist". Wenige Tage später teilte Wernher dem Herzog mit, daß er „die rechte Art unsere Kiese zu tractieren", also das langersehnte „Arcanum" zur Isolation des Goldes aus dem Schwefelkies, gefunden habe. Christian ordnete sofort neue Proben und diesmal eine finanzielle Kalkulation des Unternehmens an, ja unterstrich die Meinung des Regierungsrates, daß das „Kombinieren und die Algebra in der Chemie" große Vorteile böten, daß „die Chemie nur ein Werk der Hände" sei, jedoch „Vernunft und ein mathematischer Geist" hinzugehörten.[55] War mit diesem plötzlichen Meinungsumschwung und der anklingenden Geringerschätzung chemischer Kenntnisse unser langgedienter Alchemist als ein kopfloser Handwerker aus dem Rennen um das rechte „Arcanum" ausgeschieden? Hatte sich der Herzog nach altem Muster nun doch vielversprechenderen neuen Arkanisten in der Person Wernhers, Schollers und Gressels zugewandt?

Zwar nahm die Produktion „en gros" nun tatsächlich ihren Anfang, zunächst mit der zentnerweisen Kiesaufbereitung, ab September 1775 mit der Einschmelzung von 30 bis 50 Mark Gold in einem eigens konstruierten Schmelzofen.[56] Andererseits war jetzt Regierungsrat Wernher, welchem der Herzog seinen Besuch im Zweibrücker Laboratorium angekündigt hatte, in Bedrängnis, denn wie sich später herausstellen sollte, war es ihm keineswegs gelungen, ein Verfahren der Goldgewinnung und -vermehrung zu entwickeln. Mit immer neuen Ausreden – die Tiegel seien nicht geeignet, man brauche einen besonderen Schmelzer oder der Schwefelkies sei aufgebraucht – versuchte nun auch er, den Herzog hinzuhalten. Dieser wiederum erinnerte sich während derartiger Verzögerungen seines Arkanisten Stahl und berichtete ihm von Schloß Petersheim aus von den bisherigen Resultaten seiner Adepten in Zweibrücken. Überrascht und entsetzt zugleich meldete Stahl sofort gehörige Zweifel an, mußte er angesichts der bereits fortgeschrittenen geheimen Experimente mit seinen ureigensten Ideen doch sowohl um das herzogliche Vertrauen wie um seine ganze Position fürchten. „Der Herr Rat Stahl will nicht glauben, daß unsere Arbeit in den Kiesen so gut geht", berichtete der Herzog in einem Schreiben vom 16. Oktober an Wernher. „Ich gehe Sonntag nach Moschel und möchte ihn gern selbst von der Sache überzeugen ... Dem Stahl werde ich diese Instruction [das Rezept] nicht vorzeigen und nur die Probe in seiner Gegenwart machen, auf daß er des Werkes überzeugt werde. Ich glaube er ist jaloux, daß in unserem Laboratorio besser und sicherer als bei ihm gearbeitet worden". Mit dieser letzten Einschätzung hatte der Herzog den Nagel auf den Kopf getroffen. Die einst vertrauliche Zusammenarbeit zwischen Stahl und dem Landesherrn hatte begonnen, sich zu einem Konkurrenzverhältnis zu entwickeln: Auf der einen Seite stand der von gemeinsamen Experimenten ausgeschlossene langjährige Favorit, auf der anderen Seite der Herzog, der mit seinen erfolgversprechenden neuen Arkanisten vor Ort zusammenarbeitete.

Zwei Tage verweilte Christian in der Obermoscheler Silberschmelze, überzeugt, den „wahren Beweis von der Richtigkeit der Arbeit" durch eine Probe vor den Augen des Alchemisten erbringen zu können, ohne daß Stahl jedoch „die Proportionen" sehen sollte. In gewisser Weise hatten sich damit die Rollen verkehrt: Herzog Christian, der eigentliche Auftraggeber und ‚Hobbyalchemist', trat nun als erfindungsreicher Arkanist auf, welcher seinen eigenen erfolglosen Alchemisten von dem selbstentwickelten Verfahren zu überzeugen suchte. Die

Rolle des Adepten freilich, der sich eines Besseren belehren lassen und den Erfolg jahrelanger Arbeit nun Zufallsexistenzen wie Wernher, Gressel und Scholler überlassen sollte, mißfiel Stahl zutiefst. Noch tiefer aber mußte ihn das vom Herzog augenscheinlich aufgekündigte, lange Zeit nur ihm gegoltene Vertrauens- und Protektionsverhältnis kränken.

Nachdem glücklicherweise die herzogliche „Probe" in Obermoschel eine nur geringe „Augmentation" und keinen „reinen König" (reines Gold), sondern im Gegenteil einen beträchtlichen Verlust erbracht hatte – der Herzog führte diesen Fehlschlag einzig darauf zurück, daß er „die Arbeit [das Experiment] niemalen selbst gemacht" habe –, sah der Alchemist seine einzige Chance im Überbieten. Diesmal ging es nicht um ein bloßes Übertreffen des herzoglichen Experiments, sondern um das Superlativ all seiner bisherigen Versuche. Sogleich machte der Doktor in Gegenwart seines Herrn eine eigene Probe mit „sulphuriertem Eisensilber und Fluß" und erzielte nie dagewesene 7 Grän Goldzuwachs aus einer geringen Kiesmenge und in einem nur vierstündigen Verfahren. Damit hatte der Arkanist seinem Gönner nicht nur den Beweis erbracht, daß es ihm allein möglich war, reines Gold in größeren Mengen zu isolieren, sondern des Herzogs Zutrauen durch seine weit besseren Ergebnisse erneut erlangt. Dieser berichtete sofort seinem Regierungsrat Wernher, er glaube, daß bei der Arbeit Stahls „mehr aufgesehen und mehr Fleiß als bei der unsrigen angewendet worden", weshalb man schon in wenigen Tagen „miteinander die Stahlsche Probe vornehmen" sollte. Der Herzog hatte Obermoschel in dem festen Glauben verlassen, daß es Stahl nun doch gelungen war, den „Stein der Weisen" zu entdecken; der Alchemist indes war wieder der Erste unter den herzoglichen Arkanisten. Dennoch: Zu dem für den 31. Oktober 1775 geplanten Nachvollzug der Stahlschen Entdeckung in den Zweibrücker Laboratorien sollte es nicht mehr kommen. Am 5. November verstarb der Landesherr auf Schloß Petersheim im Alter von 53 Jahren an einer Lungenentzündung.

Bezeichnenderweise betrafen die Gerüchte um den plötzlichen Tod des Herzogs seinen Alchemisten, dessen Gegner bislang zum Schweigen verurteilt waren. Der hochgeachtete Rektor des Zweibrücker Gymnasiums, Georg Christians Crollius, teilte dem am Mannheimer Hof lebenden Neffen und Nachfolger Christians, Karl II. August, noch am Todestag des Herzogs schriftlich mit, er sei davon überzeugt, daß Doktor Stahl seinen Onkel beim letzten Besuch im Oktober auf dem Eschelbacher Hof durch Dämpfe von Vitriolgeist vergiftet habe, so daß sich das katarrhalische Leiden des Regenten verschlimmert und schließlich zum Tode geführt hätte.[57] Diese ungeheure Anschuldigung des Rektors – aufgrund eines Lungenleidens des Herzogs und des Obduktionsbefundes „Lungenentzündung" blieb eigentlich kein Raum für Spekulationen –, verdeutlicht jene Atmosphäre der Feindseligkeit gegenüber dem Arkanisten, gekoppelt mit der gleichzeitigen Bespitzelung des ungleichen Paares Herzog/Alchemist, aus der heraus nicht nur manch übertriebenes Gerücht entstehen, sondern eine genaue Kenntnis der Pläne und Treffen, möglicherweise auch der zeitweisen Disharmonie zwischen beiden von öffentlichem Interesse werden konnte.

Keineswegs nur das Zweibrücker Bürgertum schien über das seltsame Verhältnis des Landesherrn zu Stahl, über all die gescheiterten Vorhaben und des Alchemisten „Geschicklichkeit, durch projecten und alchymische Kunstgriffe unter den heiligsten versicherungen seiner treuen und untadelhafften Absichten auch des zuverlässigen erfolges derselben ... sich Titel und bedienungen, auch Gunst und Gnadenbezeugungen zu verschaffen", informiert zu sein. Als Stahl nämlich kurz nach dem Tod des Herzogs auch in Mannheim seine Dienste offerieren wollte, wurde ihm von Karl II. August die Audienz verweigert. Der Minister des nunmehr amtierenden Herzogs, Graf von Goldstein, habe – so die spätere Aussage des beim Gespräch anwesenden Bergmeisters Günther – dem Arkanisten unverblümt und mit „Kaltsinn" mitgeteilt, er halte ihn für einen „betrüglichen Laboranten". Eine zweite Karriere hatte Stahl also keinesfalls mehr in Aussicht.[58]

Auf den ersten Blick scheint es, als habe nur der Tod Christians das ungleiche Paar trennen und ihr auf gemeinsamen Interessen beruhendes Verhältnis beenden können. Die weiteren Aussagen des Bergmeisters Günther im anschließenden Prozeß gegen Stahl lassen jedoch vermuten, daß der Herzog noch kurz vor seinem Tod über die angeblichen Betrügereien seines Alchemisten Kenntnis erhalten hatte. Günther gab in seiner Vernehmung am 3. Juni 1776 vor der eingesetzten Untersuchungskommission an, er selbst habe, „weilen man es länger nicht mehr ansehen können", dem Herzog noch in seinen letzten Tagen mitgeteilt, daß Stahl eine Goldvermehrung im Schwefelkies nur vortäuschen konnte, indem er Goldstaub unter den Kies mischte. Ob der Landesherr dieser Anschuldigung allerdings Glauben schenkte, ist angesichts der jahrelangen Inschutznahme sämtlicher Aktivitäten seines Alchemisten sowie seines mit den letzten Versuchen Stahls zurückgekehrten Vertrauens in dessen alchemistisches Können zweifelhaft. So ist anzunehmen, daß Christian in dem Glauben verschied, mit seinem jahrelangen treuen Arkanisten einen Wissenschaftler gefunden zu haben, der das Geheimnis der Goldvermehrung tatsächlich entdeckt hatte. Ein wahrer Seelentrost angesichts einer privaten Schuldenhöhe von etwa eineinhalb Millionen Francs und mehrerer Zehntausend Gulden Verluste durch die Stahlschen Projekte.

Bereits im November 1775 ordnete der 26jährige Neffe und Nachfolger Christians die Aussetzung aller Einnahmen des Alchemisten an, veranlaßte eine Hausdurchsuchung auf dem Eschelbacher Hof und die Beschlagnahmung von mehr als 300 Briefen, 100 Pfund Silber, zahlreichem Silbergeschirr und Goldvorräten. Wenig später erfolgte die „Arrestierung" und Inventarisierung des gesamten Stahlschen Vermögens.[59] Dreimal trat Stahl samt mittlerweile 14köpfiger Familie in den nächsten Monaten die Flucht außer Landes an, um schließlich auf Intervention der zweibrückischen Regierung in Winnweiler, einem Ort in der Grafschaft Falkenstein, ein halbes Jahr im Gefängnis einzusitzen.[60] Mit zahlreichen Bittschriften, Versprechungen und abgelegten Eiden gelang ihm endlich im Mai 1777 die Haftentlassung und die Erlaubnis zur Rückkehr in das Herzogtum und auf den ihm zugesicherten Eschelbacher Hof. Dem Unverbesserlichen, der auch jetzt noch beteuerte, daß seine „Verfolgung keine Verbrechen, nur einseitig falsche Klagen und feindseeligkeiten zum Grund" hätten[61], war es dieses eine Mal gelungen, den neuen Regenten mit der alten Formel des Treueeids und des bezeugten Gehorsams wieder gewogen zu machen. Seine späteren Hilferufe jedoch, in denen er dem Herzog seine „äusserste Miserie" und das „Elend" schilderte, welches er in „größter gedult und tieffsten Submission" mit Frau und Kindern seit etlichen Jahren ertrage, verhallten ergebnislos. Am Ende wie zu Beginn mittellos, hochverschuldet und trotz seiner neuen Laufbahn als Geburtshelfer ohne Einnahmen, bat der einstige Schützling und Vertraute Christians IV. um die Erlaubnis zur Versteigerung seiner letzten Habe und um den Wegzug aus dem Herzogtum.[62] Im Dezember 1790 – sein Prozeß war nach 15 Jahren per Regierungserlaß beendet worden – verließ „Geheimrat von Stahl", wie er sich künftig nennen sollte ohne jemals den Adelstitel erhalten zu haben, mit Frau und 13 Kindern Pfalz-Zweibrücken in Richtung Fürfeld, welchem Ort er wenig später mit unbekanntem Ziel, aber vielleicht mit neuen Plänen und Projekten den Rükken kehrte.

Die Ereignisse der Jahre 1764 bis 1775 – sind sie mehr als eine Geschichte von List und Tücke, gemeinsamen Interessen, Wissensdurst und Sympathien? Sie geben, so können wir konstatieren, Einblicke in eine Welt, die wir eher dem 15. und 16. als dem 18. Jahrhundert zugeschrieben hätten. Sie verweisen auf jene Bruch- und Übergangsstellen von einer vormodernen Zeit zum „aufgeklärten" 18. Jahrhundert, auf jene traditionellen Elemente im dynamischen Prozeß, die Persönlichkeiten wie Joseph Michael Stahl – und seine Karriere war keineswegs ein Einzelfall in seiner Zeit – durch höchste Protektion dennoch den Erfolg mit längst abgelegt geglaubten Ideen beschieden.

Die über Briefe besonders intensiv dokumentierte Begegnung zwischen Herzog und Alchemist fokussiert nicht nur diese Gleichzeitigkeit des Ungleichzeitigen im Handeln und Denken beider; sie vermittelt uns ebenso eine erste Andeutung vom bislang unerforschten ‚privaten‘ Leben, den Umgangsweisen, Möglichkeiten der Kontaktaufnahme und Beziehungspflege von Regenten außerhalb ihrer Dienstgeschäfte und Repräsentationspflichten. Ein Herzog einmal als Mensch, der seinen altmodischen persönlichen Neigungen ohne Staatsräson frönt – ein einfacher Mann aus dem Volk als sein Vertrauter, seine geistige Muse? Die Geschichte und die Geschichten menschlicher Beziehungen im 18. Jahrhundert näher zu betrachten, kann uns eine Facette mehr über die Zeit der „Aufklärung" erschließen.

Peter Wettmann-Jungblut

Vater – Mutter – Kind

Gefühlswelt und Moral einer Freiburger Familie im 18. Jahrhundert

Am Abend des Dreifaltigkeitssonntags 1767 kam es in der Küche der Freiburger Baderfamilie Huber zur einer Auseinandersetzung zwischen Johann Michael Huber und seiner sechzehnjährigen Tochter Elisabeth. Der Vater hatte Elisabeth auf ihren „sehr verdächtigen umbgang" mit einem Löwensteinischen Dragoner namens Johann Schönleitner angesprochen und ihr diesen „vermög vätterlichen Pflichten" mit einem „doppelten Stricklein" austreiben wollen. Das gemaßregelte Mädchen setzte sich jedoch verbal und tätlich zur Wehr, indem sie ihren Vater mit den „schimpflichsten injurien" belegte, ihn mit Gewalt in die Herdecke drückte und an den Haaren riß.

Das aufsässige Verhalten der Tochter, in dem ein seit langem schwelender Konflikt kulminierte, wurde zum Ausgangspunkt einer Untersuchung vor dem Freiburger Stadtgericht, die sich – mit einigen Unterbrechungen – bis Anfang März 1768 hinziehen sollte.[1] Johann Michael Huber begab sich unverzüglich zum Schultheiß Franz Xaver Klumpp und beklagte neben dem ungebührlichen Verhalten seiner Tochter Elisabeth zugleich den ärgerlichen Lebenswandel seiner Frau Maria Elisabeth und den daraus erwachsenen ehelichen Unfrieden; und seine wenige Monate später erstattete Anzeige gegen Elisabeth wegen Fornikation und die 1770 erfolgte Klage gegen die zweite Tochter Victoria wegen verdächtigen Umgangs richten sich auch oder vor allem gegen die Ehegattin.

Erst eine Woche später, am 26. Juni 1767, nahmen sich der Geheime Rat Georg Schechtele und der Gerichtsschreiber

Joseph Ruffie der Untersuchung der Klage an, da sich Elisabeth Huber einer Vernehmung durch ihre Flucht nach Herbolzheim entzog, wo ihr der Vater schon vorher einen Platz im Pfarrhaus zwecks Abkühlung der Beziehung verschafft hatte. Als sie sich nach ihrer Rückkehr dem Stadtgericht stellte, wurde sie im Turm inhaftiert und wie ihr Vater von Georg Schechtele in der Angelegenheit verhört.

Elisabeth Huber leugnete weder, sich den Schlägen ihres Vaters erwehrt zu haben, da dieser sie „auf unerhörte arth geprüglet" habe, noch ihn „in einem jähen zorn" mit Schimpfwörtern belegt zu haben; sie bestritt aber energisch, einen „vertrauten", gar „verdächtigen umbgang" mit dem Dragoner zu pflegen, und konnte oder wollte die Frage, ob sie ihren Vater „bey denen Haaren gepacket habe", nicht mit letzter Sicherheit beantworten. Die Beamten waren jedoch mehr als irritiert, als Huber anfing, seine Tochter in diesem zentralen Klagepunkt zu verteidigen, und den Vorfall zur Lappalie herunterspielte. Die Aussage des Baders, daß ihm seine Tochter „zu ihrer Defension ... von ohngefehr in die Haar gekommen seye" und „Er von diesem anpacken weder ein Häärlein verlohren, weder der mindesten Schmerzen davongetragen" habe, stand in krassem Gegensatz zu seiner Anzeige beim Schultheiß und dem, was „dißfalls durch das allgemeine Gericht ... anhero bekannt worden".

Den städtischen Räten blieb unklar, was Huber mit seiner Klage und seinem „außergerichtlichen geschwätz" bezweckte, und so wurde er offen befragt, worauf er „eygentlich mit dem eint- sowohl als dem anderen abziehle". Die Antwort des Baders erhellte dann sein wirkliches Ansinnen: „Er sehe schon vor, daß Er durch gegenwärtiges Verfahren sein ohnehin schaum böses weib zu nochweit größerem und ohnvertreiblichem hass und zorn geraitzet, daß Er selber ohne täglich zu besorgenhabende Lebensgefahr nicht mehr beywohnen könne, mithin sey und verbleybe sein endliche resolution und gesinnung, sich von selber scheiden zu lassen". Man erwiderte ihm kühl, daß Ehescheidungssachen „dem disseitigen foro nicht zustehen", und verwies ihn „ad comissariatum Episcopalem".

Seine Tochter wurde entlassen und lediglich zum Erwerb „besserer grundsätz des christenthumbs ... in das hiesige frauen chloster auf dem graben auf einige wochen abgegeben". Der Rat untersagte ihr ferner jedweden Verkehr mit Schönleitner, der seinerseits vom Kommandeur des Dragonerregiments die Order erhielt, das Hubersche Haus künftig zu meiden. Die Eheleute wurden am 24. Juli 1767 vor eine Ratskommission berufen, wo „beeden theilen die verübte ausschweifung auf das schärfste verwiesen, und endlich die comission mit beedseithiger aussöhnung geendet wurde".

Der hier geschilderte erste Akt eines Freiburger Gerichtsfalls spiegelt gleichzeitig alltägliche und eher ungewöhnliche Ereignisse des frühneuzeitlichen Stadtlebens wider. Seit Freiburg mit dem Umzug der vorderösterreichischen Regierung im Jahre 1651 auch Garnisonsstadt geworden war, prägten Soldaten unterschiedlichster Nationalitäten das Stadtbild.[2] Zu den negativen Folgen ist sicher der Umstand zu zählen, daß etwa in der Zeit der französischen Besetzung (1677–1687) Militär- und Verwaltungsangehörige 56% der Väter aller unehelichen Kinder stellten[3] und Beschuldigungen und Aburteilungen wegen liederlichen Lebenswandels, Unzucht, Fornikation oder ähnlichen Delikten auch im Freiburg des 18. Jahrhunderts keine Ausnahme bildeten, sondern zum Alltagsgeschäft städtischer Gerichte gehörten. Zwischen 1763 und 1772 mußten sich 83 Personen – überwiegend weiblichen Geschlechts – wegen Unzucht oder Unzucht in Verbindung mit unehelicher Schwängerung vor den Richtern verantworten; zusammen mit Ehebruch kamen diese ‚Sittlichkeitsdelikte' für mehr als 40 Prozent der registrierten Delinquenz auf.[4]

Der exzeptionelle Charakter der Fallgeschichte liegt zum einen darin begründet, daß sie sich nicht problemlos in das gängige Muster der Ordnung frühneuzeitlicher Familien und deren Gefühlsleben einpassen läßt. Die Gerichtsprotokolle lassen die formelle und informelle Kontrolle des familiären Lebens in ihrer gegenseitigen Durchdringung erkennen und gewähren ferner ungewöhnlich tiefe Einblicke in das Zusammen- und Gegeneinanderleben, in die Krisen, Auseinandersetzungen und emotionalen Befindlichkeiten der Familie Huber. Denn der Vater–Tochter–Konflikt hatte eine lange Vorgeschichte, die sich teils aus zivilrechtlichen Klagen, die seit 1757 vor dem Rat von oder gegen die Hubers geführt worden waren, teils aus den konträren Aussagen der Beteiligten einigermaßen vollständig rekonstruieren läßt und Folge der ‚zerrütteten‘ Ehe der Hubers war, die sowohl von den Gatten als unerträglich empfunden wurde, als auch die Kinder hohen emotionalen Belastungen aussetzte.

Zum andern ist bemerkenswert, daß die Anschuldigungen der Unzucht aus der eigenen Familie kamen und für völlig andere Intentionen instrumentalisiert wurden,[5] daß diese Familie in puncto Ansehen und Vermögen zweifelsohne dem oberen Drittel der Freiburger Bürgerschaft zuzurechnen war und deshalb ein Umgang mit den Beschuldigten geboten war, der sich grundlegend von dem unterschied, den man gewöhnlich mit Dienstmädchen und Unterschichtsmitgliedern pflegte. Die Untersuchungsakte ist mit über 250 Seiten ungewöhnlich umfangreich und sprengt völlig den Rahmen anderer Unzuchtsdelikte, in denen auf ein paar Kanzleibögen lapidar die Schuld der gefallenen Mädchen konstatiert und unverzüglich ein Urteil – meist Lasterstein, Stadtverweis, Spinn- oder Zuchthaus – gefällt wurde. Sie enthält zudem eine von Johann Michael Huber als Klagschrift verfaßte „Beschreibung des saur und bitteren Ehe-Lebens mit meiner Frauen M: Elisabetha, gebohrener Kriegin, und des hieraus entstandenen Ruins unserer Haushaltung", einen privaten Brief der Mutter an ihre Tochter Elisabeth und einen Liebesbrief des Dragoners an dieselbe, zwei Eingaben Maria Elisabeth Hubers an die Behörden sowie einen Briefwechsel der Ehepartner, der frei von gerichtlichen Konventionen und Zwängen das ganze Ausmaß ihres Hasses offenbart.

Chronologie einer scheiternden Ehe

Der um 1716 in Oberkirch geborene Johann Michael Huber hatte am 11. Februar 1746 die etwa drei Jahre jüngere Maria

Elisabeth Kriegin, die Tochter eines Zunftmeisters der Freiburger Bohrer und Balierer geheiratet. Sie bewohnten den zweiten Teil des mit Badegerechtsame und kleinem Feuerrecht versehenen Hauses „Zum Hirschen" in der Kaiserstraße Nr. 130. Das direkt vor dem Martinstor in der sogenannten Schneckenvorstadt gelegene Haus, dessen Wert 1769 auf 1.300 Gulden geschätzt wurde,[6] könnte eventuell das Heiratsgut der Ehefrau gewesen sein, denn die Kriegs bewohnten das nahegelegene Anwesen „Die Farb auf dem Bach" (Belfortstraße 2, früher Löwenstraße bzw. Hirschgasse).[7] Ihre beiden erstgeborenen Kinder starben vermutlich, wovon unten noch die Rede sein wird, vor oder während der Geburt; 1767 waren die um 1750 geborene Elisabeth, die um 1753 geborene Victoria und der im September 1759 geborene Johann Michael noch am Leben, während die im Januar 1755 geborene Maria Agatha im Kindesalter verstorben sein muß.

Ob die Ehe einer Liebes- oder Zweckheirat entsprang, läßt sich nachträglich ebenso wenig feststellen wie der Zeitpunkt, zu dem sie in die Krise geriet. Johann Michael Huber gab an, sie hätten die ersten zehn Jahre – also in etwa bis zur Geburt des letzten Kindes – „durchaus in ehelichem Frieden ... zugebracht", da er als friedliebender Mensch seiner „frau noch immerdar vor- und zue[zu]geben wußte". Maria Elisabeth Huber beklagte hingegen in ihrer Verteidigungsschrift, sie sei nun schon 22 Jahre mit ihrem Ehemann „durch so ville creütz, verlust, krankheiden, verfolgung, verlassenheid und alerhand elend durch gewandret", in denen dieser „weder dem kind im Mutterleib noch Meiner" verschont habe. Ihr Mann sei so gott- und ehrlos, daß er ihr das „1. kind under Meinem Herzen gedetet, das 2. wegen seiner in den gichtren ersticket, beim 3. Mich bald under die erden geliefret, das 4. wegen lud bedrug und schlegen auch bald seinen daill bekomme, das 5. von den gichtren im Mutterleib erlamet welches ich schier nicht zuer welt hab gebehren kennen".

Auffällig ist allerdings der Umstand, daß die ehelichen Streitigkeiten ungefähr zu der Zeit begannen, als sich in Rats- und Justizratsprotokollen erste Hinweise auf Prozesse finden, die die Hubers bezüglich Erbschaften und dubiosen Geschäften führten beziehungsweise gegen sie geführt wurden. 1750 war Hubers Schwiegermutter Anna Maria Krieg verstorben; gemäß dem Inventar sollte Maria Elisabeth Huber die Hälfte des Besitzes (ca. 500 Gulden) erben, ihr Bruder Simon Krieg die andere Hälfte.[8] Doch die Erben konnten sich lange nicht gütlich einigen; das Inventar mußte im März 1757 erneut expediert werden, und der Rat sprach dann in „Erbs-Strittigkeith J. M. Huber ux[orio] nom[ine] der Elisabeth Kriegin, dann dessen Schwager Simon Krieg" das Urteil, daß Hubers Klage wegen des schwiegermütterlichen Silbergeschirrs abgewiesen werden, er aber von Krieg noch 195 Gulden „gegen 2½ per cento zins a tempore moro ohneinstellig" erhalten sollte.[9]

Simon Krieg unterhielt Geschäftsverbindungen nach Prag und Böhmen; an seinem – verbotenen – Handel mit rohen und geschliffenen Granaten waren auch die Hubers beteiligt, wenngleich Johann Michael später behauptet, seine Frau habe diese Beteiligung wider seinen Willen und trotz fortwährender Verluste begonnen und aufrechterhalten.[10] Als Krieg 1763 auf einer Reise nach Prag verstarb und seine Witwe bald darauf den Granatbohrer Thadäus Vögele ehelichte, kam es zwischen den neuen Geschäftspartnern zu Meinungsverschiedenheiten. Huber und Vögele wurden im Januar 1764 wegen „Liquidations-Differentien" an die Zunftmeister verwiesen. Im April des Jahres wurde Vögele aufgefordert, lediglich 50 Gulden an Huber zu zahlen, da letzterer die Berechtigung seiner weiterreichenden Forderungen nicht stichhaltig nachweisen konnte; auch spätere Klagen Hubers, der durch Kriegs undurchsichtige Geschäfte anscheinend eine größere Menge Geld verloren hatte, blieben erfolglos.[11] Anfang 1766 klagte dann der Offenburger Handelsmann Bernhard Hartmann gegen Huber und Vögele auf eine Schuldforderung von 415 Gulden. Beide hätten mit ihm in einem „Societäts-Contract super re illicita", nämlich der seit 1761 „sub poena confiscationis verbothen fürkaufferey" von rohen und verarbeiteten Granaten gestanden. Hartmanns Klage wurde abgewiesen; die Beklagten kamen zwar ohne obrigkeitliche Strafe davon, mußten aber offensichtlich den Handel mit Edelsteinen aufgeben.[12]

Ein Jahr später kam es erneut zu Erbstreitigkeiten zwischen den Familien Huber und Krieg. Im Mai 1767 wurden Vögele und Ignanz Schaal als Tutor der unmündigen Kinder Simon Kriegs zur Zahlung von 390 Gulden binnen eines Viertel Jahres verurteilt; da sie die ihnen im Oktober gesetzte definitive Frist bis nächsten Martini (11. November) verstreichen ließen, wurde Huber als „immisso creditore" zum Besitzer eines der Kriegschen Witwe und Kindern gehörenden Nebenhauses in der Wiehre erklärt, welches er im Januar 1768 verkaufte.[13]

Die Ehe der Hubers scheint früh von gewalttätigem Streit beherrscht worden zu sein, der sich stets um Geld oder materielle Dinge drehte. Freimütig berichtet Johann Michael Huber in seiner Klageschrift, daß seine Frau ihn nach einer Auseinandersetzung um vier Gulden, die er den Kindern seiner Schwester nach Oberkirch schicken wollte, 14 Tage lang geschmäht und beschimpft habe, bis er „dieselbe tapfer abgeschmirt habe". Bei einem Nachtessen im Jahre 1763 habe sie ihm einen Zinnteller „allesamt der supp" nachgeworfen, was er mit dem Wurf eines Lehnstuhls erwiderte. Nach erneuten Schmähungen verpaßte er dem „bösen weib ... 1. paar kräftige ohrfeigen" und „maß" sie schließlich, als sie sich anschickte, beim Bürgermeister Klage zu erheben, „von oben bis unden" mit seiner „pferdt peitschen ab". Drei Tage danach fiel seine Frau aus lauter Wut in die „Muetter-gichter", und selbst der herbeigerufene Doktor glaubte nur noch an ihren baldigen Tod. Bei dieser Nachricht sei Huber selbst von einer solchen Schwäche überfallen worden, daß er „aus kummer vor ihre Seel gleichsam in ohnmacht gesunken [sei], und [seinen] miserablen zuestandt hirbey erholet habe".

Daß Elisabeth Huber seitdem, wie sie selbst eingestand, ihrem Ehemann „die eheliche pflücht vor allzeit" versagt hatte, mag diesem als zusätzlicher Affront erschienen sein. Doch es war weniger ihre sexuelle Verweigerung als vielmehr ihr beharrlicher Versuch, gleichberechtigt neben ihrem Mann ihr Handeln und über das Vermögen zu bestimmen, der Johann

Michael Huber weiterhin die Zornesröte ins Gesicht trieb. Sie fing nicht nur an, „viele der Haushaltung nachtheylige sachen zuesamben" zu kaufen, sondern betrieb auch im Haus einen Weinschank, der wohl vor allem der Bewirtung der Soldaten des nahegelegenen Soldatenspitals (in der Löwengasse 26) diente; in diesem Schankbetrieb sah Huber die entscheidende Ursache dafür, daß „meine Kinder vollkommen verschlimmeret und verfihret worden" sind.

Seine Ehefrau „bemeisterte ... sich in Summa des Mannlichen rechts", entzog ihm das Mitgestaltungsrecht in häuslichen Dingen und hieß ihn nebenbei „nur der alte teiffel, der krumbs hundt, süech, und mehr anderes". Mit ihren Töchtern verschleuderte sie das ganze Vermögen, während er „nicht über ein schwebel hölzle habe zue herrschen gehabt von der zeit an", als er „seinen aufhabenden elenden zuestandt bekommen". Zudem habe sein „schaum-böses weib über 3½ jahr einen von ihm fir selbes gebrauchten prügel bey sich im beth liegen gehabt" und vor zwei Jahren versucht, ihn mit einem Hirschfänger zu töten. Huber lebte offensichtlich in ständiger Angst vor den Gewalttätigkeiten seiner Gattin, und ihre – zumindest verbale – Kraftmeierei mag ein mit plumpen Zoten gespickter Brief belegen. Darin bedauerte Maria Elisabeth Huber, daß sie ihrem Mann mit einem Taler, um dessen Verschwinden es Streit gegeben hatte, nicht die „zen [Zähne] in dein verlogen hals geschlagen" habe, „damit du dan an dein zen hedist verworgen müesen, weilen du doch an deinen gottlosen lügen nicht erworgen kanst".

Die eheliche Krise erreichte ihren Höhepunkt, als seit letzter Fastnacht der Dragoner das Hubersche Haus „täglich und stündlich frequentiert" hatte. Schönleitner ließ sich ausnahmslos vom besten Wein auftragen und zahlte stets mit „kayserlichem geldt ...", aus welcher grossmuth seine frau sowohl als kind geschlossen, daß dieser Kerl geldt haben müsse". Zu dem von Huber als Hochstapler diffamierten Dragoner hatte seine Tochter schließlich „eine liebe gewonnen ..., die von der Mutter wider alles sein einwenden mit gewalt unterstützet" wurde. Das junge Glück entging auch Huber nicht, obwohl er seiner Badertätigkeit meist außer Haus nachging, während ein Badergesell, zwei Mägde oder seine Frau und Kinder die Badestube und die Haushaltung versahen,[14] denn die jungen Leute hätten „oft hart neben einander gesessen und einander verliebt liebkosset". Sorgen bereitete ihm nicht allein die fortgeschrittene „Caresse", die seinen Worten nach „immer hefftiger, ja sogahr verdächtig" wurde, sondern auch der Umstand, daß Schönleitner, „welcher vor etwas zeit blessiert" und seiner Frau „in die Kost aufgenohmen" worden war, für Essen und Trinken nicht bezahlte. „Letztlich habe dieser Kerl", so Hubers Meinung, „den vollkommenen Meister in dem Haus gespihlet, und in demselben nach belieben alles unterfangen".

So wie Elisabeth Huber ihre Töchter ‚verführt' hatte,[15] so verführte der Dragoner seine Frau; auf seinen negativen Einfluß führte Huber letztendlich „den würklichen umbsturz der haushaltung und auch würklich ertragendes unheyl und seine absonderung von der haushaltung" zurück. Akribisch genau listete er auf, was Frau und Tochter binnen eineinhalb Jahren durch ihr „freyes", sprich „liederliches", Leben ausgegeben hatten: Insgesamt 620 Gulden, die sie entweder durch den Verkauf mobilen Familienbesitzes oder durch Geldausleihen ohne sein Wissen aufgebracht und teils zu der „überflüssigen Kleyderpracht vor seine älteste tochter, welche die stadtkündig, wie eine Dockh[16] auffgebutzt daher trette, angewendet", teils mit dem Dragoner „verzechet und durchgejagt" hatten. Er hätte „kein Jahr mehr derfen zu sehn", warf er seiner Gattin vor, sonst hättest „du sambt deiner dochter uns den bettel sack an den hals gehenckt".

Zwischen den Stühlen: Die Nöte der Töchter im Ehekonflikt

In Anbetracht der zerfahrenen familiären Situation ist es nicht erstaunlich, daß Johann Michael Huber mit seiner Klage gegen die Tochter die obrigkeitliche Maßregelung seiner Frau bezweckte, deren Eingebung und Launen das seiner Meinung nach verführte und willenlose Kind folgen mußte. Doch Elisabeth Hubers Ziele, sich aus den Zwängen und dem alltäglichen Wahnsinn des Elternhauses zu befreien und ihren eigenen Weg zu gehen, scheinen mehr als einmal deutlich durch. Dem Schultheiß hielt sie trotzig entgegen, daß dieser „ihro solches nicht verwöhnen könnte, und wann sie kein brod habe, so werde ihro der Hr Schultheiß keines geben", und behauptete, sie benötige zur Heirat nicht die Einwilligung des Vaters, denn es „habe, wie sie selbst gehört, ihr Großvatter auch nicht einwilligen wollen", daß ihre Mutter ihren Vater heirate, ja er sei gar vor der Hochzeit „in ihres Vatters Heymath geritten, umb die Heyrath zu hintertreiben".

Ihre stärkste Antriebskraft war die Liebe zu Schönleitner, die freilich nicht ohne das Zutun der Mutter und des Dragoners hätte entstehen können. In den Briefen, die ihr diese nach Herbolzheim geschickt hatten und die bei ihrer Verhaftung als Beweisstücke konfisziert worden waren, unterrichtete sie die Mutter über die gerichtlichen Aktivitäten des Vaters und den Kummer ihres Freiers. Diese zeigte durchaus Verständnis für Schönleitner und das Verhältnis zu ihrer Tochter, da sie „seinen verstand merer als aler welt reich duemer" schätzte, und bat die Tochter, ihm ein paar tröstende Worte zu schreiben, „dann wan er nur ein sticklein deiner gleider ansihet, fanget er schon widrum an zu jamren, seufzgen und bitterlich zu weinen". Der Dragoner drohte gar, daß, „wenn er aber wider verhofen dich nicht bekomen solde, so wolle er zeit seines lebens kain andre mehr", sondern „seine sachen in ein gloster vermachen", um „sein leben ganz einsam zu schließen".

Schönleitner selbst verlieh seinen Drohungen in einem glühenden Liebesbrief, den der Regimentsschreiber aufgesetzt hatte, Nachdruck. Er beklagte Elisabeths Fortgang und den Umstand, daß sie ihm noch kein definitives Ja-Wort gegeben habe: „O was Jammer, Elend und Peyn verursachet mir Sie mein einziger LeittStern, da ich nunmehr zwischen Hoffnung und Forcht in der tiefsten Nacht ihrer Abwesenheit in meinem eigenen Thrännen Meer meiner wasserflüssenden Augen ganz verzweifelnd herumgeworfen werde, und auch nicht vergewissert bin, ob Sie meines Herzens allerliebste Morgenröthe ist."

Die Liebe des jungen und der Haß des alten Paares waren gleichermaßen dafür verantwortlich, daß das vom Magistrat ausgesprochene Beziehungsverbot und die von ihm initiierte Aussöhnungsaktion ins Leere liefen.[17] In den nächsten Monaten führte Johann Michael Huber erneut mehrmals Klagen gegen „die schändliche aufführung der tochter, und gottloses Betragen der Mutter", die der Rat jedesmal abwies, weil er fürchtete, daß Huber wie zuvor „von seiner klag und anzeig abstehe, und statt eines klägers wider einen fürsprecher abgeben möchte, wodurch die obrigkeit verächtlich, das gericht aber lächerlich gemacht würde".

In seiner ohnmächtigen Wut verließ Huber das Haus und quartierte sich bei einem Herrn Eichhorn ein, von wo aus er das Treiben beobachtete oder sich von einem Nachbarn täglich Informationen zutragen ließ. Das Blatt wendete sich erst, als auch eine Klage der verwitweten Hebamme Anna Maria Anahaimin gegen Elisabeth Huber „wegen sowohl wider sie, als dero Vatter ausgestossenen schändlichsten reden" abgewiesen wurde; Johann Michael Huber ging nun direkt die vorderösterreichische Regierung an, die Mutter und Tochter unverzüglich inhaftieren ließ und den Rat am 10. Oktober 1767 anwies, die Angelegenheit bestmöglich zu untersuchen.[18]

Die Vorwürfe Hubers deckten sich weitgehend mit den vorher geäußerten; hinzu kam lediglich, daß er nun auch seine Frau des Ehebruchs mit Schönleitner bezichtigte und das von dem Dragoner selbst ausgestreute Gerücht einer Schwangerschaft seiner Tochter zum Besten gab. Außer der Familie Huber wurden auch die beiden Hausmädchen verhört, doch definitive Rückschlüsse auf die wirklichen Geschehnisse lassen sich aus ihren widersprüchlichen Angaben nicht ziehen. Ob Schönleitner mehrere Nächte im Haus der Hubers verbrachte, ob er sich einmal durch das Zimmer der Mägde Einlaß verschaffte, ob Maria Elisabeth Huber selbst an dem Dragoner Gefallen gefunden und deshalb die Beziehung zu ihrer Tochter unterstützt hatte, ob sie mit ihm allein in der Badestube blieb, ihn den Morgenrock und einige Hemden ihres Mannes tragen ließ oder gar mit ihm das Bett teilte, konnte trotz aller Behauptungen, Vermutungen und Dementis nicht mit Sicherheit festgestellt werden.

Selbst die Magd Anna Maria Bungmännin, die Johann Michael Huber als Kronzeugin ins Spiel brachte, war nicht fähig oder willens, die verbotene Intimität der Beziehung zwischen Elisabeth Huber und Schönleitner zu bezeugen. Während sie zugab, „nichts mit augen gesehen" zu haben, „ es müßte dann nur seyn, daß auch das Küssen eine Sünde wäre", waren ihre belastenden Aussagen in vielen Punkten widersprüchlich. So mußte sie ihre wiederholte Beobachtung eines tief eingelegenen Loches in Elisabeths Bett, woraus sie stets geschlossen habe, „ein solch tiefes Loch habe die leichte Tochter allein nicht liegen können, sondern selbe müsse einen beischlaf gehabt haben", wenig später dahingehend relativieren, daß Tochter und Mutter sowie der kleine Michael dieses Bett gemeinsam geteilt hätten.

Dennoch nutzte es Maria Elisabeth Huber wenig, daß sie Mitte Dezember 1767 unter Tränen darum bat, aus dem Turm entlassen zu werden, und versprach, sich „in allen Stücken ihrem Mann [zu] unterwerfen". Sie und ihre Tochter blieben bis zum 7. März 1768 in Haft; denn erst am 2. März hatte Johann Michael Huber den Familienkrieg mit einem Pyrrhussieg zu seinen Gunsten entschieden, als seine Tochter nach fünf Monaten hartnäckigen Leugnens und der Untersuchung durch eine Hebamme endlich gestand, von Schönleitner schwanger zu sein.

Die Gründe ihres Leugnens sind zum einen in der Unerfahrenheit des Mädchens zu suchen. Sie wußte wohl gar nicht so recht, was mit ihr geschah, als sie in den Wochen zwischen Bartholomäus (23. Mai) und ihrer ersten Eintürmung von Schönleitner auf dem Bett des Gesellen mehrmals „hergenommen worden" war. Erst Anfang Januar bemerkte sie die Schwangerschaft, da sie zu dieser Zeit das Kind zum erstenmal gespürt hatte. Zum anderen hoffte sie, durch Abstreiten des „sündhaften Werkes" ihre Haftentlassung zu bewirken und vielleicht auch die heillos zerstrittenen Eltern wieder zusammenzubringen. Ihre Verzweiflung ob der familiären Situation wird an mehreren Stellen deutlich, die es wert sind, ausführlich zitiert zu werden. „Auf der Gassen" hatte sie laut Aussage der Hebamme „unter hefftigem Schreyen folgende formalia von sich hören lassen": „Ich wollt lieber, daß mich ein Hund als mein Vatter gemacht hätte: dieses ist kein Vatter, der nur alles verthut und verpanquetirt, ja mich und meine Mutter in schand und spott zu bringen suchet ... Man will mich zu einer Hur machen, aber zu den Huren bin ich zu ungeschickt, Ich bin kein Hur, aber eine Hex möchte ich seyn, und hexen können, Ich wollte sie – ohne jemand zu nennen – recht zusammen hexen".[19]

Und am 9. November 1767, zu Anfang ihrer zweiten Inhaftierung, bricht ihre seelische Belastung regelrecht aus ihr heraus, ohne daß die Untersuchungsbeamten die Nöte der jungen Frau bemerkt hätten oder auf sie eingegangen wären: „An allem ihrem unglück seyen ihre Eltern selbst schuldig ... sie seye halt das unglückseeligste Kind auf dem Erdboden, welches niemahlen wie andere Kinder zu dem guthen erzogen worden, sonder zu Haus nichts als fluchen und sacramentieren von ihren Eltern gehöret, wann mit diesem der beederseithige wuth sich nicht gesetzet, so seye es gahr zu schlägen gekommen. Sie seye immerfort von der Mutter in aller unart, ihre Schwester aber von dem Vater unterstützet worden, ja oft habe sie bey dem essen nichts als vorwerfungen gehöret, so daß ihro manchmal der appettit zum essen vergangen, und sie sich nur vor dem gesind geschamet habe ...

Weilen sie schon vorsehe, daß die gemüther ihrer Eltern nicht mehr vereiniget werden, sondern, wann selbe heute wieder zusammen kommen sollten, das alte zwistige und verhaßte leben zu gewärtigen seye, so gedenke sie auch nicht mehr nach hause zu gehen, sondern sey gesinnt, ihren unterhalt bey fremden leuthen zu suchen". Zu Hause hielte sie es nicht mehr aus, „dann wann sie sich auf die seithen der Mutter wende und selber anhange, so habe sie von dem Vater nicht als verfolgungen und trangsaalen zu gewärtigen; wende sie sich auf die seithen des Vatters, und hange diesem ahn, so verfolge sie die Mutter und passe immerfort auf die Gelegenheit sie schlagen zu können ...

Zwischen ihrem Vatter und Mutter obwaltende zwistigkeiten, zankereyen, uneinigkeiten und schlägereyen seyen die einzige ursach ihres unglücks, ... ja selbe seyen die ursach, daß sowohl sie als ihre übrigen 2. geschwistrige ganz zuchtlos erzogen worden, und allso fortleben müßten. Indessen sey von ihrem Vatter nicht zu verantworten, daß selber auf jedwidriges wort gleich von haus lauffe und sich wohin nach belieben in eine kost begebe, dann aus diesem volge nicht nur, daß ihr Vatter das vollkommene Vermögen durchjage, und sie mit ihren geschwistrigen in armenstand setze, sondern es volge noch ferners, daß sie ehender der Mutter anhangen, und nach deren belieben leben müssen, dann wann der Vatter zu haus bleibete, so hätte sie noch eine wahl, ahnzuhangen wem sie wolle, da aber selber von haus fortlauffe, und sie bey einer zornmüthigen Mutter zurücklasse, so seye ja ganz vernünftig, daß sie dieser anhangen, und umb guthe täg zu haben, thun müsse, was diese wolle".[20]

Nach Abschluß der Verhöre schickte der Rat seinen Bericht an die Regierung, die ihn am 5. März 1768 zu folgendem Vorgehen anwies: Beide Missetäterinnen sollten aus der Haft entlassen werden. Der Tochter Elisabeth sollte jedoch zuerst ihr „boßhaftes und höchst strafbares vergehen und loses Maul gegen ihren Vater ... derblich" verwiesen werden; des weiteren wurde sie zur heiligen Beichte angehalten, „damit selbe das heilige Sacrament der Ehe würdig, und nit mit neuer sünd empfangen" möge. Die Mutter mußte, obwohl sie eine härtere Strafe verdient hätte, „die gefängnis und azungs kosten aus ihrem eingebrachten" zahlen; sie sollte sich geistlichen Exerzitien unterwerfen und eine friedlich-christliche Ehe führen. Auch der Freiburger Rat kam nicht ganz ungeschoren davon; man erinnerte ihn nachdrücklich daran, „auf dergleichen unfriedlichen Ehen wachtsames Auge zu halten und mit allem Ernst und Schärfe gegen selbe zu verfahren, massen Ihro Kayser[lich] Königlich Apostol[ische] Majestät allerhöchster Willen, und Befehl ist, daß die Manns- und Weiber-Zucht gehalten" werden.

Der Ruin der Haushaltung

Die Leidensgeschichte der Familie Huber ist damit noch nicht zu Ende erzählt. Am 28. August 1769 baten die Ehepartner den Magistrat um Vermögensabteilung, nachdem sie durch ein Urteil der Kostanzer Kurie am 1. des Monats „von disch und beth wirklichen geschieden" worden waren. Man ließ ein Inventar des gemeinsamen Besitzes erstellen und entschied am 11. September, daß Johann Michael Huber zwei Drittel (= 1.627 Gulden 16 Kreuzer) und seine Frau ein Drittel erhalten sollte, „da Er die 2: vorhandenen Kinder zu unterhalten" habe. Weil er ihr das Wohnrecht in der gemeinsamen Behausung verweigerte, sollte Maria Elisabeth lebenslänglich einen jährlichen Wohnzins von 19 Gulden erhalten.[21] Die Güterteilung schien in der Praxis jedoch auf einige Probleme zu stoßen. Dreimal zwischen November 1769 und Januar 1770 drängte Johann Michael Huber den Rat, das beschlossene Procedere zu beschleunigen, was wohl stets an der finanziellen Misere der Familie scheiterte.[22] Denn als er im September 1770 seine Tochter Victoria wegen „verdächtiggeübten umbgangs mit einem Schreinergesell namens Wilhelm Schaffner aus der Pfaltz" anzeigte, bewohnte er mit Victoria und Michael den unteren, Maria Elisabeth Huber den oberen Stock des Hauses.

Wieder war eine tätliche Auseinandersetzung zwischen Vater und Tochter Ausgangspunkt der Klage – letztere hatte nicht wie befohlen die Betstunden besucht, sondern stattdessen lieber „den Tanz Meister frequentiret", weshalb sie der Vater „mit einem zweyfachen Seil ziemlich abgeprügelt" hatte; und wiederum ging es eigentlich um das liederliche Leben der Mutter, durch das sowohl die Tochter verführt als auch ein vor über einem Jahr entlassener Badergesell dazu gebracht worden sein sollte, ihm die zwei besten Barbiermesser zu entwenden. Victoria hatte noch am Abend des Tages, an dem sie die Schläge erlitten hatte, ihre „Kleyder und übrige bagage eingepacket" und war zur Mutter in den zweiten Stock gezogen. Dort sollte sie dann – von der Mutter unbehelligt – ein Techtelmechtel mit besagtem Schreinergesellen gehabt haben, was sich allerdings auch durch eine als Zeugin geladene Nachbarin nicht zweifelsfrei beweisen ließ.

Verzweifelt versuchte Johann Michael Huber, die ‚Schuld' der Tochter in diesem modern anmutenden Generationskonflikt zu belegen. Sie habe ihn, so lamentierte er, nun „gänzlich verlassen", halte sich bei der Mutter auf, „welche selber allen muthwillen gestatte", während er „aller hülf beraubet seye, so daß er würcklich keinen Menschen habe, der ihm weder warthe, weder koche, weder bethe". Für Johann Michael Huber verkörperten seine Kinder, das wird nicht nur an dieser Stelle deutlich, „die Hoffnung auf den weiteren Bestand des Familienbesitzes" und waren ihm „letztlich der einzige Schutz für betagte Eltern in einer Welt voller Gewalt und Unruhe".[23] Des weiteren erhalte Victoria nicht nur „von dem Schreiner, sondern noch anderen Mannsbildern tägliche besuchungen, bey welchen ihme zu trotz nichts als getanzt, gesprungen, und gepfiffen werde"; da „die Mutter solche Insolentien gedulde, so dürfte Er darwider das Maul nicht aufthun" – die Familie tanzte ihm wie früher im wahrsten Sinne des Wortes auf dem Kopf herum.

Doch seine Mutmaßungen bezüglich des Lebenswandels seiner Tochter konnten den Rat nicht überzeugen. Ihm genügte es nicht, daß Huber nichts gesehen, wohl aber „singen und lachen gehört" hatte und daraus schloß, daß Victoria und ihr Schreiner in Abwesenheit der Mutter sicherlich nicht „den rosencrantz gebettet" hatten. Der verbitterte Mann, der darauf hinwies, daß er „schon einmahl mit einem Kind gebrennt worden" sei, hoffte diesmal vergebens auf obrigkeitliche Hilfe, die ihn „das 2the mahl darfür verwahren sollte". Vollends diskreditiert wurde er wohl durch die Aussagen der Tochter, die ihr heimliches Tun damit begründete, daß der Vater stets eine geladene Pistole und einen Säbel auf dem Tisch liegen hatte, mit denen er wohl ihm ungebetene Gäste zur Räson bringen wollte. Victoria konnte ihre Angst vor der dem Vater „gar gewöhnlichen wuth" so überzeugend ins Feld führen, daß die ermittelnden Beamten auf eine weitere Untersuchung verzichteten und das Protokoll ergebnislos schlossen. So entsteht unweigerlich der Eindruck, daß man den stadtbekannten Querulanten nicht mehr ganz ernst nahm oder aber ihn durch diese Behandlung implizit dafür strafte, daß er sich weiterhin als unfähig erwiesen hatte, sein Haus in Ordnung und seine Familie in jenen Spuren zu halten, die sich für angesehene Bürger ziemten.

Während Victoria Huber gemäß dem Beispiel der älteren Schwester bald darauf ihren Schreiner heiratete und ihm in seine Heimat folgte, verschlechterte sich die wirtschaftliche Lage der Familie zusehends. Sie besaß keine regelmäßigen Einkünfte mehr und lebte hauptsächlich auf Kredit[24] und vom Verkauf von Liegenschaften. Maria Elisabeth Huber hatte schon 1767 die Schankwirtschaft aufgegeben, und ihr Mann scheint nur noch bis 1772/73 in der Lage gewesen zu sein, seinen Beruf auszuüben. 1774 wurde der „gewesene" Bader Johann Michael Huber unter die Kuratel des Sattlermeisters Franz Xaveri Burger gestellt, der seine Einnahmen und Ausgaben akribisch überwachen mußte. Für die Jahre 1774 bis 1776 verzeichnete dieser 684 Gulden an Einnahmen, die aus dem Verkauf von zehn Haufen Reben sowie eines Feldes und eines Gartenstückes stammten. Sie deckten gerade die Ausgaben in Höhe von 675 Gulden, die vor allem für die Rückzahlung von Krediten und Zinsen verwendet werden mußten: 1767 und 1769 je 100 Gulden vom Gutleutehaus beziehungsweise vom Seelhaus und 1772 200 Gulden aus einem Kredit, den Maria Elisabeth Huber bei Johanna Sickingerin aufgenommen hatte und anscheinend nicht zurückzahlen konnte.[25]

Trotz der Scheidung wurde Johann Michael Huber nach wie vor für die Schulden seiner Frau haftbar gemacht, denn am 18. September 1776 klagte der Schustermeister Benedict Bez gegen ihn „oder viel mehr dessen geschiedenes Eheweib, als die eigentliche Schuldcontractlerin", auf eine Schuldforderung von 85 Gulden, die ihm bereits 1773 gerichtlich zugesprochen, aber nie zugestellt worden war.[26] Der von Huber befürchtete „Ruin der Haushaltung" war nun bittere Realität, und es war für ihn sicher mehr als beschämend, daß er zwischen 1774 und 1776 viermal vor dem Rat als Bittsteller auftreten mußte, als es darum ging, für seinen Sohn ein Stipendium zu erhalten oder dessen Aufnahme in ein Alumnat zu erreichen. In den Ratsprotokollen wird er zunächst als „bekannterdingen schwerlich zu erhalten habender bader", wenig später sogar als „bekannterdingen presthafter, und zu weiterer fortkommung seines Sohnes . . . ohnvermögender bader" bezeichnet.[27]

Moral und Ökonomie im Kampf um soziale Anerkennung

Was den Ehepartnern nicht gelingen konnte, gelang zumindest ihren Kindern: Sie entkamen oder flohen vor dem selbstzerstörerischen Haß ihrer Eltern. Die beiden Töchter, so darf vermutet werden, gingen bewußt Verbindungen mit Männern ein, die sie aus Freiburg wegbrachten – selbst auf die Gefahr hin, daß ihre illegitimen Beziehungen sozial geächtet wurden und der ‚Rückhalt' der Familie verloren ging. Sie suchten ihr „Heil außerhalb der Familie", von der in der traditionellen Gesellschaft alles ausgegangen war: „das Habe, das Wissen, das Erbe".[28] Dem Sohn Johann Michael, über den wir am wenigsten informiert sind, gelang dagegen mit Hilfe des Vaters wieder ein sozialer Aufstieg, indem er es nach seinem Studium bis zum „magister chirurgiae", zum Spitalverwalter und Stabschirurg beim Stadtamt brachte (er starb 1823).

Die innere Dynamik dieser familiären Konflikte wird aber nur dann deutlich, wenn man erkennt, daß die gemäß gesellschaftlichen Leitbildern unterlegenen, d.h. mit weniger Rechten ausgestatteten Konfliktparteien – Ehefrau, Kinder – sich bewußt gegen diese Ungleichheit auflehnten oder von den überlegenen – Ehemann, Eltern – zumindest das Zugeständnis einer gewissen Reziprozität von Rechten und Pflichten einforderten. Man kann die Konflikte dieser ungleichen Paare zudem nicht auf dualistische Konstellationen (Frau–Mann, Vater–Tochter, Mutter–Tochter) reduzieren, sondern muß die Suche nach Verbündeten und die Einmischung von Dritten als integrales Element ihrer Ausgestaltung und Intensität begreifen. In ihrer Gesamtheit reflektieren sie „den Kampf der Subjekte um die wechselseitige Anerkennung ihrer Identität", dessen Ursachen in langjährigen moralischen „Erfahrungen der Mißachtung ... von tiefsitzenden Anerkennungserwartungen" liegen.[29] Bemerkenswert scheint vor allem, daß die Konflikte zwischen den Eltern oder Eltern und Töchtern keinem grundlegenden Dissens bezüglich moralischer Wertvorstellungen entsprangen. Jeder Teil – und auch der involvierte Rat – verwendete dieselben Wörter und dieselben „sprachlichen Manöver, ... so als wäre es, selbst inmitten der Teilung, gar nicht denkbar, daß man verschiedene Sprachen spricht".[30]

Stets verbanden sich ökonomische Argumente – die Schmälerung oder der Ruin des Familienbesitzes – mit sozialen Argumenten, d.h. mit der Schande und dem schlechten Ruf, die dem Handeln der Beteiligten entsprangen oder entspringen konnten. Überlagert wurden diese von affektiven und emotionalen Argumenten, die bei den Töchtern vielleicht überwogen, während der Vater primär von ersteren Gebrauch machte. Von der ihm seitens seiner Frau unterstellten rasenden Eifersucht ist wenig zu spüren, wenngleich der gedemütigte Ehemann von Schmerz und Kummer nicht unberührt blieb und sein Verhalten den Töchtern gegenüber stets überzeugend als väterliche Sorge und auch – keineswegs uneigennützige – Liebe zu präsentieren wußte; so sprach Johann Michael Huber wiederholt von der „vor seiner Tochter einstens abzulegen habenden rechnung" oder der „Gefahr" für die Tochter sowie der Furcht um deren „Verlust".

Die verzwickte familiäre Situation, in der jede Handlung und jede Reaktion darauf jedem der Beteiligten ins eigene Fleisch schnitt, war dem Freiburger Rat ebenso klar wie Elisabeth Huber, die schon zu Anfang der Untersuchung die Vermutung äußerte, daß „bey gegenwärtigem Verfahren der Vatter sich selbst das größte Unheyl zugezogen habe". Der ambivalente Charakter der Konflikthandlungen trat stets deutlich hervor: Sie waren nicht nur „feindselige, gegen den anderen gerichtete Akte", sondern auch solche, „die eher ‚defensiven' Charakter" besaßen, d.h. „auf die aktive ‚Verhinderung' der Realisierung der feindseligen Handlung des Kontrahenten" abzielten.[31] Von daher erklärt sich das teilweise nur widerstrebende Engagement des Rates, sein mehr auf Ausgleich und Versöhnung denn auf klare Urteile und Schuldzuweisungen gerichtetes Vorgehen, was freilich von der vorderösterreichischen Regierung nicht gebilligt wurde. Gleiches gilt für Gesinde und Nachbarschaft, die sich einer offenen Parteinahme weitgehend entzogen oder allenfalls dahingehend tendierten, das Verhalten der Ehefrau hinter vorgehaltener Hand zu kritisieren.

Sie alle schienen stillschweigend gewußt zu haben, „daß gerade die Konflikte, die nicht von der Stelle kommen", in denjenigen, die an ihnen beteiligt sind oder als Beobachter und Richter in sie hineingezogen werden, paradoxerweise das Gefühl erwecken, „sie hätten etwas gemeinsam", daß gerade das, was die Gemeinschaft vereint, „eine gewisse Konfliktualität" ist, die die Handelnden „in Geschichten miteinander verstrickt", sie „als Gegner oder Feinde aneinander bindet" und einer Alltagssoziabilität auf anderen Ebenen nicht im Wege steht.[32] Man mag das Wesen des Sozialen oder Politischen im Konsens sehen, sollte aber nicht vergessen, daß dieser den Konflikt nur nach Kräften verdeckt. Ebenso wenig darf übersehen werden, daß nicht Konflikt und Kampf „das eigentlich dissoziierende" sind, sondern „die Ursachen des Kampfes, Haß und Neid, Not und Begier".[33] Diese Ursachen ließen sich durch das von Johann Michael Huber angerufene Stadtgericht nicht beseitigen; als ulitma ratio seiner vom Zerfall bedrohten patriarchalischen Gewalt konnte die Macht des Rechts keine auf gegenseitiger Zustimmung beruhende Einigung erzielen, sondern mußte zwangsläufig die aufgeworfenen Gräben vertiefen.

Die Töchter sehnten sich wohl zeit ihres Lebens nach der bedingungslosen Zuneigung ihrer Eltern, die ihnen aufgrund deren Frontstellung verwehrt blieb oder in der mißverständlichen Form von Schlägen zuteil wurde, wenn sie es wagten, offen den einen oder anderen Elternteil zu bevorzugen. Es ist mehr als bezeichnend, wenn Elisabeth darüber klagte, daß sie von ihrem Vater zehn Wochen lang „weder ein guthes wort, weder ein guthes gesicht" erhalten habe. Der Kampf der Töchter um die elterliche Liebe ging so weit, da sie sich gegenseitig denunzierten und Elisabeth etwa den Vater wissen ließ, Victoria habe „die Miggazischen Pfeiffer zu denen Jesuiten in die 9. Uhr Mess" zitiert; doch auch diese Strategie ging nur bedingt auf, denn, so Elisabeths Klage, der Vater schweige dazu und „verfolge nur sie aus purer feindschaft".

Vor allem Elisabeth Huber träumte anscheinend von einer ‚empfindsamen', auf gegenseitigem Respekt beruhenden Ehe, die sich vom erniedrigenden Ehealltag der Eltern abhob. In Schönleitner sah sie, wie sein Brief vermuten läßt, den Partner, der ihren Träumen entsprach und auch die Zustimmung der enttäuschten Mutter, die ihrer Tochter das eigene ‚Schicksal' zu ersparen suchte, fand. Da der Vater in die Ehe nicht einwilligen wollte, „es wäre dann sach, daß sie von ihme Schönleitner schwanger wäre", ging sie zielstrebig daran, dessen Bedingungen zu erfüllen. Sechs Wochen vor der Schwängerung hatte „sie sich mit dem Dragoner versprochen" und ihm zur Bekräftigung des Ehegelöbnisses nicht nur einen von der Großmutter ererbten Straßburgischen Lilientaler, sondern auch die goldenen Eheringe der Eltern geschenkt, die ihr die Mutter nach einer der zahllosen Auseinandersetzungen gegeben hatte. Es störte sie wenig, daß das Eheversprechen einer minderjährigen Person ungültig war; sie bat den Magistrat, Schönleitner vor dessen bevorstehendem Abmarsch heiraten zu dürfen, da sie dessen Aufenthaltsort immer in Erfahrung bringen würde und „ihro kein weg zu weith seye ihme nachzureisen". Die Heirat war ihr persönliches Stück Freiheit, das den Weg in ein künftiges selbstbestimmtes Leben wies: „Es möge ihro sodann übel od wohl gehen, so wolle sie dessen ursach keinem Theil weder Vatter noch Mutter auch sonsten niemand zuschreiben".[34]

Die letzte Nachricht bezüglich der zwieträchtigen Eintracht der Hubers ist der Erbschaftsakte Maria Elisabeth Hubers, die am 17. September 1796 verstarb, zu entnehmen (ihr geschiedener Ehemann Johann Michael war bereits anfangs der 1780er Jahre verstorben). Sie hinterließ eine Barschaft von exakt fünf Gulden und einundfünfzigeinhalb Kreuzern, unterschiedliche Haushaltsfahrnisse im Wert von 52 Gulden und ein Mattfeld in der Nähe des Schwabentors, das auf 700 Gulden geschätzt wurde, sowie 159 Gulden Schulden, die aus den Begräbniskosten und vom Sohn erhaltenen Arzneimitteln resultierten.[35] Das Haus in der Kaiserstraße 130 war schon 1785 in den Besitz des einzigen Sohnes übergegangen, nachdem Elisabeth Huber im Januar 1784 darauf noch einmal 310 Gulden Kredit beim Gutleutehaus aufgenommen hatte.[36]

Das Erbe wurde unter ihren beiden nachgelassenen Kindern Johann Michael Huber und Victoria Schaffner sowie dem Sohn der mittlerweile verstorbenen Tochter Elisabeth und des Dragoners Schönleitner aufgeteilt. Dieses Enkelkind, mit dessen Zeugung das familiäre Zerbrechen einst offenkundig geworden war, hatte nicht nur wie der Großvater einen Heilberuf ergriffen und diente als Chirurg beim k.u.k. Regiment AltErzherzöglich Württemberg im fernen Banat; die mißratene Tochter hatte ihm auch den Vornamen Johann Michael, also den des gleichermaßen gehaßten und geliebten Vaters, gegeben.

Rebekka Habermas

Spielerische Liebe oder Von der Ohnmacht der Fiktionen

Heinrich Eibert Merkel und Regina Dannreuther (1783–1785)

Am zweiten Weihnachtstag des Jahres 1783 versammelt Heinrich Eibert Merkel, ein junger Nürnberger Kaufmann von gerade 25 Jahren, seine Freunde, vier junge Herren aus dem Kaufmannsstand, um ihnen eine selbstverfaßte Geschichte vorzulesen.[1]

Die Geschichte ist schnell erzählt: „Ein artiger Jüngling" namens Karl Wallhoff, Sohn eines angesehenen Nürnberger Kaufmanns, und die Patriziertochter Emilie von Rosenau hatten sich ohne Wissen der Eltern versprochen. Da Karl mit seinem Erbe von nur 4.000 Gulden kein eigenes Geschäft eröffnen konnte, mußte er eine Stellung in einer Hamburger Handlung annehmen. Dort zeigte er soviel Geschick und Können, daß der Inhaber eines Tages fragte, ob er nach seinem Tode die Handlung übernehmen wolle. Überglücklich über ein solch großzügiges Angebot, das ihn endlich in die Lage versetzte, eine Familie zu gründen, reiste Karl eilends nach Nürnberg, um bei den Eltern von Rosenau um Emiliens Hand anzuhalten. Die Eltern jedoch hatten – nicht zuletzt aufgrund „der Vorurtheile des Standes" – andere Pläne mit ihrer Tochter. Überdies waren sie erbost darüber, daß die Liebschaft in aller Heimlichkeit vonstatten gegangen war. Schwerer freilich wog das Argument der Eltern, daß sie mit dem Fortzug ihrer Tochter in die Fremde sie „eben so als durch den Tod" – wie die Mutter klagte – verlieren würden, weshalb sie den Karlschen Antrag ablehnen müßten. Karl seinerseits ließ nichts unversucht, dem Hamburger Patron die Erlaubnis abzuringen, nach Ablauf einiger Jahre die Handlung von Hamburg nach Nürnberg zu verlegen. Vergebens: Der Kaufmann bestand darauf, daß Karl die Handlung in Hamburg weiterführe, und auch die Eltern ließen sich nicht erweichen.

Kaum hat Heinrich Eibert die Erzählung beendet, schaut er in die Runde und fragt: „Wie würdet ihr, wärt ihr an der Stelle Karls, entscheiden?" Die verschiedenen Positionen, die die Freunde vorbringen, um Wege aus dem geschilderten Dilemma zwischen materieller Existenzsicherung und Erfüllung von Liebesneigungen zu finden, spiegeln die unterschiedlichen – zwischen radikalen, eher traditionellen und neuen Konzepten changierenden – Vorstellungen über das Verhältnis der Geschlechter, wie sie in den Nürnberger Jünglingskreisen des ausgehenden 18. Jahrhunderts und nicht nur dort diskutiert wurden.

Die radikale und in der Literatur der Zeit häufig geschilderte Variante ist die vom ersten Freund vorgeschlagene Entführung[2]: Die Liebenden sollten heimlich, gegen den Willen der Eltern die Stadt verlassen, sich in Hamburg niederlassen, um damit die Liebe und die materielle Existenz der beiden zu wahren. Statt auf familiäre Interessen Rücksicht zu nehmen, sollte das Paar der Stimme des Herzens folgen. Der zweite Freund gibt der materiellen Sicherung der Existenz und den familiären Interessen Vorrang vor den als minder wichtig erachteten individuellen emotionalen Bedürfnissen. Er betont, daß Emilie durch die Verheimlichung ihrer Neigung, insbesondere ihrer Mutter gegenüber einen Fehler begangen habe, und er es besser fände, wenn Karl nach Hamburg ziehe und einige Jahre ins Land streichen lasse, um dann einen zweiten Anlauf zu wagen. Der dritte Freund schlägt ähnliche Töne an. Er meint, es sei unverantwortlich, die Hamburger Handlung auszuschlagen und daß das Mädchen nie glücklich werde, würde Karl ihr nicht ein angemessenes Zuhause bieten können. Darum würde er, wäre er an Karls Stelle, nach Hamburg gehen und dem Mädchen trotzdem seine Liebe versichern. Der vierte Freund lehnt diesen Vorschlag mit dem Argument ab, Karl würde dadurch den Eindruck erwecken, es gehe ihm mehr um

„den Besitz des Geldes als den des Mädgens". Seine Lösung verbleibt freilich eigentümlich vage: Karl solle auf die Hamburger Handlung verzichten und sein Glück woanders suchen, um sich durch diesen mutigen Schritt „das Vertrauen seiner Geliebten noch mehr eigen" zu machen. Ein letzter – anscheinend von Heinrich Eibert Merkel gemachter Vorschlag zielt in die gleiche Richtung.[3] Karl solle „es in Gottes Namen" wagen, „mit den wenigen ... Gulden ein eigenes Geschäft anzufangen". Da er ja so talentiert sei, könne er davon ausgehen, daß auch er nach und nach eine stattliche Handlung aufbauen werde, und schließlich könne sich Emilie auch in den ersten Jahren etwas einschränken. Überdies hätte diese Lösung den Vorteil, daß er die Eltern nicht gegen sich aufbringe. „An der Seite eines liebenden Weibes Geld sauer erarbeiten", hält er für besser, als mit viel Geld durch die Welt zu wandeln.

Was ist passiert, daß sich diese Herren zusammenfinden, um selbstverfertigte Liebesgeschichten vorzulesen und intensiv über Fragen der Eheschließung zu diskutieren, statt sich den Kopf über die steigenden Alaunpreise zu zerbrechen oder – wie das zur gleichen Zeit ein Bruder Heinrich Eiberts in seiner Freimaurerloge tut – über „sittliche Veredelung und geistige Fortbildung"[4] zu debattieren; warum entwirft Heinrich Eibert nicht nur diese, sondern auch andere Liebesszenen in seinem Tagebuch, statt Handelsabschlüsse in die Bücher einzutragen? Weshalb verbringen die jungen Herren Stunden, ja Tage damit, Liebesabenteuer zu verschlingen, statt sich das „Journal für Kaufleute" vorzunehmen? Was war passiert, daß die Grenzen zwischen Fiktionen und Fakten unmerklich verschwammen, daß man Literarisches diskutierte, als handele es sich um wahre Geschichten? Und es waren nicht nur die Jünglinge aus den Kreisen des Nürnberger Bürgertums, die eine regelrechte Obsession für Fragen des Herzens entwickelten und dabei alle sich bietenden Gelegenheiten ergriffen, faktische oder fiktive Liebesgeschichten, philosophische, physiognomische, medizinische oder ökonomische Aspekte dieses Themas zu erörtern. Überall wurden unzählige Journalienartikel zu diesem Thema geschrieben und diskutiert, und ein Blick in die zeitgenössische

Beststellerliste dieser Kreise – von „Clarissa" bis Werther" – macht deutlich, wie zentral diese Debatte war.

Mit Geschlechterbeziehungen im allgemeinen und Eheschließungsfragen im besonderen beschäftigen sich diese Herren freilich nicht nur theoretisch: In Hamburg pilgern vielbeschäftigte, unvermählte Kaufleute aus angesehenen Geschlechtern zum Grab von Meta Klopstock, um ihrem Liebesideal zu huldigen.[5] In Berlin gründet sich um Henriette Herz ein Tugendbund von Jünglingen und unverheirateten Frauen, der sich mit nichts anderem beschäftigt, als mit der Erörterung der Frage, wie, wer wen durch welche Liebe beglücken kann.[6] Und in Wetzlar kommt es zu turbulenten Szenen, weil glühende Werther-Leser die echte „Lotte" sehen wollen.[7] Ganz zu schweigen davon, daß Heinrich Eibert Merkel wie viele andere junge Männer auch in Liebesgeschichten verwickelt ist, die sich auffallend ähneln und in vielem an die Geschichte von Karl und Emilie erinnern.

Der Beginn einer Liebe

Heinrich Eibert Merkel, Verfasser und Vorleser der Geschichte über Karl Walloff und Emilie von Rosenau, stammt aus einer durchaus betuchten Kaufmannsfamilie[8], die unweit des Hauptmarktes eine gutgehende Handlung hat und zu den angesehensten, gleichwohl nicht dem Patriziat entstammenden Familien Nürnbergs gehört. Er ist 1782, zu Beginn der von ihm aufgeschriebenen Geschichte, genau 24 Jahre alt, im väterlichen Handlungshaus tätig, ein auch an den Wissenschaften und der Literatur sehr interessierter Zeitgenosse, der sich gern und häufig über die neuesten Erzeugnisse des literarischen Marktes unterhält:[9] Rousseaus „Emile" und „Heloise", Klopstocks „Messias", Geßners Idyllen und Sophie de LaRoches „Fräulein von Sternheim" sind ihm ebenso geläufig wie Jacobis Gedichte, Wieland und „Der schwermüthige Jüngling".[10]

Regina Dannreuther ist 1782 genau 14 Jahre alt und lebt bei ihrer Mutter, die aus der Gelehrtenfamilie Panzer stammt, und dem Stiefvater König von Königsthal, Erster Ratskonsulent von Nürnberg, in gut situierten Verhältnissen.[11] Nicht nur sozial, auch materiell gesehen ist Regina Dannreuther[12] eine gute Partie und, wie Porträtzeichnungen belegen, ein überaus anmutiges Geschöpf, das regen Anteil nimmt an den intellektuellen Debatten der Zeit. Auch sie kennt die einschlägige Literatur, angefangen von Sophie de LaRoches „Pamona" bis zu den englischen Briefromanen von Richardson. Auch sie hält ihre Geschichte mit Heinrich Eibert Merkel in kleineren Skizzen, einem Tagebuch[13] und vielen Briefen fest, von denen sie Abschriften anfertigt, bevor sie an Heinrich Eibert Merkel abgehen.

Beginnen wir mit dem ersten Akt. Es ist Ostern 1782, als sich Regina und Heinrich in einem unweit von Nürnberg gelegenen Ausflugslokal eher zufällig kennenlernen: Weitläufig verschwägert, wendet sich Heinrich direkt an das junge Mädchen „in rosafarbigem Kleid und mit so freundlichem Gesichte".[14] Mit den Worten „. . . darf ich es wagen sie Baße zu nennen ich werde diese Erlaubnis gewiß so brauchen daß es sie nie reuen wird", führt er sich ein. Und schon sind sie beim gemeinsamen Tanz und inmitten der „angenehmsten Unterhaltung".[15] Monate später treffen sie sich – wie es der Zufall will – auf der Hallerwiese, dann wieder am Dutzendteich und schließlich beim Gottesdienst und im Theater. Und hier im Theater – beim „Barbier von Sevilla" –, so zumindest erinnert sich Regina, kommen sie sich näher. Nicht etwa körperlich oder auch nur durch Gespräche, nein „durch den Mund der Schauspieler" erklären sie sich, denn – so schreibt Regina: „Nichts selbst Romane nicht können die Liebe so zur Reife bringen als Schauspiele wo ein liebendes Paar entweder nach manch überwundener Schwierigkeit glücklich wird oder wo sie ihren Bunde treu sich miteinander dem Tode weihen".[16]

Von Liebe nämlich handeln nicht nur Heinrich Eibert Merkels selbstverfaßte Geschichten, die er seinen Freunden vorträgt, nicht nur Romane, die man sich in größeren Runden vorliest oder Zeitungsartikel, über die man debattiert, auch das Theater kennt zu jener Zeit kaum ein anderes Thema. Und diese Bühneninszenierungen lösen ihrerseits Diskussionen aus, regen zu Überlegungen an, fördern Gefühle der Liebe zutage und schreiben sich tief in die eigenen (Liebes-) Geschichten ein. Auch hier verschwimmen die Grenzen zwischen Fiktion und Fakt, und Woody Allens „Purple Rose of Cairo" nicht unähnlich, verwandeln sich Regina und Heinrich schnell in Beaumarchais' Almaviva und Rosine. So sind selbst nicht gemeinsam besuchte Theaterstücke – wie die „Minna von Barnhelm" – der Entwicklung des Merkelschen Liebesdramas insofern förderlich, als Merkel einen von ihm geschickten Freund genau berichten läßt, wann und wie Regina bei den liebevollen Begegnungen zwischen Minna und Tellheim reagiert hat und so den Stand des eigenen Liebesdramas überprüft, zum anderen im Besprechen mit dem Freund eine neue Probe desselben veranstaltet.[17] Unmerklich gehen die Geschichten ineinander über und jede auf der Theaterbühne vergossene Träne erfüllt Merkel mit besonderem „stillem Vergnügen", da er sicher sein kann, daß Reginas Tränen nun nicht lange auf sich warten lassen.[18] Kurz: Theater wie Romane werden in sympathetischer Identifikation[19] rezipiert, die Grenzen zwischen den fiktiven Dramen und dem eigenen faktischen Drama sind fließend und damit ist das Theater ein ebenbürtiger Spiegel und gleichsam Inszenator der neuen Geschichten, die Merkel und die Seinigen erzählen.

Doch zurück zum ersten Akt der Merkelschen Liebesgeschichte. Noch immer haben sich die beiden nicht erklärt. Statt dessen besprechen sie sich schon länger und überaus intensiv mit der engsten Freundin respektive mit dem Busenfreund – und es wäre keineswegs überraschend, gleichwohl hierfür Belege fehlen, wenn Merkel seine aufkeimende Liebe zum Gegenstand weitläufiger Diskussionen in größeren Freundesrunden gemacht hätte. In jedem Fall wissen die engsten Freunde und Freundinnen genauestens Bescheid: Die Jungfer Löhin, Vertraute von Regina, ist ebenso wie der Merkelsche Freund Oettelt genauestens über alle Herzensregungen informiert. Und so überrascht es nicht, daß sich Merkel erst der Löhin gegenüber offenbart und daß es wiederum diese Freundin ist, die als Zeichen der Gegenliebe einen Strauß Blumen von Regina überbringt. Kurz darauf kommt es zu einem Spaziergang und Heinrich „wagt es ohne Umschweife", seine Liebe zu gestehen, während Regina erwidert, daß sie „mit seinem Wunsch übereinstimme".[20]

Im Sommer 1783, nachdem Regina ihre Mutter eingeweiht hat, erfährt Merkel, daß Reginas Stiefvater strikt gegen diese Verbindung sei, weil er „nie in eine Verbindung mit einem Kaufmann" einwilligen wolle.[21] Schließlich sei ein gewisser Friedrich von Praun, immerhin ein Patrizier, der wohl schon vorstellig geworden war, eine wesentlich bessere Partie; Regina sei im übrigen noch viel zu jung und müsse wohl erst vier weitere Jahre warten, bis es überhaupt zu einer Entscheidung kommen könne. Damit ist der erste Akt zu Ende, die entscheidenden Weichen für den weiteren Verlauf der Geschichte sind gestellt: Zwei empfindsam Liebende und ein böser Stiefvater – es wird zweifellos eine Tragödie werden.

Das Spiel der Liebe

Nachzulesen ist diese Tragödie in Heinrich Eibert Merkels – und teilweise auch in Regina Dannreuthers – Tagebuch und in Briefen. Diese Aufzeichnungen fangen mit dem zweiten Akt der Tragödie an, das heißt nach der Ablehnung der Verbindung durch Reginas Stiefvater, und sie setzen diesen Akt in aller Ausführlichkeit in Szene. Die Briefe und Tagebücher sind nicht die einzigen Dokumente, die von solchen Tragödien berichten. Angefangen von den Tagebüchern von Cornelia Goethe,[22] Margarethe Milow[23] und Ferdinand Beneke[24] bis zu den Briefen Charlotte von Humboldts,[25] um nur die bekannteren zu nennen, gibt es spätestens seit Rousseaus „Confessions"[26] und seit Gellerts neuer Brieflehre[27] eine kaum zu überschauende Fülle solcher Dokumente, die häufig ausschließlich von Liebesdramen berichten. Diese obsessive Beschäftigung mit dem Thema wird gemeinhin als die Entdeckung der Liebe,[28] oder auch gerne als Herausbildung der modernen Subjektivität gedeutet[29] – und zwar nicht nur von den Akteurinnen und Akteuren selbst, auch weite Teile der Forschung glauben hier ersten Anzeichen von Liebe auf die Spur gekommen zu sein. Zweifellos spielt Liebe für Heinrich Eibert Merkel und auch für Regina Dannreuther eine große Rolle, doch ihre Liebe hatte viele spielerische Elemente und verwandelte sich zuweilen vollends in ein Spiel, das vor allem dazu dient, das „gewöhnliche Leben stillzustellen".[30] Gespielt wird das Drama: Der Jüngling in der Begegnung mit dem anderen Geschlecht, im Akt der Brautwerbung und das heißt auch im Prozeß seiner Mannwerdung[31] – schließlich ist eine vollendete männliche Identität dieser Zeit jenseits des Status als Hausvater, der wiederum nur durch Eheschließung zu erreichen ist, kaum vorstellbar.[32]

Dieses bis zur Eintönigkeit gleichförmig in hunderten von Tagebüchern und Briefen inszenierte Drama weist auffallende Ähnlichkeiten mit anderen Ritualisierungen auf. Während nämlich Merkel und seine Nürnberger Freunde gleichen Alters aus bürgerlichen Kreisen ihre Tagebücher mit immer neuen Dramen, die von der Begegnung des Jünglings mit dem anderen Geschlecht handeln, vollschreiben und sich vorlesen, sind die jungen Männer aus dem Handwerk und von den Bauernhöfen der umliegenden Dörfer mit Kiltgängen, Fensterln und „Gadensteigen" beschäftigt.

Beides, das Abfassen und Vorlesen von Liebesgeschichten wie das Fensterln und der Kiltgang, spielt sich in der Öffentlichkeit der jeweiligen Jugendkultur ab und weist schließlich auch über diese hinaus. Die Aktivitäten der jungen Kiltgänger gehen unter großer Anteilnahme der Nachbarschaft und auch größerer Öffentlichkeiten,[33] wie dem Dorf oder der ganzen Stadt, vonstatten.[34] Auch Heinrich Eibert Merkel setzt seine Geschichte in aller Öffentlichkeit in Szene: Er schreibt Geschichten wie die von Karl und Rosalie, aber freilich auch seine eigene, höchstpersönliche Liebesgeschichte ja nicht nur nieder, sondern liest diese Dramen in größeren und kleineren Runden vor; er inszeniert sie gleich einer Theatervorführung mit aller nur erdenklichen Raffinesse und sucht mit allen ihm zur Verfügung stehenden Mitteln, soviel Publikum wie er finden kann, und er ist damit beileibe kein Einzelfall.[35] Auch die Briefe und Tagebücher seiner Schwägerin Margarete Merkel, seines Bruders Paul Wolfgang Merkel, seiner Nichte Käthe und deren Schwager Karl Roth – um nur die Beispiele aus der nächsten Nähe Merkels aufzulisten –, sind für eine nicht nur familiäre Öffentlichkeit verfaßt. Das Tagebuch genauso wie der Brief nimmt in den Geselligkeitspraktiken aller bürgerlichen Kreise jener Zeit einen zentralen Platz ein: Sie wurden in größeren und kleineren Runden vorgelesen, genauso wie die Geschichten von Goethe.[36] So werden etwa Briefe, aber auch ganze Passagen aus Tagebüchern[37] mit ausführlichen Berichten über Liebesgeschichten vermeintlich höchst intimer Natur herumgereicht, kopiert und weiterverschickt, manchesmal gleich Zeitungen als öffentliche Bekanntmachungen.[38]

Trotz dieser Ähnlichkeiten zwischen den traditionellen Eheanbahnungsritualen und der neuen Praxis der tagebuchlichen Inszenierung, die beide gleich Theaterstücken einer Bühne und eines Publikums bedürfen, gibt es einen wesentlichen Unterschied: Heinrich Eibert Merkels Inszenierung ist im Unterschied zu Kiltgang und Fensterln nicht Teil eines Übergangsrituals, nicht Teil eines Hochzeitsritus,[39] mittels dessen der Jüngling zum Mann „hinübergeführt" wird. Sein Drama wird nicht – und wie ich behaupten will, soll auch gar nicht – in eine Eheschließung münden: Mit im Spiel ist ja schließlich noch die Figur des Stiefvaters. Ist es laut Arnold van Gennep Sinn und Zweck eines Übergangsrituals, „das Individuum aus einer genau definierten Situation in eine andere, ebenso genau definierte hinüberzuführen",[40] und erfüllen die Kiltgänge und das Fensterln diesen Sinn und Zweck in der Regel auch, so scheint Heinrich Eibert Merkel mit seinen Tagebuchpraktiken ein anderes Ziel verfolgt zu haben.

Das Programm der Liebe

Im zweiten Akt der Liebesgeschichte, der im Herbst 1783 mit der Ablehnung von Reginas Stiefvater einsetzt, beginnt Merkel sein Tagebuch, in dem er „Die vollständige Geschichte unserer Liebe" festhalten will; gleichzeitig beginnen die Erörterungen zwischen Regina und Heinrich Eibert über ihr Programm von Liebe.

Kondensiert findet sich das Programm der Liebe in der just zu dieser Zeit vorgetragenen Geschichte von Karl und Emilie beziehungsweise in der Position, die der dritte Freund formuliert und die darauf hinausläuft, daß der literarische Held der Stimme seines Herzens folgen soll. Dieses Programm – das in ähnlichen bis identischen Formulierungen in anderen Tagebüchern, Romanen und Theaterstücken zu finden ist[41] – versteht sich als Gegenentwurf zu herkömmlichen Heiratsstrategien, der sogenannten Konvenienzehe. Unter Konvenienzehe wird freilich nicht die faktisch vorherrschende Praxis der Eheschließung dieser Kreise verstanden, das man nämlich nach einem Interessenausgleich zwischen den emotionalen, sozialen und ökonomischen Interessen der beteiligten Familien genauso wie der Heiratspartner sucht. Vielmehr verstehen Merkel und die Dannreutherin unter dem Begriff Konvenienzehe die ausschließliche Fixierung auf eine Akkumulation des sozialen und ökonomischen Kapitals der beteiligten Familien.

Stellt diese Konzeption von Konvenienzehe den einen Gegenpol zu Heinrichs Liebeskonzeption dar, so bildete die „unbedachte Liebe", die allzu hemmungslos gelebt wird und insbesondere für Frauen höchst gefährlich ist, den anderen Gegenpol.[42] Und ähnlich wie er seine Vorstellung von Konvenienzehe unter anderem im Entwerfen von Geschichten wie der von Karl und Emilie präzisiert, illustriert er auch seine Vorstellungen von der unbedachten Liebe in Geschichten, die von „niederträchtigen Verführern!" und um ihre Unschuld gebrachten Mägden handeln, und die in ihrer Art in vielem an die Geschichte des „Fräulein von Sternheim"[43] oder auch an Richardsons „Clarissa"[44] erinnern.

Dürfen die Beziehungen der Geschlechter nicht von „Interesse, nicht [von] Eitelkeit geleitet", also nicht von materiellen oder sozialen Erwägungen bestimmt sein (und das, obwohl Ehegemeinschaften stets auch Güter- und Arbeitsgemeinschaften sind und auch im Nürnberg des ausgehenden 18. Jahrhunderts die Grundlage und Grundeinheit der materiellen Basis darstellen[45]), so bleibt als Kern der Beziehung nur noch die „Verwandtschaft der Seelen",[46] die auf das innere Wesen der Menschen bezogen – wie Merkel schreibt – „genaue Übereinstimmung unserer geheimen Neigungen und Fähigkeiten".[47] Bestimmt von der Stimme des Herzens,[48] zeichnet sich die ideale Beziehung durch Ernsthaftigkeit und „Feyerlichkeit", „Tugend" und „Rechtschaffenheit"[49] aus, durch Werte, die, wie Merkel es versteht, sich aus dem Inneren der Individuen speisen.

Und es ist diese Verwandtschaft der Herzen, ihre genaue Bestimmung, die Erkundung ihrer Merkmale, die in den Briefen und Tagebüchern immer wieder versucht wird. Schließlich ist diese Ähnlichkeit – vergleicht man sie mit dem in Grundbriefen und Familiennamen verbürgten ökonomischen und sozialen Kapital – eine höchst fragile Basis, die aufs genaueste von allen Seiten beleuchtet werden muß. Immer wieder werden Argumente und Indizien gesucht, die belegen sollen, wie solide eine solche Basis ist, oder daß sie gar solider als jede andere ist. So heißt es bei Merkel, daß man diese Verwandtschaft sehen und fühlen kann: „Sprache, Gang, Kleidung – besonders das Auge –" versichern einem „als ob man Brief und Siegel darüber hätte".[50] Ein weiterer Sicherungsanker ist die Überzeugung von der Evidenz des ersten Augenblicks, der Liebe auf den ersten Blick. So führt Regina in ihrem Versuch, Indizien für eine solide Basis ihrer Beziehung zu finden, an, daß sie den „Verlust ihres Herzens" schon in der ersten Begegnung mit Heinrich bemerkt hätte.[51] Kurz: Die Wissenschaft von der Physionomik ersetzt das, was zuvor durch Grundbucheinträge und Familienwappen gewährleistet schien.[52]

Und doch bleiben, trotz aller physiognomischen und ersten Augenblicksevidenzen auch Zweifel; so fragt sich Heinrich Eibert manches Mal, ob „recht und klug ist, all dein irdisches Wohlergehen an einen einzigen Faden zu hängen?".[53] Bleibt ein solches Verhältnis der Geschlechter fragil, weiß Heinrich Eibert, wie gefährlich sich ein Eheleben gestalten kann, das auf dieser „höheren Liebe" basiert. Kleinste Mißverständnisse führen dazu, daß Ehemann oder -weib glauben, nicht genügend geliebt zu werden, und die Frau wird „im verborgenen weinen", während der Mann „mürrisch" wird.[54] Diese Unwägbarkeiten machen einen weiteren Sicherungsanker notwendig, den der Offenheit, die zwischen den Ehepartnern herrschen soll; alles wollen sie sich aufrichtig sagen, immer Rechenschaft über sich und ihre Gefühle geben, damit solche Mißverständnisse vermieden werden können.[55] Gepredigt wird die neue Offenheit auch von anderer Seite: Stets wesentlicher Teil der protestantischen Bekenntnispraktik, gilt sie insbesondere in pietistischen Kreisen als erstes Gebot – hier freilich weniger als Ehrlichkeit in ehelichen Beziehungen als im Verhältnis zu Gott. Gemäß dieser Ehrlichkeitsmaxime berichtet Heinrich Eibert stets genau, mit welchen Frauen er auf Festlichkeiten, bei denen Regina nicht zugegen war, getanzt hat und warum. Er erläutert die Vorzüge der Damen – eine Katharina etwa „sprang wie ein Reh" und war verständig[56] –, referiert, welche von ihnen in wie hohem Maße in ihn verliebt war, und mit wie großer Mühe er sich ihren Anerbietungen habe zur Wehr setzen können. Schließlich, nachdem er zunächst detailliert das Schauspiel der Begierden in Szene gesetzt hat, ausgeschmückt mit allen wesentlichen Details, gibt er nicht minder ausführliche Erklärungen ab, warum Regina trotzdem nicht eifersüchtig zu sein brauche. Diese Ehrlichkeitsmaximen der neuen Beziehungsformation sind nämlich auch – wie solche Darstellungen belegen – Ausdruck eines starken Kontrollbedürfnisses[57] und provozieren überdies einen regelrechten Redezwang, der nicht nur der Stabilisierung der Beziehung dienlich sein mußte. Ausdruck dieses Redezwangs sind die Tagebücher von Heinrich und Regina und ihre Briefe, die versuchen, die neue Geschlechterordnung zu entwerfen und gleichzeitig ihre gefährlichen Seiten zu bändigen. Das neue, unentwegte Sprechen über die Liebe gehörte also konstitutiv zu ihrer inneren Logik, und doch konnte es ihren Erfolg, wie der Verlauf der Geschichte zeigen wird, keineswegs garantieren – und sollte es, vergegenwärtigt man sich die Stabilität der herkömmlichen Geschlechterordnung, vielleicht auch nicht.

Das Publikum der Liebe

Im zweiten Akt des Merkelschen Dramas nimmt das Liebesprogramm nicht nur im Zwiegespräch respektive in der Ein-
samkeit der Liebenden konkrete Gestalt an, dieses soll auch
dem interessierten Nürnberger Publikum kundgetan werden:
Es wird öffentlich in Szene gesetzt. Und an diesem Spiel hat
das Paar genauso viel Anteil wie das Publikum; beide sind
begierig, das Merkelsche Drama aufzuführen beziehungsweise
zu verfolgen. Entgegen der programmatischen Rhetorik von
Merkel und Dannreutherin ist die Verwandtschaft der Herzen
nämlich keineswegs eine Angelegenheit zwischen zwei Individuen, respektive ihren Herzen, vielmehr wird diese Liebe von
vielen und vor vielen gespielt: Angefangen vom vertrauten
Freund, dem Kaufmann Oettelt, und der Busenfreundin Löhin
– diese zentralen Figuren fehlen übrigens in keinem der einschlägigen Romane und Stücke der Zeit[58] –, die als erstes kleines Publikum fungieren, vergrößert sich die Zuschauerzahl
nach und nach um die näheren und ferneren Verwandten und
umfaßt schließlich die gesamte Nürnberger Stadtöffentlichkeit.

Wie gestaltet sich die Teilnahme der Freunde, Familie und
der städtischen Öffentlichkeit an der Verwandtschaft der Herzen? Die engste Freundin und der engste Freund sind von An-
beginn an Gesprächspartner, und zwar für beide Liebende, denen man „alle Empfindungen" anvertrauen kann, ohne – wie
Merkel schreibt – für einen „Schwärmer gehalten zu werden".
Mehr noch, im Gespräch mit diesen engen Freunden kommt
die ganze Fülle des Liebesprogramms überhaupt erst zur Ent-
faltung; sie sind Eingeweihte und Verbündete noch bevor das
geliebte Gegenüber von der Liebe weiß, und unentwegte Zuhörer und Anreger überdies. Freundin und Freund spielen
darum ihrerseits für den Geliebten der Freundin und umgekehrt für die Geliebte des Freundes eine wichtige Rolle: Zuweilen erinnern manche Liebesgeschichten auch mehr an Vier-
ecksbeziehungen, da die Vermittler und Vermittlerinnen einen
so wichtigen Platz einnehmen, nicht selten selbst zur Feder

greifen und ihrerseits an diesem Drama mitschreiben.[59] Oettelt und Löhin sind unentwegt damit beschäftigt, dem einen oder der anderen zuzuhören, bei Briefformulierungen zu helfen, Rendez-vous zu vereinbaren, Ratschläge zu geben, wie dieses oder jenes Indiz zu verstehen sei, und die nächsten Schritte mit zu überlegen.

Auch die Familie wird vom Paar mit Informationen über den Fortgang des Dramas versorgt, schließlich wollen Eltern, aber auch Geschwister und Tanten wie Onkel auf dem Laufenden gehalten werden. Mit großer Selbstverständlichkeit nimmt die Familie – noch ganz in der von Merkel so gebrandmarkten Tradition der Konvenienzehe, die ja bekanntlich der Familie entscheidendes Mitspracherecht gewährte – sich das Recht, ein Wörtchen mitzureden bei der Ausgestaltung der Verwandt-schaft der Herzen, und dankbar nehmen Regina und Heinrich Eibert, trotz ihrer so beredt dargelegten Überzeugung, daß es sich ausschließlich um eine Angelegenheit zwischen zwei See-len handle, die Möglichkeit wahr, die unterschiedlichsten Aspekte des Liebesprogramms zu besprechen: Sei es, daß das Paar die Verwandten als Zuhörer für ihre programmatischen Ausführungen braucht, sei es, daß die beiden Überzeugungs-arbeit leisten, schließlich gilt es ja Reginas Stiefvater zu der Verbindung zu überreden. Ausführlich spielt Merkel alle Fein-heiten mit seiner ältesten Schwester[60] durch, die ihrerseits wie-der Kontakt zu Regina aufnimmt; auch mit der Schwägerin Margarete[61] wird sich ausführlich ausgetauscht und ebenso mit dem Bruder Wolfgang;[62] beide diskutieren und beraten wieder-um mit Regina sowie mit anderen Verwandten, Freunden und Freundinnen. Das Drama erfreut sich auch in der Dannreu-therschen Familie höchster Aufmerksamkeit und produziert eine Geschwätzigkeit, die gewaltig ist.[63] Und dies um so mehr, als die Familie ihrerseits am Drama mitschreibt; so fangen der Onkel Reginas und der Freund Oettelt an, sich über den Fort-gang der Beziehung zu beratschlagen. Ein anderer Bekannter, der Pfarrer Luft, fühlt sich bemüßigt, Vater Königsthal im Wirtshaus direkt auf diese Verbindung anzusprechen, und schließlich greift auch der Beichtvater in das Geschehen ein.

Mehr noch: Ganz Nürnberg nimmt – wie seit Jahrhunderten der Fall – auch im ausgehenden 18. Jahrhundert regen Anteil an der Verwandtschaft der Seelen.[64] Offen werden Merkel und Dannreutherin auf ihre „Verwandtschaft der Herzen" angesprochen, werden Glückwünsche oder spöttische Bemerkungen[65] ausgeteilt. Lange vor der offiziellen Verlobung ist die inoffizielle Öffentlichkeit der Stadt Nürnberg, sind die Knechte und Mägde, Bäckersfrauen, aber auch der Pfarrer und die Kollegen vom Handelsstand bestens unterrichtet. Der „öffentliche Lärm" registriert nämlich jede noch so vermeintlich unbedeutende Geste, etwa, ob Heinrich mit Regina tanzt, ob er ihr auf Bällen Essen holt oder wie oft er beim Kirchgang in ihre Richtung schaut.[66]

Das Paar seinerseits tauscht sich genüßlich und intensiv – zuweilen auch beunruhigt und ärgerlich – über diese unterschiedlichen Reaktionen des Publikums aus. Merkel hat sich nämlich zu Beginn seines Tagebuches vorgenommen, „alles zu Papier zu bringen, was in unserer Angelegenheit vorgeht"[67], und er registriert in der Tat auch alles, was vorgeht und macht die Reaktionen des Publikums zum integralen Bestandteil des Dramas.

Das Ende der Liebe

Der dritte Akt endet in dem Moment, in dem der Konflikt mit dem Stiefvater insofern eskaliert, als er ein nicht mehr notwendiges Element in der Spannungssteigerung der Inszenierung darstellt, nicht mehr dazu dient, die Größe der Liebenden vor der Mediokrität der schnöden Argumente der Konvenienzehe, wie sie der Stiefvater vorbringt, in noch hellerem Lichte erscheinen zu lassen.

Königsthal hatte ja nachhaltig darauf hingewiesen, daß Merkel als Kaufmann keineswegs den elterlichen Vorstellungen von einem Ehemann entsprach, während Reginas Mutter zurückhaltend reagiert hatte: Sie selbst halte zwar den Jüngling für „rechtschaffen, edel und gut", aber ihr Mann sei gewiß gegen eine solche Verbindung, da er den Kaufmannsstand nicht sehr schätze.[68] Als schließlich im Januar 1784 eine Unterhaltung zwischen Reginas Stiefvater und Heinrich zustandekommt, verläuft diese zwar insofern glimpflich, als der Stiefvater sagt, er werde sich nicht weiter in dieser Angelegenheit engagieren, da er nicht der leibliche Vater sei und dazu kein Recht habe, er könne aber nicht verschweigen, daß er andere Pläne mit der Tochter habe. Ihm nämlich schwebte eine Verehelichung mit dem jungen Patrizier Johann Friedrich Sigmund von Praun vor.

Heinrich, einerseits erleichtert durch dieses Gespräch, da der Stiefvater Königsthal die Verbindung nicht grundsätzlich verbot, erkennt andererseits ganz richtig, daß dieser damit beiden, ihm und der Tochter, „den Weg zu seinem Herzen" versperrt habe, und daß diese Ablehnung zu einer schweren und folgenreichen Hypothek mit bösen Folgen werden könne.[69] Königsthal hatte deutlich zu erkennen gegeben, daß er die soziale Basis dieser Beziehung nicht für stabil hielt und sie nicht seinen Interessen entsprach.

In dieser Konstellation – zwei empfindsam Liebende und ein Vater, der die Konvenienzehe vertritt – gibt das Geschehen viel Gelegenheit, Briefe über Briefe, Tagebuchseiten über Tagebuchseiten zu füllen und in immer drastischeren Formulierungen das neue Liebesprogramm in Szene zu setzen. Andere, wie der Hamburger Ferdinand Beneke, verbrachten über zehn Jahre ihres Lebens mit der Inszenierung solcher und ähnlicher Dramen. Und vieles spricht dafür, daß Merkel auch noch etliche Jahre mit Tagebuchschreiben und Theaterbesuchen, Diskussionen über die rechte Art zu lieben und der Abfassung von Geschichten im Genre „Karl und Emilie" zugebracht hätte, wenn Regina Dannreuther das Spiel mitgespielt hätte.

Regina Dannreuther freilich scheint andere Prioritäten gehabt zu haben. In jedem Fall kommt es im Sommer 1784 zu einer ersten dramatischen Krise zwischen den beiden, als Heinrich Eibert von der Löhin zugetragen wird, Regina liebe ihn nicht mehr. Er ist wie vom Schlag gerührt und greift tief in die Requisitenkiste: „Du hast mich tödlich verwundet, o grausa-

mes Mädgen[70] ... Willst du mich durchaus zu Grunde richten".[71] Er kann es nicht fassen, und ruft noch einmal das ganze
Personal auf die Bühne: Er fordert Oettelt auf, Regina zu
schreiben, sie solle ihm, Heinrich, schriftlich versichern, daß
sie ihn nicht mehr liebe;[72] dann wird die Löhin befragt, und
schließlich korrespondiert Oettelt mit Regina.[73] Auffallend
auch hier wieder, wie sehr Regina und Heinrich die Freunde in
das Geschehen einbeziehen, wie sehr die Geschichte ebenso
von anderen Akteuren und nicht nur von zwei Seelen lebt.
Merkel füllt unterdessen sein Tagebuch mit dramatischen Auftritten, klagt, er sei „der unglücklichste Mensch unter der Sonne", beschreibt wie selbst manche enge Vertraute „bitterlich zu
weinen" angefangen haben. Dann wieder steigert er sich zu
Fleherufen: „Oh Regina, holdes tugendhaftes Mädgen", [74] um
letztlich nur noch „Wuth und Raserey"[75] zu empfinden. Die
Krise kann schließlich dadurch beigelegt werden, daß Regina
alles zurücknimmt und Heinrich ihrer Liebe versichert. Mehr
noch: Sie bezichtigt sich selbst des Leichtsinns und der Eitelkeit und will nun alles tun, um wieder zu der alten Liebe zu-
rückzufinden. Es wird sich aber zeigen, daß es weder Leichtsinn noch Eitelkeit waren, die Regina bewegten, dem Drama
ein frühzeitiges Ende zu bereiten, daß es keine der Krisen war,
die zur Spannungssteigerung der Handlung stets willkommen
sind, sondern daß es sich um eine Krise handelte, die in der
Dramaturgie nicht vorgesehen war.[76]
  Als Heinrich schließlich im Frühjahr 1785 eine einjährige
Reise nach Frankreich und England antritt, scheint die Beziehung soweit wieder ins Lot gekommen zu sein, daß er sich
Hoffnungen macht, nach seiner Rückkehr Regina, die dann
endlich 18 Jahre alt sein würde, zu ehelichen. Statt dessen
kommt es jedoch nach seiner Rückkehr zur endgültigen Trennung, die wiederum von Regina ausgeht und zwar weil, wie sie
schreibt, „... bey seiner zärtlichen liebe zu mir und bey seinem schönen charakter, würde doch unsere Verbindung nicht
diejenige Glückseligkeit uns gewährt, die er sowohl als ich
anfänglich uns vorstellten".[77] Das freilich war im Stück nicht
vorgesehen: eine Frau, die sich weder aufgrund besserer Intri-

gen, noch wegen kaltherziger Eltern, sondern aus Gefühlsgründen vom schmachtenden Liebhaber abwendet. Mehr noch war freilich passiert: Regina zieht den Vorhang herunter, bevor das Stück seinen dramatischen Höhepunkt erreichen kann. Sie tritt von der Bühne ab und erklärt in aller Deutlichkeit: Das Spiel ist aus. Gleichsam tut sie damit kund, daß es ein Spiel, eine Inszenierung war – allen ihren eigenen und Heinrich Eiberts Behauptungen zum Trotz –, eben nicht der Versuch, eine Ehe zu schließen, nicht nur Zeugnis tiefer Liebe. Es sollte eben kein Übergangsritual, gleichwohl mit anderen Mitteln als etwa das des herkömmlichen Kiltgangs, gefeiert werden, sondern ein Spiel mit Fiktivem und Faktischem, zwischen Werther und Regina Dannreuther, ein Spiel für die Zeit der Jünglinge und Mägde und keines für Frauen, die ins heiratsfähige Alter gekommen und folgenreiche Entscheidungen zu fällen haben. Denn jedes Spiel hat seine Zeit.

Der Beginn einer Ehe oder Was hat Liebe mit Aufklärung zu tun

Wie hingebungsvoll Regina Dannreuther auch im Anblicke Minna von Barnhelms weinen kann, wie sehr sie Gefallen an der intensiven Liebesrhetorik der Empfindsamkeit findet, wie begierig sie auch Geschichten im Genre „Karl und Emilie" lauscht und in Gesprächen mit der Löhin, Oettelt, der Familie, Fremden und Freunden gerne immer wieder das Drama der Liebenden in Szene setzt – sie erkennt schließlich, daß all das keineswegs Teil eines Heiratsrituals ist, sondern ein Spiel, und jedes Spiel hat seine Zeit. Ja mehr noch, das Spiel lebt davon, daß es die Zeit außerhalb des Alltäglichen markiert. Für Regina war diese Zeit in dem Moment abgelaufen, in dem sie ins heiratsfähige Alter gekommen war und sich überlegen mußte, wie sie ihre Zukunft gestalten wollte, gesetzt den Fall, sie mochte nicht zeitlebens bei ihren Eltern als lediges Frauenzimmer bleiben beziehungsweise in Unehre leben.[78] Auch Margarethe Milow[79] und andere Frauen hatten sich früher als die Männer entscheiden müssen, da für sie mehr auf dem Spiel stand. Konnte Heinrich Eibert Merkel zehn, ja, vielleicht gar fünfzehn Jahre mit Dramen dieses Genres verbringen, mußte Regina mit Anfang zwanzig beginnen, darüber nachzudenken, wie lange Zeit sie und ihr Körper noch hatten, um in das Leben einer Ehefrau zu finden, um Kinder zu gebären und großzuziehen.[80]

Es lohnt sich, Reginas Trennungsgründe näher zu betrachten, denn sie zeigten deutlich, daß Regina nun plötzlich die stets spielerisch überschrittene Grenze zwischen Fiktion und Realität klar und deutlich ziehen will und vielleicht angesichts der Tragweite einer Eheschließung auch ziehen muß, da die „gewöhnliche Zeit"[81] nicht länger stillgestellt werden kann. Die von ihr und Heinrich in Briefen und Tagebüchern in Szene gesetzte Liebesrhetorik war nun nicht mehr Ausdruck edler Herzen, sondern Lug und Trug. Es war nämlich just die Stimme des Herzens gewesen – so glaubt sie jetzt zu erkennen –, auf die zu hören Heinrich sie stets ermuntert habe und die sie hinters Licht geführt habe. In ihrem Abschiedsbrief schreibt Regina, daß nur ihre Eitelkeit und eben nicht ihr „Herz" durch die von Heinrich in Szene gesetzte Liebesrhetorik der Empfindsamkeit verführt worden sei. Regelrecht „hintergangen" worden sei sie von ihrem eigenen Herzen. Heute, mit 18 Jahren, sei sie – so steht es in ihrem Abschiedsbrief[82] – „überlegter als damals, lernte auch Welt und Menschen besser und mehr kennen" und müsse sehen, daß das, was sie für Liebe gehalten habe, eher die Eitelkeit gewesen sei, „einen Liebhaber zu besitzen, der Stolz mich anderen Gespielinnen gleich . . . dadurch das mich ein edler junger Mann schätzte und liebte, über sie erhaben zu sehen". Bei aller „Gleichheit der Gesinnungen" sei das Vertrauen auf dieses trügerische Herz keine hinreichende Basis für eine Eheschließung, und es wäre nie soweit gekommen, hätte sie schon damals eine Freundin gehabt, die, statt „meine Unversonnenheit zu unterstützen", sie darauf hingewiesen hätte, daß eine solche Verbindung so früh und ohne Wissen der Eltern sträflich sei. Sie muß also erkennen, daß die Übereinstimmung der Herzen als Basis der Geschlechterbeziehung zu fragil ist, da das Herz – verglichen mit Grundbuchein-

trägen und Familienwappen – ein überaus schwer zu interpre-
tierendes Organ ist und die herkömmlichen Heiratsstrategien
ja auch durchaus erfolgreich jahrhundertelang praktiziert worden sind.

In dem Moment, in dem sie über ihre weitere Zukunft entscheiden muß, findet sie keinen Gefallen mehr an der Rhetorik
eines Mannes, der sich gemäß den Anforderungen der Empfindsamkeit zwar als „sanft" und „menschenliebend", „edel-
denkend" und „rechtschaffen" darstellt, dafür aber wesentlich
älter als sie und „kränklich" ist. Sie zieht es vielmehr vor – wie
sie später, nicht frei von Selbstanklagen, schreibt[83] –, sich in
„lustiger und lärmender Gesellschaft" zu bewegen und sich
„sinnlichen Freuden" hinzugeben, als sich der Eifersucht eines
Mannes auszusetzen. Diese negative Einschätzung Heinrichs,
die sich übrigens mit der Beurteilung seiner Person durch
andere deckt, die ihn ebenfalls für schwärmerisch und zu ge-
fühlsbetont halten, und die durch eine Reihe von literarischen
Entwürfen aus seiner Hand bestätigt werden, revidiert Regina
auch nach seinem Tod nicht. 1787 nämlich ist Heinrich an „en-
ger Brust" gestorben, und obschon sie sich Vorwürfe macht,
daß sie Schuld an seinem Tod habe, bereut sie ihren Entschluß
nicht. Sie bleibt bei der Überzeugung, daß sie nicht die
„Glückseligkeit" gefunden hätten, die sie sich beide anfänglich
vorgestellt hatten, und daß sie besser daran getan hätten, ihre
Beziehung auf eine solidere Basis zu stellen.

So sehr sie Heinrich Eibert Merkel geliebt haben mag, und
so sehr sie überdies – in ihrer Jugendzeit – Gefallen an der
Inszenierung der empfindsamen Liebesrhetorik gefunden hat,
mit knapp 21 Jahren entscheidet sich Regina Dannreuther 1789
dafür, dieses Spiel zu beenden. Das heißt auch, daß sie – wie
die überwiegende Mehrzahl der Männer und Frauen, nicht nur
in Nürnberg[84] – der Tatsache Rechnung trägt, daß eine Ehe auf
einer Versöhnung sozialer, emotionaler und ökonomischer Interessen basieren muß und sie ihre eigentliche Bedeutung keineswegs aus dem vermeintlichen Widerspruch zwischen Emotionen und Materiellem bezieht. Sie heiratet den von ihrem
Stiefvater favorisierten Patrizier Johann Friedrich Sigmund

von Praun. Er ist nur fünf Jahre älter als sie, stammt aus einer gerade ins Patriziat kooptierten Familie und hat, wenn auch keine finanziellen, dafür aber erhebliche soziale Ressourcen. Außerdem scheint er, will man seinen Aussagen glauben, ebenfalls um den Unterschied zwischen empfindsamer Liebesrhetorik und ehelicher Realität zu wissen. Den Eindruck zumindest vermitteln seine Aufzeichnungen über die Eheschließung mit Regina Dannreuther. In dieser „Skizze über einen wichtigen Schritt meines Lebens" beschreibt er sich und die von ihm favorisierte Geschlechterbeziehung gemäß dem Muster, das sich schließlich nicht nur im Fall Dannreuther-Praun, sondern auch bei den anderen Merkel-Geschwistern als überaus erfolgreich erweisen soll: Materielle und soziale Interessen werden mit Emotionen versöhnt, die nun zweifellos mehr betont, aber nicht als alternative Grundlage verstanden werden.

In seiner „Skizze über einen wichtigen Schritt meines Lebens" werden alle für eine Eheschließung zentralen Voraussetzungen nacheinander aufgelistet, und zwar genau in dem Sinne, wie es die Ehe, verstanden als Versöhnung zwischen ökonomischen Interessen und Emotionen, verlangte. Dieses Dokument freilich ist nicht weniger Teil einer Selbststilisierung als das Tagebuch von Heinrich Eibert Merkel. Hier allerdings wird keine neue Liebesrhetorik in Szene gesetzt, sondern werden die Vorstellungen von Geschlechterbeziehungen dargelegt, wie sie sich im ausgehenden 18. Jahrhundert in der Praxis der bürgerlichen und anscheinend auch patrizischen Kreise durchsetzen sollten. Entlang der Chronologie der Ereignisse schreibt er, daß er erstens Zuneigung zu Regina empfunden habe, diese zweitens seinen Eltern offenbart habe, die ihm die Heirat drittens darum erlaubten, weil Regina auch „im Besitz irdischer Güter stand oder doch selbige durch Erbschaftsantheile zu erwarten hatte", was nicht unwichtig war, da es doch eine „große Thorheit gewesen wäre, ein armes Mädchen zu heiraten".[85] Erst nachdem die Eltern eingewilligt hatten, wird eine Vermittlerin eingeschaltet, und schließlich macht Praun im Mai nach dem Kirchgang einen Antrag. Auch Regina verhielt sich absolut korrekt, als sie Praun an ihre Eltern verwies. Die

Eltern wiederum folgten ebenfalls der Etikette – schließlich war es seit Luther üblich, daß die Kinder die Einwilligung in die Ehe geben mußten – und sagten, daß Regina allein entscheiden müsse. Regina ließ die nötige Bedenkzeit verstreichen und willigte schließlich ein. Im Sommer erbte Regina ein beträchtliches Vermögen, und im Herbst wurde mit 110 Gästen eine große Hochzeit gefeiert.

Ein Jahr später kam der erste Sohn zur Welt und elf weitere Kinder sollten folgen. Die Ehe – soweit die erhaltenen Briefe darüber Aufschluß geben können – scheint keineswegs das gewesen zu sein, was Heinrich Merkel voller Widerwillen eine Konvenienzehe nannte: Liebevolle, ironische, spielerische und auch Briefe voller Eifersucht finden sich in der ehelichen Korrespondenz, die von vielem, aber nicht vom Mangel an Emotionen zeugt. Mehr noch: Diese Beziehung scheint von einer solchen „Verwandtschaft der Herzen" gelebt zu haben, daß Praun nach Reginas Tod die Briefe und Tagebuchblätter, die noch aus Reginas Zeit mit Heinrich stammten, in ein Album integrierte, in dem auch ihre Ehebriefe Platz fanden. Die Beziehung zu Heinrich ging so in die Familienchronik ein, und die Liebesrhetorik der Empfindsamkeit wurde 1829 – zu dem Zeitpunkt verfaßte Praun das Album – ein zweites Mal in Szene gesetzt.

Es ist kein Zufall, daß Praun 1829 in diesem Album die Briefe seiner Ehe, die auf der Basis einer Versöhnung materieller und emotionaler Interessen geschlossen worden war, mit der Korrespondenz zusammenfügte, die die einzigartige Stimme des Herzens pries. Er verstand die „Liebesgeschichte" zwischen seiner Frau und Heinrich Eibert Merkel genau so wie Regina: Es war ein Spiel, eine Theateraufführung gewesen, die perfekt inszeniert, der Nachwelt durchaus erhalten bleiben sollte. Schließlich wird sie die Gemüter genauso rühren und bewegen, wie das Minna von Barnhelm zu ihrer Zeit getan hatte. Auch hier werden sich Freunde und Verwandte finden, die dieser Geschichte genauso gebannt lauschen, wie einst die Freunde Heinrich Eiberts der Geschichte von Karl und Emilie zugehört haben.

Statt Liebe also Spiel, das in den engen Grenzen des Tagebuchs einerseits und der Jünglingszeit andererseits seinen Ort
hat. Aber das Spiel stellt nicht nur Zeit still, es verändert diese
auch. Im Spiel lernt, erprobt und verwirft man Erfahrungen
und Entwürfe. Und die Entwürfe, die im Kreis um Merkel
erprobt wurden, die Programme der Liebe, haben viele Ähnlichkeiten mit den in den Aufklärungsgesellschaften der Zeit
diskutierten Projekten eines neuen Umgangs zwischen den
Menschen. Und so ist es auch kein Zufall, daß Heinrich Eibert
Merkel wie auch jene Freunde, die er am zweiten Weihnachts-
feiertag um sich versammelt hatte, Mitglieder der Nürnberger
Loge und der neuen Aufklärungsgesellschaften waren:[86] Sie
gehörten zu jener von Isabel Hull jüngst so eindrucksvoll
beschriebenen Gruppe der „practioners of civil society",[87] die
in ihren Vereinigungen neue Formen des zwischenmenschlichen Umgangs diskutierten und erprobten, die lange über
„Freundschaft", „Tugend" und „Natürlichkeit" debattierten
und diese zur Grundlage einer neuen bürgerlichen Gesellschaft
erklärten.

Edwin Dillmann

Schwärmen für die Lehrerin

Zur weiblichen Sozialisation am Anfang des 20. Jahrhunderts

Vier Träume

Unter den von der Entwicklungspsychologin Charlotte Bühler gesammelten und – in einer kleinen Auswahl – edierten Jugendtagebüchern vom Beginn dieses Jahrhunderts finden sich zwei Mädchentagebücher, in denen uns eine Beziehung von Schülerinnen zu ihrer Lehrerin von einer erstaunlichen Intensität entgegentritt.

Die erste Tagebuchschreiberin – mit dem Pseudonym Irmgard Winter versehen – entstammt nach Auskunft der Herausgeberin „gebildeter bürgerlicher Familie", wurde 1898 geboren, ist Großstädterin, besuchte zunächst ein Lyzeum (höhere Mädchenschule), aus dessen vorletzter Klasse sie in ein Mädchengymnasium wechselte. Später ergriff sie den Beruf der Chemikerin. Während ihres Studiums kam sie in Dresden mit Charlotte Bühler in Kontakt und überließ ihr ihr Tagebuch. Es besteht aus vier Alben und reicht vom 14. bis ins 17. Lebensjahr.[1]

Die zweite Tagebuchschreiberin mit dem Pseudonym Olga Luhn wurde 1893 geboren, entstammt ebenfalls großstädtischem, „gebildetem" Bürgertum (aus Norddeutschland), besuchte das Gymnasium und wurde Schriftstellerin; sie heiratete Anfang der zwanzig und hatte Kinder. Das Tagebuch wurde im ersten und zweiten Jahrzehnt des Jahrhunderts geschrieben; der erste Teil war nicht mehr auffindbar, das vorhandene Material reicht vom Anfang ihres 15. Lebensjahres bis in ihr

19. Lebensjahr.[2] Beide Tagebücher gleichen sich in ungewöhnlicher Weise, insofern sie auf weite Strecken vollkommen von der Beziehung zu einer verehrten und geliebten Lehrerin beherrscht sind. Sie sind radikal subjektiv und introvertiert. Äußere Geschehnisse, selbst die unmittelbaren Familienangehörigen bleiben fast gänzlich ausgeblendet. Beide Tagebuchschreiberinnen empfinden sich als überdurchschnittlich begabt und einzelgängerisch. Jungen spielen keine Rolle. Den Tagebüchern ist ebenfalls gemeinsam, daß es sich um Geschichten einer Enttäuschung handelt: So hochgesteigert die Empfindungen zur Lehrerin, so existentiell das Engagement zunächst sind, so herb – und man ist zu schließen geneigt: so zwangsläufig – tritt eine Entzweiung ein. Die vormalige Verehrung geht jedoch nicht in Verachtung oder Haß über – wenn auch kritische Töne durchaus nicht fehlen –, und noch geraume Zeit über den Bruch hinaus beschäftigt der Mensch, der zeitweilig eine so eklatante Bedeutung gewann, Reflexion und Emotion.

Irmgard Winter zeichnet zwei Träume auf, die beide das dominante Thema der Beziehung zur Lehrerin, hier Fräulein Wörner genannt, betreffen (von der sie übrigens, was vielleicht nicht unerheblich ist, gar nicht direkt unterrichtet wurde). Olga Luhns Tagebuch schildert ebenfalls zwei Träume; auch sie kreisen um *das* lebensgeschichtliche Thema dieser Phase. In diesen phantastisch verdichteten, vorbewußten Erlebnisverarbeitungen manifestiert sich wie in einem Brennspiegel die Problemstruktur der Entwicklungssituation – zudem gewissermaßen mit größtmöglicher Authentizität. Ich möchte sie vorstellen in einer interpretatorischen Beleuchtung, die den Lichtkegel auf das richtet, was man als die Aufgabe der Erringung von Ich-Identität bezeichnen kann. Ein Reflex davon zieht sich durch die in den 1920er Jahren aufblühende Entwicklungsbeziehungsweise Jugendpsychologie und hat seine paradigmatische Ausformulierung im Werk Erik H. Eriksons erhalten, das wir als wichtige Orientierungshilfe in Anspruch nehmen können.[3]

Irmgard schreibt – kurz nach Vollendung ihres 14. Lebensjahres – folgenden Traum nieder: „Ich saß mit ihr am Tisch in meiner Stube, träumte ich, ich in der Sofaecke rechts. Ich kam um den Tisch herum, ging zur Balkontür, und plötzlich meinte ich, Thea sei gestorben statt Ernas [weitere Schülerin von Frl. W.] Bruder und sagte: Fräulein Wörner, und ich habe ihr nicht mal geschrieben. Dann setzte ich mich auf meinen Sofaplatz und legte meinen Kopf auf meine Arme und fing an, sehr traurig zu sein. Da legte sie ihren Kopf neben mich, und unsere heißen Wangen lagen nebeneinander, aber küssen taten wir uns nicht. Ich glaube, daß ich das schon einmal geträumt habe, aber was, wie und wo weiß ich nicht. Ihre Idealgestalt werde ich wohl auch nie küssen; aber ich glaube, daß wenn sie mich wirklich küssen würde, dann würde die Seligkeit ebenso groß sein".[4]

Im Alter von 15 Jahren und ca. 9 Monaten notiert sie folgenden Traum: „Ich träumte heute Nacht, daß W. Klassenarbeit in ihrer Klasse schreiben ließe. Fräulein K. saß mit mir in der Klasse daneben, sie am Fenster auf der ersten Bank und ich in der Mitte rechts vorm Katheder. Hertha kam mit einmal herein und saß neben mir. Ich sage ihr leise vor und auf einmal erschien W. in der Tür mit funkelnden Augen und sagte: Gehen Sie hinaus! Ich guckte sie groß an und ich ging mit ihr auf den Gang. Dort erklärte ich ihr alles und wir waren wieder herzlich gut zu einander und dann – ich kanns so nicht sagen, denn das Gefühl, das ich bei Küssen im Traum hege, ist herrlich. Ich habe das nie im Leben und deshalb bin ich im Leben auch nie dafür. Ich finde, im Traume ist das gegenseitige Umarmen schön, weil man das geistige Emporstreben direkt verkörpert sieht, aber so etwas hört sich eklig an und ich werde davon aufhören".[5]

Bezeichnend – neben den surrealen Auf- und Abgängen und dem Déjàvue–Effekt – sind zweierlei aufeinander bezogene Elemente: ein Gefühl der eigenen Verfehlung, das annähernd zu dem Modell einer Gerichtssituation symbolisiert wird, und ein Moment der Verzeihung und Annahme, das sich in einem zärtlichen Akt versinn(bild)licht, wobei erst beim zweiten Mal die emotional stärkste Geste des Kusses gewagt wird.

Eine Art von Gerichts- beziehungsweise Bestrafungsszenerie entfaltet auch der erste Traum von Olga Luhn, der kurz vor der Vollendung des 16. Lebensjahres datiert. Ihre geliebte Lehrerin trägt den Namen Elga. Die Entzweiung hat bereits stattgefunden. „Ich lief mit Rosl spazieren und wir mußten dann durch ihre Straße zurück. Ich wollte nicht, aber es gab keinen anderen Weg. ‚Ach‘, sagte Rosl, ‚wir treffen sie nicht, unter Garantie‘. Aber ich glaubte ihr nicht. Und da – als wir um die Ecke bogen – da kam sie wirklich, groß und sah mich an. Und ich erschrak so sehr, daß ich in wilder Jagd davonfloh, immer weiter und ich wußte, sie ging auch da lang hinter mir her. Und auf einmal fiel ich halbtot hin, ich konnte nicht mehr. Und ich konnte mich nicht rühren und fürchtete mich sehr. Ich wußte und dachte immer nur: Jetzt kommt gleich Elga, jetzt wird etwas Schreckliches passieren. Ich fürchtete mich so vor ihr. Und dann, dann – ich wußte, sie kam immer näher. O, ich schrie auf und hielt die Hände vors Gesicht. Denn da beugte sich jemand über mich, groß und lieb und sagte leise und traurig ‚Olga‘, ganz langsam und faßte mich an den Händen und hob mich hoch. ‚Ach sei doch gut zu mir, sei gut zu mir‘, schluchzte ich und kniete vor ihr nieder, denn ich zitterte vor Furcht, sie würde etwas sagen oder mir tun. ‚Ich hab Dich so lieb, sei gut mit mir.‘ Aber sie sagte nichts und zog mich in die Höhe und sah mir in die Augen und dann sagte sie: ‚Komm mit mir.‘ Es war gut, ich ging mit ihr zusammen“.[6]

Es ist das ungefestigte Ich, das sich buchstäblich auf den Prüfstand gestellt fühlt, denn die moralisch-juridische Einkleidung verweist auf eine fundamentale Gefahr für die personale Integrität: daß das Ich vor allem sich selbst verfehlen kann. Das räumliche Begegnungsarrangement spielt wiederum eine große Rolle. Es sei für eine spätere generelle Erörterung vorgemerkt. Hinzu tritt das starke Motiv der Hände, dessen Bedeutung innerhalb des Problemkreises um Infragestellen, Verstoßen und Annehmen sich noch stärker offenbart, wenn man sein Auftreten im weiteren Text hinzuzieht, wo es in eingestreuten Gedichten mehrfach erscheint.[7]

Im zweiten Traum Olga Luhns erscheint eine weitere symbolische Grundkonstellation, die zugleich den gegenüberliegenden Pol eines Spannungsbogens darstellt, dessen ersten Pol der soeben mitgeteilte Traum markiert. Kurz nach Vollendung des 16. Lebensjahres notiert sie folgenden Traum: „Es war die Schlußfeier in der Schule, der letzte Schultag. Du nahmst Abschied von Deiner Klasse, ich sah Dich mit allen sprechen. Aber an mir gingst Du immer stumm vorüber. Du kamst an unserer Klasse vorbei und sahst mich nur groß an, ebenso wie ich Dich. Aber dann, nachher, unten auf der Straße, oder als man runterging, kamst du plötzlich an mich ran. Ich sollte mit Dir kommen. ‚Ich will dir Adieu sagen, ich reise jetzt weg‘, sagtest Du und sahst mich an. ‚Ja Elga, ich weiß‘ sagte ich ganz langsam und ich horchte auf den merkwürdigen Klang meiner eigenen Stimme. ‚Sie gehen nach England, Elga‘. [Ein längerer England-Aufenthalt der Lehrerin entsprach der Realität.] ‚Woher weißt Du das?‘ fragte sie. ‚Man hat es mir gesagt. Ich dachte, Sie würden mir schreiben, daß Sie weggehen. Sie können sich ja denken, was das alles für mich gewesen ist, als ich‘s hörte. Jetzt habe ich mich ja dreingefunden und weiß, wie ich mich nun verhalten muß. Aber zuerst – warum sind Sie so, Elga?‘ Sie sagte nichts und tat, als wenn es selbstverständlich so wäre, alles. Aber dann ging sie weg und sagte noch etwas. Ich verstand es nicht. Da drehte sie sich noch mal um. ‚Bei einem Menschen wie Du bist‘, wiederholte sie ihre Worte, ‚der sich solche Ziele gesetzt hat und so ernstes Streben hat – für Dich muß doch diese Liebe gar nicht das Erste sein‘. Und dann nickte sie. Aber als ich dann an eine Haltestelle lief, wo Rosl stand, die alles mitangesehen hatte, von weitem, mit noch anderen, da kam sie nochmal an. Alle wichen auseinander und ich trat zurück. ‚Olga, Du brauchst dies Letzte übrigens nicht so genau zu nehmen und dir nichts darauf einzubilden‘ sagte sie lächelnd, ‚ich sprach das nur so hin.‘ Ich wachte dann auf, indem ich mir den Kopf zerbrach, welche schwere Verpflichtung ihre Worte mir auflasteten, wenn ich sie ernst nahm. Weil ich das erst wahrmachen mußte, was sie vertrauensvoll von mir glaubte".[8]

Die dem träumenden Unbewußten eigene feinsinnige Dramaturgie breitet ein Szenario aus, das die existentielle Anfrage hier nicht in Anlehnung an eine Gerichtssituation, sondern eher als dramatisch gestaffelte, schließlich vor der Öffentlichkeit der ‚Schwurgemeinschaft‘ inszenierte Einschwörung gestaltet. Symbolisiert und träumend verarbeitet wird der Punkt der Ablösung von der lebensbegleitenden Vorbildgestalt. Es gehört zur List des ‚Traumorgans‘, dem Antipoden in den Mund zu legen, was das Ich sich selbst zu sagen hat: Die beiläufige, aber wichtige Bemerkung Elgas, das Gesagte sei „nur so hin" gesprochen und sie brauche sich nichts darauf einzubilden, meint ebensogut das genaue Gegenteil.

Welche Fäden laufen in diesen Traumsequenzen symbolisch zusammen? Höchst gegensätzliche, die sich auf der Grundlage von Irritationen, Projektionen, Entwürfen, Erwartungen, Enttäuschungen mit einer eigenen Entwicklungslogik zu einem Gespinst polarer psychischer Befindlichkeiten verweben: Selbstüberhebung – Selbsterniedrigung, Hingabe an eine Vorbildgestalt – Selbstbehauptung, Genuß des Selbst (und sogar der Verletzung des Selbst) – Selbstbezichtigungen (v.a. Eitelkeit, Selbstüberhebung).[9] Die Gestalt der Lehrerin erscheint, näher besehen, vielleicht weniger als Vorbild denn als Movens der Ichfindung, was eine fundamentale Infragestellung der eigenen Ich-Identität mit einschließt, symbolisiert vor allem im Gerichtsmotiv. Übrigens sollte man bei diesen irisierenden Vieldeutigkeiten die homoerotischen Anklänge nicht vereindeutigen – worauf bereits Charlotte Bühler insistierte –,[10] sondern in der Schwebe belassen, in der sie ausgedrückt werden.

Damit ist eine asymmetrische Paar-Konfiguration angerissen, der, wie wir noch sehen werden, nicht nur im Einzelfall und nicht nur im Bezug auf das Lehrer-Schüler-Verhältnis eine erhebliche Relevanz für die jugendliche Entwicklung der Zeit zukommt. Umso erstaunlicher mutet es an, daß dem Phänomen weder in der schulgeschichtlichen noch in einer weiter gefaßten sozialisationsgeschichtlichen Forschung bisher Beachtung geschenkt worden ist.[11] Für die Schüler–Lehrer–Konstellation besagt der Befund obendrein, daß man für gewöhnlich einen viel zu engen Blick auf die Geschichte institutionalisierter Bildung wirft. Eine ausgeprägte Autoritätsbeziehung tritt in den entwicklungspsychologischen Prozeß ein und wird Teil der subjektiven Aneignung, die ihrerseits zur vollen Erscheinung historischer Bildungsrealität wesentlich dazugehört. Daraus entspringt überdies die Möglichkeit, daß die Autoritätsbeziehung gleichsam von innen heraus in Frage gestellt wird.

Selbstfindung

Die Grundlinie ist rasch bezeichnet: Es geht um die Gewinnung eines stabilen Ich, eines befriedigenden Selbst- und Lebensentwurfs in der jugendlichen Entwicklungsperiode,[12] wofür eine ‚Helfergestalt‘, von der man tiefergehendes Verständnis erhofft, zentrale Bedeutsamkeit gewinnt. In den vorliegenden Fällen handelt es sich um eine Lehrerin, aber auch andere Personen, die bestimmte soziale Rollen verkörpern, können diese Funktion übernehmen, etwa eine Ärztin in einem weiteren der von Charlotte Bühler herausgegebenen Tagebücher.[13] Das Vorbild der autonomen berufstätigen Frau dürfte nicht unwesentlich mitspielen.

Die Tagebuchschreiberin Irmgard Winter äußert sich im Rückblick folgendermaßen selbst über den Verlauf der Beziehung zu der Lehrerin: „Ich wollte durchaus aufs Gymnasium gehen und holte mir zu dem Zweck von Frl. W. Rat, die mir bis dahin ganz gleichgültig gewesen war. Ich hatte nur gehört, daß sie immer sehr nett sei, wenn man sie besuchte. Ich ging also hin, nach langer Überlegung, ich war damals erst 12¾ etwa und fragte sie. Ich war sehr schüchtern ... Ich hatte bis dahin noch nie mit einem Menschen über ‚seelische Schmerzen‘ gesprochen, ich hielt mich beinahe für verrückt, daß ich sie hatte. Sie war die erste, die zu mir als zu einem *Menschen* sprach; es waren gewiß geringe Dinge, die sie meiner Ansicht nach so mutig sagte, z.B. daß man nicht religiös sei im Sinne der Schulreligion oder Kirche oder irgendwas anderes. Aber ich fing an, sie von demselben Tage an zu lieben ... Ich *schwärmte nie* für sie, *niemals*; ich habe sie immer über alle Maßen geliebt, beinahe 4 Jahre lang, ich wurde heiß beim Gedanken an sie, und doch absolut unsinnig; dazu stand sie mir viel zu hoch, daß ich je einen Gedanken an perverse Liebe bei ihr gehabt hätte ... Ich liebte sie, weil ich in ihr die Erfüllung der unbekannten, uns Menschen innewohnenden Sehnsucht sah, ich wäre glücklich gewesen, immer bei ihr zu sein, um von ihr darüber belehrt zu werden, wie man sich das Leben einrichten muß. Aber für sie waren wir alle eine Last. Sie nahm sich unserer ‚Seelenschmerzen‘ nur scheinbar an. Wir, vor allem ich, suchten in ihr den Menschen, der mit uns Freud und Leid teilen sollte, und sie wollte uns ‚zum Guten‘ führen, uns Mittler sein zu einer Sache, die uns ganz fern lag, die wir auch gar nicht verstehen konnten. Aus Liebe zu ihr nahm ich ihre Weltanschauung an, dann empörte ich mich dagegen, aber in dem Augenblick begann der Dualismus.

Als ich mich endlich von ihr trennte, ging es noch ¾ Jahr, nachdem ich noch auf offener Straße sie angesprochen und gesagt hatte: ‚Quälen Sie nicht alle Menschen so wie mich‘, es kam nämlich noch hinzu, daß sie mich immer durch ihre Überlegenheit, durch ihr Mehrwissen drückte. Nach einem Jahr der Sehnsucht fing ich wieder mit ihr an, ich schrieb ihr, sie antwortete nach 3 Wochen kurz, sie wolle nichts mehr damit zu tun haben; dann ging ich noch einmal hin zu ihr und beschwor sie, indem mir die Tränen über die Wangen liefen, doch das alles zurückzunehmen, was ich je an Kränkungen ihr zugefügt hätte usw. Aber dann plötzlich, nach dieser tiefsten Demütigung vor ihr war die Liebe vorbei".[14]

Die Problematik des so dezidiert abgewehrten Begriffs ‚Schwärmen‘ wird uns später noch beschäftigen, ebenso die Gründe für die sich einstellende Entzweiung. Festzuhalten bleibt vorderhand, daß in einer kritischen Phase der lebensgeschichtlichen Entwicklung ein Mensch gesucht wird, der einmal die verstehende Resonanz für das eigene Suchen und zum anderen die Sicherheit zu garantieren verspricht, daß für den offenen, zunächst verworrenen, als unbestimmte Sehnsucht empfundenen Entwicklungsprozeß eine reale Möglichkeit besteht, Erfüllung zu finden. Die Funktion der exponierten Bezugsperson erschöpft sich nicht darin, Ratschläge zu geben, nicht einmal darin, Orientierungen religiös-weltanschaulicher Art zu vermitteln.[15] Dies würde eher einem Modell des ‚väterlichen Freundes‘ entsprechen, für das sich vor allem in der männlichen Autobiographietradition hin und wieder Beispiele finden. Ihre volle Funktion drückt sich, wie das bei Olga Luhn überaus deutlich zur Sprache kommt, in einem Akt des ‚Erwählens‘ aus, der den Heranwachsenden die Empfindung vermittelt, in ihrer je besonderen Eigenheit als wertvoller Mensch ‚angenommen‘ zu sein.[16]

Es ist nicht der Raum, die Entwicklung der Beziehung in allen Verästelungen, in den Nuancen von Hoffen und Verzweifeln, von Euphorie und Niedergeschlagenheit, von Eifersucht und Selbstbestätigung, wie sie sich in den Tagebüchern minutiös darstellen, nachzuzeichnen. Ziemlich aussichtslos ist der Versuch, eine ‚reale‘ Geschichte der Beziehung, einen ‚äußeren‘ Geschehensablauf rekonstruieren zu wollen. Die Hinweise sind dafür zu spärlich: ein Besuch, ein Brief, Begegnungen. Darauf kommt es aber auch gar nicht primär an, konstituiert doch die subjektive Welt der ‚Gedankenspiele‘ ihre eigene Realitätsmächtigkeit.[17]

Viel spricht dafür, das psychodynamische Movens, das die Beziehung zu der Vorbildfigur leitet, im Erfahren und Erleben des eigenen Ich – das heißt der eigenen Wertigkeit – zu erblikken, indem es in einer anderen Figur gespiegelt wird.[18] Dieses Gegenüber entspricht, überspitzt formuliert, gar keiner realen Person, sondern ist eine Projektion der eigenen Sehnsüchte nach einem erfüllenden Selbstkonzept. Das entlarvt sich gelegentlich im Text sehr unmittelbar, etwa wenn die Rede davon ist, daß „ich die Idealgestalt, die ich mir von ihr gemacht habe, liebe“.[19] Aber einmal mehr gewahrt eine intensivere Betrachtung den schwebenden Grundzug, der die gesamten Symbolisierungen bestimmt: Das Gegenüber ist weder reale Person noch Ideal und beides zugleich.

Es näher zu spezifizieren, fällt nicht leicht – das gehört gewissermaßen zu seiner Existenzbedingung. Was sich immerhin greifen läßt, ist eine eigenwillige ‚Mutter-Imagination‘. Im Anschluß an den oben wiedergegebenen ersten Traum Olgas –

nach der Entzweiung mit Elga – und eingebettet in eine Gebetspassage heißt es: „Daß sie wartet und ersehnt, daß ich wiederkomme, daß sie's glaubt, daß sie mich aufnimmt und meine Schuld streicht, so wie Du gestrichen hast ... Ach, ich will sie ja nur lieb haben dürfen, nur so lieb haben. Sie hat ja keinen, der sie so lieb hat. Ihr kleines Mädchen muß wieder zu ihr und sie lieb haben, daß sie nicht allein ist. Ihr kleines Mädchen will ihr dienen."[20] Es ist überaus bezeichnend, wie die Lehrerin hier gewissermaßen als ‚Lebensphasenmutter' an die Stelle der eigentlichen Mutter tritt, von der sich die Jugendliche zu lösen begonnen hat – eine heikle Angelegenheit für eine Lehrerin, wie sich beiläufig an einer Stelle in Irmgards Tagebuch offenbart: „Ich klingelte. Sie machte auf mit einem verdutzten Gesichte. ‚Guten Tag', sagte ich, ‚ich reise morgen nach München'. Da strahlte sie und ‚blieb von nun an wie eine Sonne', wenn ich mich so ausdrücken soll. Ich hielt ihr meine Rosen unter die Nase und sie nahm sie erst. Dann sagte sie: ‚Ihre Rosen nehmen Sie mal wieder mit und schenken Sie sie Ihrer Mutter'."[21] Eine verräterische Episode. Sie beinhaltet insofern eine unfreiwillige Ironie, als das Berufsbild der Lehrerin ja tendenziell an einem Mütterlichkeitsmodell orientiert war.[22]

Der jugendpsychologische Diskurs

Die vorgestellten Tagebücher können gewiß keine Repräsentativität im Hinblick auf die weibliche Sozialisation der Zeit insgesamt beanspruchen. Individuelle Voraussetzungen wie sozialer Ort der Schreiberinnen relativieren die Befunde. Wie verorten sie sich in einem allgemeineren Zeithorizont?

Das ominöse Schwärmen rückte durchaus in das Blickfeld der zeitgenössischen Pädagogik beziehungsweise Jugendpsychologie[23] und gewann dort eine beträchtliche Relevanz. Primär wurde es als Phänomen der *weiblichen* Sozialisation thematisiert. In der Anfangszeit dieses Diskurses, schätzungsweise im Zeitraum von der Jahrhundertwende bis etwa 1920, scheint noch ein etwas trübes Bild geherrscht zu haben.[24] Es waren offenbar zunächst die Pädagogen und Pädagoginnen, denen das Phänomen – aus ihrer Praxiserfahrung heraus – in die Augen stach. Die Konturen klärten sich weiter in den 1920er Jahren, als es die Jugendpsychologie systematisierend und differenzierend im Rahmen einer Theorie des Entwicklungsalters aufgriff.

Soweit ich sehe, stammt die erste systematische, zugleich die detailreichste und in der Folge immer wieder zitierte Behandlung des Themas von Helene Glaue-Bulß (1914).[25] Als ‚anfällig‘ erwiesen sich ihrer Beobachtung zufolge Mädchen der gehobenen Gesellschaftsschichten mit einer entsprechenden individuellen, zum Gefühlsüberschwang neigenden Disposition. Junge Mädchen des einfachen Volkes kämen dafür nicht in Betracht, da sie viel früher in das Arbeitsleben integriert würden, wenig Mußestunden hätten und auch früher in den Pflichtenkreis der Gattin und Mutter einträten. Zu kurz greife dagegen der Begriff der ‚höheren Töchter‘; vielmehr müsse man das ganze Spektrum bürgerlicher, auch kleinbürgerlicher Existenzen einbeziehen: Entscheidend sei der Tatbestand einer jugendlichen Phase, die noch freigestellt ist von den Pflichten des ‚realen‘ Lebens – also das, was Erikson später ‚psychosoziales Moratorium‘ nennen wird. Bei manchen bleibe es bei einem einmaligen intensiven Schwärmen, andere wechselten mehrmals ihren Schwarm, niemals aber hätten zwei Schwärme gleichzeitig Existenzrecht.

Als Voraussetzungen nennt sie außer dem Vorhandensein von Mußezeit den jugendlichen Reifungsprozeß mit seinen körperlichen Beschwerden, seelischen Schwankungen und Übersensibilitäten, das Empfinden, von den Eltern unverstanden zu sein und weiter als Kind behandelt zu werden, eventuell die Überhitzung der Phantasie durch die Lektüre von „schwülstigen“ Romanen. Wer wird angeschwärmt? Zunächst: Frauen und Männer gleichermaßen, weshalb man eine sexuelle Komponente in der Regel ausschließen könne. Dafür spreche auch, daß das Schwärmen häufig gemeinsam im Kreis der Freundinnen gepflegt würde, es zeitige nämlich eine erhebliche

„Ansteckungsgefahr". Die äußere Erscheinung falle dabei selten ins Gewicht. Wichtig sei vielmehr, daß es sich um Personen handele, die neu in das Leben des Mädchens eintreten und es mit ernsthaften Aufgaben konfrontieren, die es über den Status des Kindes erheben, also etwa Lehrer oder Lehrerinnen der oberen Schulklassen.[26] Des weiteren kommt auch der Pfarrer in Betracht, weil er einen Anspruch moralischer Ernsthaftigkeit an die „tändelnden" Mädchen herantrage, der aufgerührten Psyche eine gewisse Beruhigung vermitteln könne und mitunter auf ein Bedürfnis schwärmerischer Religiosität treffe. Die Wirksamkeit des Schwarms beruhe nicht zuletzt auf einem gewissen Nimbus der Ferne, der Alltagsentrücktheit. Das treffe in besonderem Maße für die Theaterschauspieler und -schauspielerinnen zu, die deshalb als Projektionsfläche der jugendlichen Phantasie ebenfalls gerne zum Schwarm erhoben würden.

Glaue-Bulß beobachtet charakteristische Verhaltensweisen der Schwärmenden, die gelegentlich seltsame Blüten treiben. Die Redeweise der Backfische ergeht sich in Ausdrücken der Superlative wie ‚himmlisch' und ‚göttlich'. Wichtig ist natürlich, eine – wenn auch womöglich nur flüchtige – Begegnung mit dem Schwarm zu arrangieren, seine Aufmerksamkeit zu erregen, ihm mit Geschenken eine Freude zu machen usw. Umgekehrt wünscht man sich, von ihm eine persönliche ‚Reliquie' zu besitzen, mit der ein regelrechter Fetischkult betrieben wird: eine Unterschrift, ein Bild, eine Blume, ein Bleistift, die durch Anfassen des Schwarms geheiligt wurden, ja, es kann so weit gehen, daß solcherart sakralisierte Bleistiftabfälle, Papierschnitzel oder Blumenblüten aufgegessen werden.

Charlotte Bühler selbst – hier kulminiert in gewisser Weise der Diskurs – beschreibt das Schwärmen nicht lediglich als eine wertvolle Erfahrung, die den Jugendlichen die krisenhafte Phase zu bewältigen hilft; es avanciert zum Inbegriff einer Entwicklungsstufe.[27] Das erotische Moment in der Beziehung wird ausdrücklich positiv, die sittliche Entwicklung befruchtend gewertet, aber scharf von der sexuellen Dimension abgegrenzt.[28]

Die Bühlersche Entwicklungspsychologie ordnet die Phase des Schwärmens folgendermaßen in den Stufengang der Entwicklung ein: 1. Kindheit, 2. negative Phase (= Frühpubertät, zwischen 11–13 Jahren, bezeichnet in der Formel ‚ich bin traurig und weiß nicht warum‘), 3. Phase der Schwärmerei (zwischen 13–16; ‚ich sehne mich und weiß nicht wonach‘), 4. Beginn der Ergänzungsbedürftigkeit. In ihre Auffassung des Schwärmens geht zentral eine zweifache Differenzierung ein, die nicht unproblematische Wertungen einschließt. Einmal unterscheidet sie von dem Schwärmen in einem vollgültigen Sinn eine gewissermaßen leichtere, oberflächlichere Form des Schwärmens, die ein wenig den Zug einer phasenspezifischen Mode an sich trägt und mit dem von Glaue-Bulß beschriebenen Erscheinungsbild identifiziert wird. Es dürfte diese eher pejorativ besetzte Schwärmerei gemeint sein, von der sich die Tagebuchschreiberin Irmgard Winter, wie oben erwähnt, so nachdrücklich distanziert. Zum anderen stellt Bühler dem Schwärmen einen alternativen Typus erotischen Entwicklungsgeschehens gegenüber, das Flirten, mit dem sich auch eine soziale Differenzierung verbindet. „Das Schwärmen geht nicht wie der Flirt *ausschließlich* aus dem psychophysischen Ergänzungsbedürfnis hervor, sondern steht auch im Zusammenhang mit der intellektuellen und ethischen Entwicklung, geht aus dem Bedürfnis nach einem geistigen Führer und ethischen Ideal ebenso sichtbar hervor wie aus der erotischen Entwicklung der Reifezeit“.[29]

Nehmen wir die zahlreichen – qualitativ freilich sehr unterschiedlichen – Stimmen zusammen, die sich zum Thema äußern, so läßt sich folgendes entnehmen:[30] Das Schwärmen wird als typisches jugendliches Entwicklungsphänomen gedeutet, das mit Insuffizienzempfinden und Idealisierungsbedürfnis zusammenhängt und tendenziell eine erotische Komponente einschließt. Es erscheint häufig eingebettet in den weiteren Kontext des ‚Führertums‘ in der jugendlichen Entwicklungszeit, wobei der engere Begriff des ‚Führertums‘ männlich, das Schwärmen weiblich konnotiert ist. Eine gewisse Unstimmigkeit besteht in der Frage, ob das Schwärmen eher individualistisch oder kollektiv vor sich geht. Vielleicht hängt dies von der existentiellen Bedeutsamkeit oder auch von der Altersstufe ab (im Vorpubertätsalter kollektive Erscheinungsformen, dann Individualisierung).

Man spricht dem Schwärmen eine erhebliche Verbreitung zu – die sich allerdings in Hinsicht auf verschiedene spezifizierende Zuordnungen wiederum deutlich einschränkt. Weitgehende Übereinstimmung herrscht in der Zuordnung zur weiblichen Entwicklung, zumindest was Erscheinungsform beziehungsweise Zielrichtung anbelangt. Bei männlichen Jugendlichen stünde danach ein eher kameradschaftliches Bedürfnis und die Zielrichtung auf begeisternde Ideen im Vordergrund (hier findet sich der Verweis auf die Jugendbewegung mit ihrem charismatischen Führertum), während beim Mädchen die personale Hingabe betont wird.[31] Weiterhin verknüpft sich das Schwärmen mit einer höheren soziokulturellen Lage. Wird genauer nach dem Alter differenziert, dann findet sich eine Situierung in der zweiten Phase der Jugendzeit, ca. vom 14. bis zum 18. Lebensjahr, zum Teil auch mit weniger langer oder längerer Zeiterstreckung (bis 16 Jahre, 20 Jahre[32]). Die weitere Reifung – vor allem das Auftreten einer Liebesbeziehung – gehe dann darüber hinweg.

Es wird ein bestimmter Kreis von potentiell angeschwärmten Personen bezeichnet. Er ist von Helene Glaue-Bulß umrissen worden, hinzu kommen später noch Film- und Sportstars. Grundlegend für die Schwärmerei-Konfiguration ist eine ausgeprägte Asymmetrie bei gleichzeitiger personaler Faszination, das paradoxe Nebeneinander von ,Entrücktheit' und Nähebedürfnis. Es kann persönliche Bekanntschaft vorliegen, aber auch ,aus der Ferne' geschwärmt werden. Der Schwarm fördert die Idealbildung und verspricht – im Falle persönlicher Nähe – das so dringend gesuchte Verständnis. Dabei läßt sich freilich konstatieren, wie Eduard Spranger drastisch formuliert, daß „die wirklichen Menschen . . . oft nur die Garderobeständer" sind, „an denen der Jugendliche die Prunkgewänder seiner Phantasie aufhängt".[33] Die Besonderheit des Schwärmens in bezug auf eine Lehrergestalt bestünde wohl vor allem darin, daß hier eine spezifische Spannung wirksam wird, die dann entsteht, wenn die Lehrperson ein entscheidendes Stück weit aus ihrer formal-institutionellen Rolle heraustritt und quasi ihre Persönlichkeit ‚dagegenspielen‘ läßt.[34]

Wir treffen ein charakteristisches Repertoire an Ausdrucksformen an: die angestrengte Bemühung, Begegnungen mit dem Schwarm zu arrangieren, ihm gefällig zu sein oder im Gegenteil, seine Aufmerksamkeit durch besonders ‚bockiges‘ Verhalten zu gewinnen, daneben die Befangenheit im Moment der Begegnung und die insgesamt anonyme Schwärmerei, die sich bedeckt hält aus Furcht, dem Schwarm lästig zu fallen, schließlich ein mitunter bizarrer ‚Reliquienkult‘.[35]

Es wird unterschieden zwischen einer qualitativ ‚höheren‘ und einer ‚niederen‘ Erscheinungsform, eine Differenzierung, die sich vor allem an die erotische Komponente und das Kriterium des ‚Tiefgangs‘ (zugespitzt: existentielle Ernsthaftigkeit vs. affektierte Eitelkeit) sowie mehr oder weniger ausgesprochen an eine soziokulturelle Differenzierung knüpft. Hinsichtlich einer Gesamtbewertung des Phänomens – pädagogisch-psychologisch wertvoll oder eher bedenklich – erscheinen die Gewichte unterschiedlich verteilt. Die Skala reicht von der Hochschätzung Charlotte Bühlers und Eduard Sprangers[36] bis zu Äußerungen, die die Schwärmerei in die Nähe „krankhaft erregte[r] hysterische[r] Zustände"[37] rücken. Mußte die latente (homo-)erotische Tendenz nicht moralische Vorbehalte treffen? Förderte oder behinderte eine solch starke personale Bindung die Persönlichkeitsentwicklung?

Gewiß trifft der psychologische Diskurs in vielfacher Weise reale Verhältnisse. Zeitbedingte Tönungen läßt er im Hinblick auf Selektionen, Differenzierungen und Wertungen sowie die zugrundegelegten Idealbildungs-, Führer- und Kulturkonzepte erkennen. Er neigt dazu, einen bestimmten Idealtypus des Jugendlichen zu hypostasieren. Auf eine ausführliche Diskussion sei hier verzichtet. Für die historische Analyse empfiehlt es sich demgegenüber, mit einem möglichst neutralen, prozessualen Begriff von Ich-Identität zu operieren. Nun drängt sich der Eindruck auf, daß die im Schuldienst praktisch Tätigen dem Phänomen erheblich reservierter begegneten als die Jugendpsychologie.

Die Herausforderung der Pädagog(inn)en

Mit dem außerordentlichen Glücksfall, daß Zeugnisse eines Falles zur Verfügung stehen, bei dem beide Seiten – Schülerin und Lehrer(in) – gleichermaßen zu Wort kommen, wird man kaum rechnen können. Vorderhand verbleibt die Möglichkeit, dem Niederschlag des Schwärmerei-Phänomens im speziellen pädagogischen Diskurs der Schulpraktiker nachzugehen, um wenigstens in Ansätzen Aufschluß darüber zu gewinnen, wie Lehrer und Lehrerinnen mit dem Phänomen umgingen.

Helene Glaue-Bulß wurde bereits zitiert. Elise Deutsch – aus der Praxis der Fortbildungsschulen herkommend – widmet dem Schwärmen ein eigenes Kapitel in ihrer ‚Jugendlichen-Pädagogik‘ von 1921; es beginnt ohne Umstände mit dem Satz: „Zu den das Schulleben in mancher Beziehung störenden Erscheinungen im Seelenleben der jungen Mädchen gehört die Schwärmerei".[38] Auch wenn sie bei „wohlerzogenen Mädchen" zu gesteigerter Identifikation mit dem schulischen Lernen führen und ganze Klassen mitreißen könne, so handele es sich doch um ein „Strohfeuer", denn sie beruhe nicht „auf dem Grund des pädagogischen Aufbaus in der Seele der Mädchen, sondern auf einer physisch-psychischen Entwicklungserscheinung".[39] Bei „schlechterzogenen Mädchen" komme es zu einem penetranten Anhimmeln, Umschwirren und Beschenken der betreffenden Lehrperson, die allen anderen demonstrativ vorgezogen werde, nicht zuletzt aus dem Motiv geboren, sich selbst wichtig vorzukommen. Die ganze Klasse werde womöglich aufgereizt, allen anderen Lehrpersonen das Leben sauer gemacht. Hier helfe nur Kollegialität und entschiedene Zurückweisung der Huldigungen. Als hauptsächliches Heilmittel empfiehlt Elise Deutsch, den jugendlichen Enthusiasmus von der Person auf mitreißende Ideen abzuwälzen, um ihn für die

190

Sache des Unterrichts und der Persönlichkeitsbildung fruchtbar zu machen.

Magdalene von Tiling, Oberin der Frauenschule zu Elberfeld, sieht das Schwärmen in einem ganz und gar negativen Licht.[40] „Eine übertriebene Hingabe an die ältere Freundin, in die Sinnlichkeit sich mischt, nennen wir Schwärmerei ... Man lebt in einer Art hypnotischen Zustandes, in dem der Wille gelähmt ist, die *freie* Persönlichkeit kann sich nicht entfalten."[41] Scharf unterscheidet sie davon das positive Modell der verehrten mütterlichen Freundin, die die Entwicklung der Persönlichkeit fördere, indem sie Lebensorientierung gewähre.

Verständnisvoller begegnet Susanne Engelmann, Studiendirektorin in Berlin, dem Problem, indem sie jugendpsychologisch informiert auf die mit der Entdeckung des Ich verbundenen seelischen Krisen hinweist.[42] Sie mahnt die betroffenen Erzieher, bei aller Freude über das ihnen entgegengebrachte Interesse und Vertrauen nicht der eigenen Eitelkeit zu frönen und die ihnen Anvertrauten zur Eigenverantwortlichkeit selbständiger Persönlichkeiten zu führen. Interessant ist der Gesichtspunkt des historischen Wandels in der Schüler-Lehrer-Beziehung, den Engelmann – im Jahr 1929 – ins Spiel bringt. Die reformpädagogischen Anstöße hätten auf eine Wandlung der Schule von der „Lernschule" zur „Arbeitsschule" und auf ein Verhältnis von Schülern und Lehrern hingewirkt, das stärker durch einen kameradschaftlichen Grundton bestimmt sei. Diese neue Konstellation lasse nun aber „die alte Kluft, die der Furcht oder der Schwärmerei günstig war, sich füllen mit schönen Gefühlen der Sicherheit, des Vertrauens, des gleichen Strebens nach Erkenntnis und Verständnis"[43], gefördert noch durch die Tatsache einer verlängerten Schulzeit gegenüber der Müttergeneration (bis ins 19. und 20. Lebensjahr).

Kehren wir vor dieser Folie noch einmal zu den eingangs zitierten Tagebüchern zurück und zu der Frage, wie die in beiden Fällen sich einstellende Entzweiung näher zu deuten ist.[44] Äußerungen wie die folgende scheinen mir in diesem Zusammenhang besonders aufschlußreich zu sein: „Daß ich mich nach jemandem sehne, den ich lieb haben kann und dem ich etwas erzählen kann, ist doch schließlich nicht so zu verachten als ‚natürlich' und ‚allgemein' ... Sie sagte mir alles, was zum Teil noch unbewußt ist, in einer so lieblosen – sie würde vielleicht sagen – sachlichen Weise, die mich kränken mußte".[45] Hier war gerade nicht damit geholfen, sich als Person möglichst ‚herauszuhalten' und auf eine generalisierende, sachliche Ebene pädagogisch-psychologischer ‚Aufklärung' hinzulenken;[46] erst recht mußte das Bestreben scheitern, das Elise Deutsch in die Worte „pädagogischer Aufbau in der Seele der Mädchen" faßte. Man dürfte also nicht fehlgehen, den Grund der Entzweiung vor allem darin zu suchen, daß die Lehrerinnen subjektiv, aber wohl auch objektiv überfordert waren. (Im übrigen gab im Falle von Olga Luhn offenbar speziell das von der Lehrerin inkriminierte homoerotische Moment den Ausschlag für den Bruch.[47]) Sobald sie ihrer *Erziehungs*aufgabe gerecht zu werden suchten, ja, sogar wenn sie dem pädagogischen ‚Mutter-Modell' nachzuleben versuchten, mußten sie die Erwartungen brüskieren. Die richtige Balance zwischen Distanz, ‚erzieherischer Einwirkung' und persönlicher Zuwendung zu wahren, angemessen mit der zugemuteten Aufgabe umzugehen, Zielpunkt von Projektionen und Ich-Spiegelungen zu sein, war denn auch keine Kleinigkeit.

Schwärmen als Symptom

Um das Bild des Schwärmens in der konkreten Realität weiter zu verfolgen, bietet uns die gedruckt verfügbare autobiographische Literatur leider wenig Stoff.[48] Versucht man überdies, einen weiteren sozialisationsgeschichtlichen Horizont zu gewinnen, gerät man sehr bald auf das Feld der offenen Fragen und Hypothesen. Die Aufmerksamkeit wird neben der historisch verfaßten Lehrer(innen)rolle vor allem die innere Verfaßtheit der Familie, das Problem des Generationenkonflikts und besonders die Mutter–Tochter–Beziehung ins Blickfeld rücken.[49]

Die signifikante Bedeutung einer angeschwärmten Lehrerin als *außerfamilialer* Bezugsperson ist ja bereits bei der anfänglichen Betrachtung der Träume der beiden Mädchen aufgefallen. Bekanntlich brach sich um die letzte Jahrhundertwende erstmals eine kulturelle Verselbständigung der Jugendphase im Zusammenhang einer ersten Form des spezifisch modernen ‚Jugendprotests‘ Bahn.[50] Wenn auch die organisierte Jugendbewegung zunächst vorwiegend männlich bestimmt war, so erlebte jedoch die (bürgerliche) weibliche Sozialisation ebenfalls einen entscheidenden Umbruch, der nicht zuletzt durch eine Öffnung der Bildungs- und Berufsmöglichkeiten beziehungsweise ein Andrängen entsprechender Erfordernisse bestimmt war. Es sei in Erinnerung gerufen, daß Frauen in den Jahren 1900 bis 1909 die Zulassung als ordentliche Studierende an den Universitäten der deutschen Einzelstaaten erhielten (nachdem sie kurz zuvor bereits als Hörerinnen zugelassen worden waren). Die neu eröffneten beruflichen Möglichkeiten konzentrierten sich auf die wissenschaftlichen Lehrämter, den Arztberuf und diverse nationalökonomische Einsatzfelder. Voraussetzung für diese Erweiterung weiblicher Berufsmöglichkeiten war ein entsprechender Ausbau der höheren Mädchenbildung, der Ende des 19. Jahrhunderts hauptsächlich durch die bürgerliche Frauenbewegung über privat betriebene Gymnasialkurse forciert wurde, bis um oder nach der Jahrhundertwende die Regierungen den Erwerb der Hochschulreife durch Mädchen in ein normiertes Schulsystem einbanden.

Daß das Schwärmen vor dem Hintergrund des sozialisatorischen Umbruchprozesses einen neuralgischen Punkt in der Eltern-Tochter- beziehungsweise vor allem eben Mutter-Tochter-Beziehung signalisieren konnte, ist bereits der zeitgenössischen Pädagogik und Jugendpsychologie deutlich zu Bewußtsein gekommen. Eine Entfremdung zwischen Mutter und Tochter aufgrund der Tatsache, daß diese sich nicht ernstgenommen und nicht verstanden fühlt, ist um die Jahrhundertwende eine reale Möglichkeit geworden, die man pädagogisch aufzufangen versucht.[51]

Während sich der Vater–Sohn–Konflikt als eine altbekannte Tatsache höchstens in neuer Schärfe darstellt, wird die jetzt spürbar werdende Spannung zwischen Mutter und Tochter – traditionell zu einer engen sozialisatorischen ‚Symbiose' zusammengeschlossen – als historisch neu wahrgenommen. Alice Salomon schlüsselte in einem Beitrag für die Zeitschrift ‚Die Frau' im Jahr 1908 und Johanna Kohlund in einem weiteren Zeitschriftenbeitrag von 1926 die Problematik eingehender auf.[52] Mutter–Tochter–Konflikte in der Vergangenheit werden von ihnen nicht schlechterdings ausgeschlossen, sie seien aber nicht in der Weise in Erscheinung getreten, wie dies in der Gegenwart der Fall sei, da beide Seiten im Prinzip den gleichen Erwartungshorizont hinsichtlich der weiblichen Biographie teilten. Empfand die Tochter einmal einen gewissen psychischen Druck, so konnte sie sich umso leichter damit abfinden, als sie erwarten konnte, in absehbarer Zeit selbst in den Status der Hausherrin und Mutter einzutreten; sie fügte sich im allgemeinen der elterlichen Autorität, zumal das wenig beneidenswerte Schicksal drohen konnte, daß sie „als überzählige Jungfrau sich in einem Haushalt der Familie einfügte und so den Konfliktstoff der Jugendjahre in einem Leben voll Aufopferung oder Leere sühnend verwand".[53] Daß aber „ein Mädchen sein Leben und Schicksal mit eigener Hand – etwa durch eigene Berufstätigkeit und ohne Ehe – gestalten könnte", urteilte Alice Salomon im Jahr 1908, „das war ein Gedanke, der in den wohlhabenden Kreisen noch der letzten Frauengeneration völlig fern lag".[54] Ob in dem häufigeren Fall, daß die Mutter vom „alten Schlag" sei, oder in den bereits gelegentlich anzutreffenden Fällen besonderer Aufgeschlossenheit der Mutter für das neue weibliche Autonomiestreben, die sich aber je nachdem mit bedenklicher Vernachlässigung oder Überbetreuung der Tochter verbinden könne: die Diagnose ergibt eine deutliche Tendenz der Töchter, aus der mütterlich-familialen Sozialisationssphäre zu entgleiten, eine Tendenz, die sorgsam in die rechten Bahnen geleitet werden müsse. Die Jugendlichen suchten in außerhäuslichen Freundschaften oder Schwärmereien ein eigenes Leben aufzubauen, und der Eltern-Kind-Beziehung drohe Schlimmes, wenn die Eltern nicht aufmerksam und verständnisvoll diesen Prozeß begleiteten.

Diese Bemerkungen lassen sich noch weiter untermauern. Charlotte Bühler hat im Zusammenhang ihrer jugendpsychologischen Erhebungen den höchst interessanten Versuch unternommen, drei charakteristisch unterschiedene Generationen von weiblichen Jugendlichen zu identifizieren. Auch wenn ihr schematisierendes Verfahren einigermaßen gewagt erscheint und der Überprüfung bedarf, dürfte es doch einige Denkanstöße für unsere Überlegungen bereithalten.[55] Die älteste Generation – die um 1870, zur Zeit der Reichsgründung Geborenen – zeichnet Bühler idealtypisch als die der konventionellen, behüteten ‚höheren Tochter‘, ganz selbstverständlich in die familiale Welt einbezogen und diese bedingungslos positiv wertend, von geselliger Natur, ohne ausgeprägte intellektuelle Interessen, eine berufliche Tätigkeit kaum in den Blick nehmend, schon gar nicht im Sinne individueller Selbstverwirklichung. Im Ansatz entspricht dies dem, was wir aus der weiblichen Sozialisationsgeschichte bislang wissen. Die mittlere Generation, zwischen 1890 und 1906 geboren, ist es, die uns hier besonders interessiert; ihr sind die anfangs vorgestellten Tagebücher zuzuordnen. Sie bildete nach Bühler einen ausgesprochenen Individualismus aus, neigte zur extremen Introvertiertheit und setzte sich zur Familie in Gegensatz. „Gerade der Schwarm ist in der mittleren Generation, wo das Schwärmen Leidenschaftsformen anzunehmen beginnt, das eigentliche Streitobjekt zwischen der Jugendlichen und ihrer Familie, ist das, was das Mädchen aus dem Hause herausführt.“[56] Die dritte Gruppe schließlich, die durch Tagebücher repräsentiert wird, die um 1920 entstanden, bezeichnet eine neue, die ‚modernste‘ Generation oder kündigt sie doch zumindest an. Sie weist eine mehr extrovertierte Haltung auf, ist lebenslustig und realistisch, geht selbstverständlicher mit den errungenen Freiräumen, gefaßter und selbständiger mit innerfamilialen Problemen und pragmatischer mit Fragen der eigenen Lebensplanung um; der Generationenkonflikt hat sich mit einer neuen Elterngeneration ohnehin abgemildert. Schwärmereien für Schauspieler, Lehrer oder Sporthelden findet man auch bei dieser Generation, „nur daß die Leidenschaft und Sentimentalität dabei auch einer natürlicheren Einstellung weichen".[57]

Versuchen wir ein vorläufiges, hypothetisches Fazit. Wann genau das Schwärmen im Sinne eines jugendlichen Entwicklungsphänomens historisch in Erscheinung trat, nachdem es in der Frühen Neuzeit in einem religiös-sektiererischen Kontext, in der Aufklärung dann auch im Kontext ausschweifender Empfindsamkeit und Phantasterei pejorativ diskutiert wurde,[58] muß vorerst offen bleiben. Das Schwärmen als Bestandteil jugendlichen ‚Austestens' von Identitäten mag sich wohl über einen längeren historischen Zeitraum – bis heute – erstrecken. Wir können aber auch eine spezifischere Form identifizieren, die um 1900 virulent ist und die sich durch eine besondere existentielle ‚Aufladung' (und nicht zuletzt durch eine bestimmte Form der Verschriftlichung) auszeichnet: Die sie ermöglichende Konfiguration besteht darin, daß – familiale und schulische – Autoritätsstrukturen und Einbettungen traditioneller Art zwar noch mehr oder weniger wirksam waren, zugleich aber eine Erweiterung des bislang eng gezogenen weiblichen (außerfamilialen) Bewegungsspielraums und eine Verschiebung im Prozeß der Konstituierung von Ich–Identität stattfand. Bei dem Schwärmen in diesem Sinn hätte es sich also um eine Möglichkeit gehandelt, innerhalb eines ‚zu eng gewordenen Rahmens' weiblicher Sozialisationsvoraussetzungen neue Räume des ‚Austestens' von Selbstidentifikationen zu öffnen. Gleichzeitig bot es den damit verbundenen Verunsicherungen einen gewissen psychischen Rückhalt. Die sich wandelnde Schulinstitution trug somit zu der bezeichneten Ausweitung von Spielräumen weit über den engeren Bereich der Qualifizierung hinaus bei.[59]

Ein vergleichender Blick auf die männliche Sozialisation der Zeit läßt vor allem die Jugendbewegung in den Gesichtskreis treten als eine charakteristische außerfamiliale Möglichkeit für Jungen, das psychosoziale Moratorium auszuleben. (Mädchen stießen etwa ab 1910, zunächst vereinzelt, dazu.) Das in ihr kultivierte charismatische Führertum beinhaltete zwar einen nicht so bedeutenden Altersabstand in der Beziehung, nahm sich aber in seiner psychologischen Struktur doch wohl nicht so grundverschieden von der ‚weiblichen' Erscheinung des Schwärmens aus.[60] Überhaupt erforderte die scheinbare Eindeutigkeit von dessen geschlechtsspezifischer Zuordnung eine nähere Überprüfung und Relativierung.[61]

Ob im Laufe der 1920er Jahre die emphatisch-existentielle Schwärmerei im Zuge einer Entkrampfung der Eltern–Kind–Beziehung und einer Lockerung der Schüler–Lehrer–Beziehung eher zurückgetreten ist und einer leichteren, sozusagen normalen Form Platz gemacht hat? Oder ist das eher eine Frage der individuellen Bedingungen, die womöglich bis in die unmittelbare Gegenwart ihre Wirksamkeit geltend machen?[62]

Anmerkungen

G. Signori
„wann ein fruntschafft die andere bringt"

1 Johannes Knebel cappellani ecclesiae Basiliensis Diarium (September 1473 – Juni 1476), hg. von Wilhelm Vischer und Heinrich Boos, Leipzig 1880, 278.
2 Ebd., 333.
3 Staatsarchiv Basel- Stadt (StaatsABS), Gerichtsarchiv, Bd. 9, S. 488 ff. – Zu den Basler Testamenten vgl. Hans-Rudolf Hagemann, Basler Rechtsleben im Mittelalter, Bd. II, Basel/Frankfurt/M. 1987, 193–214. <> steht für Passagen, die in der Handschrift durchgestrichen, // für Passagen, die zwischen die Zeilen eingefügt sind.
4 StaatsABS, Gerichtsarchiv, B 9, S. 488 f. – Falls Ennelin vor ihm sterben sollte, dann gehe alles an die, vor allem von Klerikern hochge-schätzte Johannesbruderschaft im Dombezirk (Burg).
5 StaatsABS, Gerichtsarchiv, Bd. 9, S. 489.
6 Hervorzuheben sind vor allem die Arbeiten von Christiane Klapisch-Zuber und P. J. P. Goldberg (vgl. nachfolgende Anmerkungen), sowie die Arbeiten von Dorothee Rippmann, „Frauenwerk" und „Männerar-beit". Gesinde, Tagelöhner und Tagelöhnerinnen in der spätmittelalter-lichen Stadt, in: Basler Zeitschrift für Geschichte und Altertumskunde 95 (1995), 5–42; Sally MacKee, Greek Women in Latin Households of Fourteenth-Century Venetian Crete, in: Journal of Medieval History 19 (1993), 299–250; Susan Mosher Stuard, To Town to Serve: Urban Domestic Slavery in Medieval Ragusa, in: Barbara A. Hanawalt (Hg.), Women and Work in Preindustrial Europe, Bloomington 1986, 39–55; Piero Guarducci/Valeria Ottanelli, I servitori domestici della casa bor-ghese toscana nel basso medioevo, Florenz 1982; Jacques Heers, Escla-ves et domestiques au moyen âge dans le monde méditerranéen, Paris 1981; Joseph Kamann, Altnürnberger Gesindewesen, in: Mitteilungen des Vereins für die Geschichte der Stadt Nürnberg 14 (1901), 65–157.
7 Knut Schulz, Handwerksgesellen und Lohnarbeiter. Untersuchungen zur oberrheinischen und oberdeutschen Stadtgeschichte des 14. bis 17. Jahrhunderts, Sigmaringen 1985, 37–46. – Sowohl in Basel, Colmar als auch in Freiburg ergibt sich ein durchschnittlicher Gesindeanteil von plus minus 20 Prozent der besteuerten Stadtbevölkerung.

8 Karl Bücher, Die Bevölkerung von Frankfurt am Main im XIV. und XV. Jahrhundert. Socialstatistische Studien, Tübingen 1886, 31–48. Nach Bücher belief sich die Zahl der Mägde im Jahr 1449 auf 1563 gegenüber 1219 Knechten (bei 492 ist nicht nach Geschlecht differenziert), was zusammen einen Anteil von 16 Prozent der Gesamtbevölkerung (20.155) ergibt.

9 Auf 286 Kleriker verteilt (samt Universität) kann Schuler in den Freiburger Steuerlisten (1496–1499) nur zehn Mägde und einen Knecht nachweisen: Peter-Johannes Schuler, Die Bevölkerungsstruktur der Stadt Freiburg im Breisgau im Spätmittelalter – Möglichkeiten und Grenzen einer quantitativen Quellenanalyse, in: Wilfried Ehbrecht (Hg.), Voraussetzungen und Methoden geschichtlicher Städteforschung, Köln/Wien 1979, 139–176 (hier: 163 f.).

10 Heinrich Rüthing, Höxter um 1500. Analyse einer Stadtgesellschaft, Paderborn ²1986, 373 ff.; Ann J. Kettle, Ruined Maids: Prostituts and Servant Girls in Later Medieval England, in: Robert R. Edwards/Vickie Ziegler (Hg.), Matrons and Marginal Women in Medieval Society, Woodbridge 1995, 19–31.

11 Vgl. auch P J. P. Goldberg, Women, Work, and Life Cycle in a Medieval Economy. Women in York and Yorkshire c. 1300–1520, Oxford 1992, 158–202 (hier: 181–186); Brigitte Klosterberg, Zur Ehre Gottes und zum Wohl der Familie – Kölner Testamente von Laien und Klerikern im Spätmittelalter, Köln 1995, 235–245; Paul Baur, Testament und Bürgerschaft: Alltagsleben und Sachkultur im spätmittelalterlichen Konstanz, Konstanz 1989, 199–202; Marie-Thérèse Lorcin, Vivre et mourir en Lyonnais à la fin du Moyen Age, Paris 1981, 108–113.

12 Weder in Straßburg noch in Mainz läßt sich eine erb- bzw. gewohnheitsrechtliche Regelung der Gesindefrage nachweisen, vgl. Agostino Paravicini Bagliani, I testamenti dei cardinali del Duecento, Rom 1980, cxvi–cxxii. – Eine solche findet sich andeutungsweise lediglich in den Koblenzer und Lübecker Testamenten. Nach dem Testament des Heinrich von Waldeck, Kantor der Sankt Kastorkirche, durfte die geistliche „familia" während dreißig Tagen nach dem Tod ihres Dienstherren in dessen Haus bleiben. Die Testamentsvollstrecker mußten das Gesinde mit Speis und Trank versorgen und ihm alles zuweisen, was in dieser Zeit von seiner Pfründe einging: Quellen zur Geschichte des St. Kastorstifts in Koblenz. Bd. I: Urkunden und Regesten (875–1400), Teil 1, bearb. von Aloys Schmidt, Bonn 1953, Nr. 402, 222 (1314). – Reymer van Verden sah 1363 vor: „Alle Lebensmittel, Frucht und anderes sollen in Monatsfrist an die Armen verteilt werden; während desselben Monats aber haben seine Magd und das Gesinde (familia) den Nießnutz daran": Ahasver von Brandt, Regesten der Lübecker Bürgertestamente des Mittelalters, Bd. II: 1351–1363, Lübeck 1973, Nr. 1007, 337. – In Basel begegnen wir die-

ser Regelung im Testament des Patriziers Jakob Waltenheim: Staats-ABS. Gerichtsarchiv B, Bd. 9, S. 107–118 (1469).

13 Vgl. etwa Arjun Appadurai, Introduction: Commodities and the Politics of Value, in: ders. (Hg.), The Social Life of Things. Commodies in Cultural Perspective, Cambridge u. a. 1986, 3–63.

14 Zu den Straßburger Testamenten vgl. mit Vorbehalten Wilhelm Kothe, Kirchliche Zustände Straßburgs im vierzehnten Jahrhundert, Freiburg/Br. 1903, 75–123.

15 Von den 33 Mainzer Testamenten (1330–1400) enthalten acht eine Gesindeklausel (zehn Testamente stammen von Klerikern, sechs von Bürgern, fünf von Ehepaaren, sechs von Frauen, davon zwei Beginen); zehn sind es bei den rund 40 Koblenzer Klerikertestamenten: elf Testamente stammen von Laien (fünf Frauen und eine Begine inbegriffen). – Marie-Thérèse Lorcin, Le clergé de l´archidiocèse de Lyon d´après les testaments des XIVe et XVe siècles, in: Cahiers d´Histoire 27 (1982), 125–162, kommt auf der Grundlage von 650 Klerikertestamenten zum Ergebnis, jeder siebte Landgeistliche (was in absoluten Zahlen circa 80, d. h. 14 Prozent Geistlichen entsprechen dürfte) habe seiner Magd etwas hinterlassen. Städtische Kanoniker bevorzugten ihr zufolge männliches Gesinde. – Lorcin (Vivre et mourir en Lyonnais, 109) beobachtet ferner, daß Frauen eher geneigt waren, testamentarisch ihre Mägde zu gedenken. Auch Epstein beobachtet, daß vorwiegend Frauen ihre Mägde bedachten (140 Frauen zu nur 6 Männern): Steven Epstein, Wills and Wealth in Medieval Genoa, 1150–1250, Cambridge/Mass./London 1984, 127–131.

16 Als Kollektiv taucht das Gesinde bzw. die „familia" nur in zwei Koblenzer Klerikertestamenten auf: Quellen zur Geschichte des St. Kastorstifts in Koblenz, Bd. I; Urkunden und Regesten (857–1400), Teil 2, bearb. von Aloys Schmidt, Bonn 1954, Nr. 762, 401 (1343), sowie ebd., Bd. I, Teil 1 Nr. 402, 222 (1314); in den Lübecker Testamenten sieben Mal: von Brandt, Regesten der Lübecker Bürgertestamente des Mittelalters, Bd. I: 1278–1350, Lübeck 1964, Nr. 183; Nr. 328; Bd. II, Nr. 514; 711; 780; 1007; 1013; StaatsABS, Gerichtsarchiv B, Bd. 9, S. 107–118 und ebd., Bd. 10, S. 353–356.

17 Gabriel Schulz, Testamente des späten Mittelalters aus dem Mittelrheingebiet. Eine Untersuchung in rechts- und kulturgeschichtlicher Hinsicht, Mainz 1976, 107–110, sowie Ferdinand Pauly, Die Kirche in Koblenz, in: Ingrid Bátori u. a. (Hg.), Geschichte der Stadt Koblenz. Von den Anfängen bis zum Ende der kurfürstlichen Zeit, Stuttgart 1992, 179–236.

18 Ahasver von Brandts Regesten erteilen über die ursprüngliche Nomenklatur nur selten Auskunft. – Eine Höherschätzung der „ancilla", wie sie Goldberg, Women, Work, and Life Cycle, 182, für England festgestellt hat, läßt sich nirgends erkennen.

19 Urkundenbuch der Stadt Straßburg, Bd. VII: Privatrechtliche Urkun-

den (1332–1400), hg. von Hans Witte, Straßburg 1900, Nr. 205, 63/35 ff. (1339).

20 Quellen zur Geschichte des St. Kastorstifts in Koblenz. Bd. II: Urkunden und Regesten (1401–1500), bearb. von Aloys Schmidt, Bonn 1974, Nr. 1795, 89 (1425).

21 Quellen zur Geschichte des St. Kastorstifts in Koblenz. Bd. I, Teil 2, Nr. 918, 473 f. (1353).

22 StaatsABS, Gerichtsarchiv B, Bd. 14, fol. 143 r–145 v (1497); ebd., Bd. 13, fol. 100 r–103 r (1493).

23 Urkundenbuch der Stadt Straßburg, Bd. III: Privatrechtliche Urkunden und Amtslisten von 1266 bis 1332, hg. von Aloys Schulte, Straßburg 1884, Nr. 883, 268/20 f. (1318). Wer Kölbelin ist, präzisiert sie nicht.

24 Urkundenbuch der Stadt Straßburg, Bd. III, Nr. 846, 258/4 f. (1316).

25 Stadtarchiv Mainz, Testamente, IV 206 (1432).

26 Regesten der Lübecker Bürgertestamente, Bd. I, Nr. 66; 107; 143; 185; 224; 231; 242; 268; 281; 282; 286; 297; 321; 323; 325; 326; 337; 353; 400; Bd. II, Nr. 463; 469; 476; 506; 513; 517; 539; 559; 605; 623; 683; 699; 706; 720; 725; 802; 840; 851; 858; 899; 903; 923; 942; 955; 996.

27 Nur von 18 Straßburger Mägden kennen wir Nachnamen oder Herkunftsorte: Fünf weisen auf linksrheinische Gebiete (Ballbrunn, Still und Mutzig, alle drei Orte liegen in der Nähe von Molsheim, Bennweier, östlich von Kaisersberg sowie Pfaffenhofen in der Nähe von Buchsweiler; weitere fünf deuten auf rechtsrheinische Gebiete: Willstätten in der Nähe von Offenburg, Limersheim (nordwestlich von Erstein), Hochdorf, Walsheim sowie Freiburg. – Zur Gesindemobilität vgl. Dorothee Rippmann, Bauern und Städter: Stadt-Land-Beziehungen im 15. Jahrhundert, Basel/Frankfurt/M. 1990, 82 f. und 90 f., und dies., Weibliche Schattenarbeit im Spätmittelalter, in: Schweizerische Zeitschrift für Geschichte 34 (1984), 332–345, sowie Grethe Jacobsen, Female Migration and the Late Medieval Town, in: Gerhard Jaritz und Albert Müller (Hg.), Migration in der Feudalgesellschaft, Frankfurt/M./New York 1988, 43–56.

28 Ghese, die Witwe des Thiderik Bare, kaufte ihrer Magd Margareta eine Pfründe im Sankt-Jürgen-Spital: Regesten der Lübecker Bürgertestamente, Bd. II, Nr. 694, 162, vgl. auch ebd. Nr. 642, 132; Nr. 725, 182; Nr. 873, 262 (= Nr. 950, 306). – Im Spital von Basel sind fünf der insgesamt 73 Pfründner Mägde (Michaela von Tscharner-Aue, Die Wirtschaftsführung des Basler Spitals bis zum Jahre 1500. Ein Beitrag zur Geschichte der Löhne und Preise, Basel 1983, 299 ff.).

29 Klapisch-Zuber, Female Celibacy and Service in Florence in the Fifteenth Century, in: dies., Women, Family, and Ritual in Renaissance Italy, Chicago 1985, 165–177, gelangt zum Ergebnis, daß von 132 Verträgen 52 mit Unverheirateten und 80 mit Verheirateten oder Witwen abgeschlossen wurden.

30 Dies., Women Servants in Florence, 14th-15th Century, in: Hanawalt (Hg.), Women and Work in Preindustrial Europe, 56–80 (hier: 61).

31 Urkundenbuch der Stadt Straßburg, Bd. III, Nr. 756, 231/16–26 (1313).

32 Die Urkunden des Kollegiatstifts Alter Dom in Münster, 1129–1534, bearb. von Klaus Scholz, Münster 1978, Nr. 549, 237 f. (1518), vgl. Wilhelm Kohl, Das Domstift St. Paulus zu Münster (Das Bistum Münster 4), Bd. 2, Berlin/New York 1982, 228 f.

33 Klapisch-Zuber, Women Servants in Florence, 61 f.

34 Vgl. dazu auch Hamburger Testamente 1351 bis 1400, bearbeitet von Hans-Dieter Loose, Hamburg 1976, Nr. 12, 17; Nr. 13, 18; Nr. 16, 21; Nr. 23, 30; Nr. 35, 42; Nr. 54, 62; Nr. 60, 67; Nr. 65, 70; Nr. 77, 81; Nr. 94, 99; Nr. 96, 102; Nr. 124, 132; zu den Hamburger Testamenten allgemein vgl. Marianne Riethmüller, „to troste miner sele". Aspekte spätmittelalterlicher Frömmigkeit im Spiegel Hamburger Testamente, Hamburg 1994 (sie geht allerdings nicht näher auf Personenlegate ein).

35 Urkundenbuch der Stadt Straßburg, Bd. III, Nr. 756, 231/16–26. – An späterer Stelle erwähnte er noch Irmeline, seine frühere Kellermeisterin. Ihr vermachte er drei Pfund: ebd., 232/6 ff.

36 Ebd., 231/26 f.: „item lego filie mee illegitime, quam habeo ex Greda, decem marcas argenti".

37 Ulf Dirlmeier, Untersuchungen zu Einkommensverhältnissen und Lebenskosten in oberdeutschen Städten des Spätmittelalters (Mitte 14. bis Mitte 16. Jahrhundert), Heidelberg 1978, 88–99. – Auf Dirlmeier basieren auch sämtliche Maß- und Mengenangaben.

38 Regesten der Lübecker Bürgertestamente, Bd. I, Nr. 321, 118; Nr. 224, 114 f.; Bd. II, Nr. 736, 182.

39 Urkundenbuch der Stadt Straßburg, Bd. VII, Nr. 2358, 681 f. (1388).

40 Quellen zur Geschichte des St. Kastorstifts in Koblenz, Bd. I, Teil 2, Nr. 1363, 687–704 (hier: 688 f.) (1379).

41 Quellen zur Geschichte des St. Kastorstifts in Koblenz, Bd. II Nr. 2193, 268 (1477).

42 Quellen zur Geschichte des St. Kastorstifts in Koblenz, Bd. I, Teil 1 Nr. 444, 238 f. (1318).

43 Urkundenbuch der Stadt Straßburg, Bd. VII, Nr. 1543, 448/25 ff. (1372), vgl. auch Baur, Testament und Bürgerschaft, 202.

44 StaatsABS, Gerichtsarchiv B, Bd. 10 S. 84 f. (1476); ebd., Bd. 15, fol. 31 v (1500).

45 Etwas Befremden löst in diesem Kontext die Gesindeklausel des Priesters Johannes von Saarburg aus, der seiner Kellermeisterin Ennelina von Freiburg seine Pfründen am Lukasaltar in der Gemeindekirche Sankt Nikolaus vermachte und die restlichen Einkünfte (meliorationes) aus seinem Haus, Hof und Grund neben dem großen Spital: Urkundenbuch der Stadt Straßburg, Bd. VII, Nr. 2982, 880/38–41 (1400).

46 StaatsABS, Berichtsarchiv B, Bd. 9, S. 251 (1471); ebd., Bd. 10, S. 221–226 (1478); Klosterarchiv, Kartäuser, Urk. Nr. 367 (1487).

47 In Lübeck werden nur vier Mal Renten vergeben (Regesten der Lübecker Bürgertestamente, Bd. I, Nr. 78, 51 f.; Nr. 292, 150; Bd. II, Nr. 755, 199 f.; Nr. 696, 163).

48 Valentin Groebner, Ökonomie ohne Haus. Zum Wirtschaften armer Leute in Nürnberg am Ende des 15. Jahrhunderts, Göttingen 1993, 246–252 (Das Bett und sein Preis), sowie Baur, Testament und Bürgerschaft, 227–233, und Gerhard Jaritz, Zur Lebenshaltung in niederösterreichischen Kleinstädten während des späten Mittelalters, in: Herwig Ebner (Hg.), Festschrift für Friedrich Hausmann, Graz 1977, 249–264 (hier: 261 f.); ders., Österreichische Bürgertestamente als Quelle zur Erforschung städtischer Lebensformen des Spätmittelalters, in: Jahrbuch für Geschichte des Feudalismus 8 (1984), 249–264; ders., Die realienkundliche Aussage der sogenannten „Wiener Testamentsbücher", in: Das Leben in der Stadt des Spätmittelalters (Veröffentlichungen des Instituts für mittelalterliche Realienkunde 2), Wien 1977, 171–190.

49 Urkundenbuch der Stadt Straßburg, Bd. VII, Nr. 17 6/32 f. (1333).

50 Ebd. Nr. 355, 105/11 ff. (1343).

51 Ebd., 105/33, zu Mägden als Testamentsvollstreckerinnen vgl. auch: Die Urkunden des Kollegiatstifts Alter Dom in Münster, Nr. 216, 110 (1406) und Nr. 177, 95 (1386); Die Urkunden des Stadtarchivs Mainz, 2. Teil (1330–1364), hg., von Richard Dertsch (Beiträge zur Geschichte der Stadt Mainz 20/2), Mainz 1963, Nr. 1268, 149 (1345); StaatsABS, Gerichtsarchiv B, Bd. 15, fol. 31 v (1500).

52 Urkundenbuch der Stadt Straßburg, Bd. III, Nr. 1300, 392/25 f. (1331).

53 Ebd., Nr. 532, 166/31 ff. (1304).

54 Die Urkunden des Stadtarchivs Mainz, 2. Teil, Nr. 1735, 324 (1364).

55 StaatsABS, Gerichtsarchiv B, Bd. 12, S. 27 f./fol. 86 r-86 v (1488).

56 Quellen zur Geschichte des St. Kastorstifts in Koblenz, Bd. II, Nr. 2215, 277–280 (hier: 279) (1480).

57 Ebd., 279 f., vgl. Gabriela Signori, Wörter, Sachen und Bilder oder die Mehrdeutigkeit des scheinbar Eindeutigen, in: Andrea Löther u. a. (Hg.), Mundus in imagine. Festschrift für Klaus Schreiner zum 65. Geburtstag, München 1996, 11–33.

58 Die Urkunden des Stadtarchivs Mainz, 2. Teil, Nr. 1864, 45 (1369).

59 Urkundenbuch der Stadt Straßburg, Bd. VII, Nr. 1693, 493/21 f. (1375). – Seinem Kleriker Johannes vermachte er seinen grauen mit schwarzem Pelz gefütterten Tappert, zwei Tunicas, die eine blau, die andere schwarz.

60 Urkundenbuch der Stadt Straßburg, Bd. III, Nr. 217, 69/5–11 (1288).

61 Regesten der Lübecker Bürgertestamente, Bd. II, Nr. 1005, 334 und Nr. 537, 77.

62 Die Urkunden des Kollegiatstifts Alter Dom in Münster, Nr. 177, 94 (1386), vgl. Kohl, Das Domstift St. Paulus, 530 f.: An Helleken gingen Speicher und Gärten im Kirchspiel Epe, zwanzig Mark, ein Bett, ein Kissen, zwei Paar Leintücher, ein doppeltes Kissen, alles Vieh im Kirchspiel Epe, ein Mantel und ein Hemd, an Gerhard: sein Haus in Groenlo, alles Vieh ebendort und in Eibergen sowie alles bewegliche und unbewegliche Gut in Eibergen, an Jutta (ebd., 95): zwei Tassen, die übrigen Silberlöffel, alles Vieh, über das noch nicht verfügt worden ist, das dem Erblasser geschuldete Geld und die Einkünfte seines Gnadenjahres.

63 Urkundenbuch des Stadt Straßburg, Bd. VII, Nr. 2556, 738 (1371).

64 Ebd., Nr. 16, 6 (1333), vgl. auch die Beispiele bei Baur, Testament und Bürgerschaft, 203 f.

65 Quellen zur Geschichte des St. Kastorstifts in Koblenz. Bd. I, Teil 1, Nr. 433, 234 (1317), vgl. auch Lorcin, Le clergé de l'archidiocèse de Lyon, 158 f. (1404), sowie Johannes Vincke, Der Klerus des Bistums Osnabrück im späten Mittelalter, Münster 1928, 140 f.

66 Quellen zur Geschichte des St. Kastorstifts in Koblenz, Bd. I, Teil 1, Nr. 363, 331 f, (1333), vgl. Anton Dietrich, Das Stift St. Florin zu Koblenz (Veröffentlichungen des MPI für Geschichte 16; Studien zur Germania Sacra 6), Göttingen 1967, 233.

67 Die Urkunden des Stadtarchivs Mainz, 2. Teil, Nr. 1268, 149 (1345).

68 Ebd., 3. Teil, Nr. 2077, 121 (1379).

69 Urkundenbuch der Stadt Straßburg, Bd. VII, Nr. 104, 33/38 ff. (1335), vgl. auch ebd., 33/40 ff.

70 Stadtarchiv Mainz, Kopialbuch 13/231 (ca. 1400).

71 Quellen zur Geschichte des St. Kastorstifts in Koblenz. Bd. I, Teil 1, Nr. 444, 238 f. (1318). – 1341 widerrief er in Anwesenheit seiner beiden neuen Mägde das Testament, das infolge von Gudas Tod hinfällig geworden war, damit ihre Erben keine Ansprüche erheben konnten (Quellen zur Geschichte des St. Kastorstifts in Koblenz, Bd. I, Teil 2, Nr. 723, 375), vgl. auch ebd., Nr. 701, 366 (1339), wo er ihr zusätzlich Bettzeug, Hausrat, Vorräte und Kelter vermachte.

72 Ebd., Nr. 636, 331 ff. (1333).

73 Auch die Magd Cäcilia Käufilmannus aus Koblenz besaß verschiedene Bücher (Quellen zur Geschichte des St. Kastorstifts in Koblenz, Bd. I, Teil 1, Nr. 630, 329 f.), zwei weitere Belege finden sich bei Eva Gertrud Neumann, Rheinisches Beginen- und Begardenwesen. Ein Mainzer Beitrag zur religiösen Bewegung am Rhein, Meisenheim am Glan 1960, 35 (1293), und Brigitte Degler-Spengler, Die Beginen in Basel (Teil II), in: Basler Zeitschrift für Geschichte und Altertumskunde 70 (1970), 90 (1337).

74 Quellen zur Geschichte des St. Kastorstifts in Koblenz, Bd. I, Teil 1, Nr. 636, 333 (1333).

75 Vgl. auch die (später allerdings widerrufene) Erbsatzung des Kaplans Stefan Schermann, StaatsABS, Metzgerwitwe Bärbelin Straßburgerin, ebd., S. 185 (1483); der Witwe Klara Durchdenhagen, ebd., Bd. 15, fol. 53 v–54 v (1505); des Schneiders Burkhard Birerquetz, fol. 123 r (1502); der Witwe des Salzschreibers Johannes Hansmann, Margreth Delsbergerin, ebd., Bd. 17, fol 210 v–211 v (1507); des Vikars Veit Stüdler, ebd., Bd. 19, fol. 31 r–32 v (1511).

76 Ebd., Bd. 15, fol. 172 v–173 r (1502), vgl. auch die gegenseitige Erbsatzung des Priesters Hans Schreiber von Benken und seiner „Dienstjungfrau" Agatha Hofflin aus Sissach, ebd., Bd. 15, fol. 127 v (1502).

77 Urkundenbuch der Stadt Straßburg, Bd. VII, Nr. 752, 222/22 ff. (1355).

78 Ebd., Nr. 2982, 880/36 f. (1400).

79 Quellen zur Geschichte des St. Kastorstifts in Koblenz, Bd. I, Teil 2, Nr. 701, 367 (1339).

80 Die Urkunden des Stadtarchivs Mainz, 3. Teil, Nr. 2273, 186 (1386).

81 Die Urkunden des Kollegiatstifts Alter Dom in Münster, Nr. 177, 94 (1386).

82 Quellen zur Geschichte des St. Kastorstifts in Koblenz, Bd. I, Teil 1, Nr. 344, 191 (1306), vgl. Dietrich, Das Stift St. Florin, 230.

83 Ebd., Nr. 382, 215 (1311)

84 Ebd. Nr. 444, 238 f., vgl. auch Neumann, Rheinisches Beginen- und Begardenwesen, 35 f.

85 Martina Wehrli-Johnes, Haushälterin Gottes. Zur Mariennachfolge der Beginen, in: Hedwig Röckelein/Claudia Opitz/Dieter R. Bauer (Hg.), Maria Abbild oder Vorbild? Zur Sozialgeschichte mittelalterlicher Marienverehrung, Tübingen 1989, 147–167.

86 Wehrli-Johnes, Das mittelalterliche Beginentum – religiöse Frauenbewegung oder Sozialidee der Scholastik? Ein Beitrag zur Revision des Begriffes „religiöse Bewegungen", in: „Zahlreich wie die Sterne des Himmels". Beginen am Niederrhein zwischen Mythos und Wirklichkeit (Bensberger Protokolle 70), Bergisch Gladbach 1992, 9–39.

87 Quellen zur Geschichte des St. Kastorstifts in Koblenz, Bd. I, Teil 2, Nr. 873, 454 (1350): Werner von Bachem, Stiftsherr der Sankt Kastorkirche, vermachte den Beginen Aleidis von Bonn, Elisabeth von Löf und Elisabeth von Boppard sein Haus in der Firmung mit der Auflage, sie müßten jeder männlichen Begleitung bar sein (abseque omni consorcio masculino). Im Gegensatz zu den übrigen Testamenten siegelte hier die Stadt Koblenz, vgl. dazu Pauly, Die Kirche in Koblenz, 230–233; zu Straßburg: Dayton Phillips, Beguines in Medieval Strasburg. A Study of the Social Aspect of Beguine Life, Diss. Stanford University 1941.

88 Neumann, Rheinisches Beginen- und Begardenwesen, 31, gelangt zum Schluß: „Neben den acht bzw. sieben Beginenniederlassungen, die sich als Konvente stabilisieren, stehen in der Blütezeit des Beginen-

tums mehr als doppelt soviele Niederlassungen einzeln lebender Beginen."; zu ähnlichen Ergebnissen gelangen: Kathrin Utz Tremp, Zwischen Ketzerei und Krankenpflege – die Beginen in der spätmittelalterlichen Stadt Bern, in: Sophia Bietenhard u. a. (Hg.), Zwischen Macht und Dienst. Beiträge zur Geschichte und Gegenwart von Frauen im kirchlichen Leben der Schweiz, Bern 1991, 27–52 (hier: 38); Karl Zuhorn, Die Beginen in Münster. Anfänge, Frühzeit und Ausgang des münsterischen Beginentums, in: Westfälischer Zeitschrift 91 (1935), 1–144 (hier: 80–83); Degler-Spengler, Die Beginen in Basel: Nr. 22, 85 (1296), Nr. 30, 85 (1299), Nr. 41, 86 (1303), mit Vorbehalten Nr. 66, 87 (1310), Nr. 70, 87 (1312), Nr. 129, 90 (1337), Nr. 159, 93 (1355), Nr. 180, 94 (1361).

89 Zu den sehr engen Verbindungen zwischen Frauen und Reformorden vgl. Signori, Stadtheile im Wandel. Ein Beitrag zur geschlechtsspezifischen Besetzung und Ausgestaltung symbolisierter Räume am Ausgang des Mittelalters, in: Francia 20 (1993), 39–67, hier 44 f., sowie Francine Michaud, Liaisons particulières? Franciscains et testatrices à Marseille (1248–1320), in: Annales du Midi 197 (1992), 7–18, und Véronique Pasche, „Pour le salut de mon âme". Les Lausannois face à la mort (XIVe siècle), Lausanne 1989, 67–70.

90 Urkundenbuch der Stadt Straßburg, Bd. III, Nr. 551, 172.

91 Regesten der Lübecker Bürgertestamente, Bd. II, Nr. 436, 22 f.

92 Zu Schauenburg vgl.: Die Beginen und Begarden in der Schweiz (Helvetia Sacra IX/2), Basel/Frankfurt/M. 1995, 190 ff.; zu Engental (Helvetia Sacra III/3), 608–611.

93 Regesten der Lübecker Bürgertestamente, Bd. I, 282, 143; Bd. II, Nr. 923, 293.

94 StaatsABS, Gerichtsarchiv B, Bd. 9, 107–118 (1469), und ebd., 383 (1473).

95 Bezogen auf die älteren Einträge: sechs in einem Sample von tausend Stiftungen, davon zwei Mägde; drei – allerdings nur noch Mägde – sind es bei den 228 jüngeren Einträgen (Liber donationum des Liebfrauenmünsters, in: Stadtarchiv Straßburg, Archiv des Liebfrauenwerks, 1).

96 Liebfrauen Seelbuch, Stadtarchiv Mainz 13/284, vgl. Signori, Männlich – weiblich? Spätmittelalterliche Stadtheile im wechselhaften Spiel von Aneignung und Umdeutung (Straßburg und Mainz), in: Traverse 2 (1994), 90–108.

97 Ebd., 101 f.

98 Gela und Elsa, die Mägde der adeligen Elsa zum Odernheimer (Liebfrauen Seelbuch, fol 6 r und 13 r); die Dienerin der adeligen Grede von Drachenfels (fol. 15 r); Adelheid, die Magd zum Sponheim (fol. 18 v); die Magd der Nonnen von Sankt Clara (fol. 23 v); die Magd der Apothekerin Nesechin (fol. 24 v); Fuya, die Magd zum Halgarten (fol. 25 r); Getza, die Magd zum Affen (fol. 28 r); Guda, Dienerin im

Haus zum Moor (fol. 28 v); Giele, die Magd derer zu Fürstenberg (fol. 31 r).

99 Ebd., fol. 35 r.

100 Quellen zur Geschichte des St. Kastorstifts in Koblenz, Bd. I, Teil 1, Nr. 433, 234 (1317).

101 Ebd., Bd. I, Teil 2, Nr. 693, 363.

102 Liebfrauen Seelbuch, Stadtarchiv Mainz 13/284, fol. 8 v (1385).

103 Quellen zur Geschichte des St. Kastorstifts in Koblenz, Bd. I, Teil 2, Nr. 1491, 146–150.

104 Vgl. etwa die vorzügliche Untersuchung von Peter Thaddäus Lang, Würfel, Wein und Wettersegen: Klerus und Gläubige im Bistum Eichstätt am Vorabend der Reformation, in: Volker Press/Dieter Stievermann (Hg.), Martin Luther: Probleme seiner Zeit, Stuttgart 1986, 219–243.

105 Neithard Bulst, Illegitime Kinder – viele oder wenige? Quantitative Aspekte der Illegitimität im spätmittelalterlichen Europa, in: Ludwig Schmugge/Béatrice Wiggenhauser (Hg.), Illegitimität im Spätmittelalter, München 1994, 21–40.

106 Zu ähnlich bescheidenen Zahlen gelangt Francis Rapp auch für die Folgezeit (1450–1525): „kaum mehr als 20 Testamente, in denen ich nach illegitimer Nachkommenschaft fahnden konnte – herzlich wenig": Francis Rapp, Klerus und Illegitimität in der Diözese Straßburg (1449–1523), in: Schmugge/Wiggenhauser (Hg.), Illegitimität im Spätmittelalter, 227–237, hier: 228. – Selbst Lorcin (Le clergé de l´archidiocèse de Lyon, 154), die über eine sehr breite Quellenbasis verfügt, findet nur bei jedem 29. Landgeistlichen einen Hinweis auf illegitime Nachkommen.

107 Dabei handelt es sich um die Bäckerstochter Nesa Gerung, die frühere Magd des Klerikers Johannes, genannt „Mennelin Chorkönig": Urkundenbuch der Stadt Straßburg, Bd. VII, Nr. 2840, 831.

108 Zum Teil durchaus auch gegenseitig, vgl. Thomas Weibel, Erbrecht und Familie. Fortbildung und Aufzeichnung des Erbrechts in der Stadt Zürich – vom Richterbrief zum Stadterbrecht von 1716, Zürich 1988, 107.

N. Minkmar

Verbriefte Liebe

1 Die meisten Liebesbriefe, die wir aus dem deutschsprachigen Raum im 16. Jahrhundert kennen, sind als Teile eines Briefwechsels zwischen Eheleuten oder aus höheren Adelskreisen erhalten. Vgl. Mathias Beer, Eltern und Kinder des späten Mittelalters in ihren Briefen. Familienleben in der Stadt des Spätmittelalters und der Frühen Neuzeit mit besonderer Berücksichtigung Nürnbergs (1400–1550), Nürnberg 1990. Der

Fall, von dem dieser Beitrag ausgeht, liegt als Vorgang des Rats der Stadt Colmar in den Archives Municipales de Colmar (AMC), FF 108.

2 Erfreulicherweise hat sich dies in den letzten Jahren dank nuancierender urteilender, vorzüglicher Überblicksarbeiten etwas geändert, etwa: Heide Wunder, "Er ist die Sonn´, sie ist der Mond". Frauen in der Frühen Neuzeit, München 1992. Dabei fußt sie auf einer bedeutenden Wissenschaftstradition, die die Erforschung der Frauen in der Frühen Neuzeit zu einem der wichtigsten Forschungsschwerpunkte frühneuzeitlicher Geschichtsschreibung gemacht hat. Insbesondere angelsächsische Historiker und Historikerinnen haben auf diesem Feld Beachtliches geleistet, indem sie traditionelle sozialgeschichtliche Ansätze nutzbringend mit anthropologischen Konzepten verbanden und so zu völlig neuen Einschätzungen weiblicher Handlungs- und Gestaltungsmöglichkeiten kamen. Siehe hierzu: Rebekka Habermas, Geschlechtergeschichte und „anthropology of gender". Geschichte einer Begegnung, in: Historische Anthropologie 1 (1993), 485–511.

3 Natalie Zemon Davis, Die wahrhaftige Geschichte von der Wiederkehr des Martin Guerre, München 1984.

4 Siehe als jüngsten Titel die aufsehenerregende Arbeit von Laura Gowing, Domestic Dangers. Women, Words and Sex in Early Modern London, Oxford 1996.

5 Habermas, Geschlechtergeschichte, 496.

6 Noch bis in die zweite Hälfte des 16. Jahrhunderts hinein wurde die Trauung als kirchlicher Nachvollzug eines zwischen den Eheleuten bereits geschlossenen Bundes angesehen. Um diesen Bund zu stiften, genügte die vor Zeugen abgegebene Willensäußerung, die oft mit der Übergabe eines Geschenks verbunden war. Dieses Geschenk diente de facto auch als Pfand, mit dem zögerliche Partner notfalls vor Gericht an ihr Versprechen erinnert wurden. Eine solche Funktion konnten Ringe, Taschentücher oder, wie im vorliegenden Fall, Liebesbriefe und Gedichte übernehmen. Vgl. Gowing, Domestic Dangers, 159 f.

7 Vgl. Habermas, Geschlechtergeschichte, 498 f.

8 In Colmar bildete sich in der ersten Hälfte des 16. Jahrhunderts eine relativ große, homogene Führungsschicht aus vornehmen Bürgerfamilien, niederen Adligen und Geistlichen heraus, die über vielfältige soziale und familiäre Bande miteinander verbunden waren und eine relativ offene Form von Patriziatsherrschaft etablierten.. Vgl. Peter G. Wallace, Communities and Conflict in Early Modern Colmar: 1575–1730, Atlantic Highlands 1995; Erdmann Weyrauch, Die politische Führungsgruppe in Colmar in der Zeit der Reformation, in: Wolfgang J. Mommsen/Robert W. Scribner (Hg.), Stadtbürgertum und Adel in der Reformation: Studien zur Sozialgeschichte der Reformation, Stuttgart 1979, 215–234 und Kaspar von Greyerz, The Late City Reformation in Germany. The Case of Colmar, Wiesbaden 1980.

9 August Scherlen, Topographie von Alt-Colmar, Colmar 1923, 252 f.

10 Veronika Feller-Vest, Die Herren von Hattstatt. Rechtliche, wirtschaftliche und kulturgeschichtliche Aspekte einer Adelsherrschaft (13. bis 16. Jahrhundert), Bern/Frankfurt/M. 1982, 22.

11 Das Haus der Affels lag in einem kleinen Häuserblock zwischen zwei Geschäftsstraßen, „Dietrich Walchs ort" genannt; der Hattstatterhof lag unübersehbar am Schlüsselgässlein. Nach Roland Wertz (Hg.), Le livre des bourgeois de Colmar 1512–1609, Colmar 1961.

12 AMC, FF 108, Nr. 16, Bf. 1.

13 Aus der Sicht der Habsburger waren die oberelsässischen Reichsstädte ohnehin, über die Regierung in Ennisheim und die Reichslandvogtei in Hagenau, zu ihrem Einflußbereich zu rechnen. Eine Verstärkung der Verbindung mit Colmar, das den Hattstattern ohnehin zu großen Teilen gehörte, durch eine Ehe von Claus und Elisabeth war somit in politischer Hinsicht völlig uninteressant.

14 Claus hat die Echtheit, die Auswahl oder die Abschrift der Briefe übrigens nie in Zweifel gezogen. Es ist nicht bekannt, ob noch weitere Briefe existieren. Die im Prozeß vorgelegten Abschriften haben einen Umfang von etwa acht handgeschriebenen Seiten. Zur besseren Lesbarkeit sind die Texte hier orthographisch etwas modernisiert und behutsam mit Interpunktionszeichen versehen worden.

15 AMC, FF 108, Nr. 16 Bf. 1.

16 Damit ist eine Pestwelle gemeint.

17 AMC, FF 108, Nr. 16, Bf. 2.

18 Vgl. zur Minnelyrik am Oberrhein: Bernd Thum, Aufbruch und Verweigerung. Literatur und Geschichte am Oberrhein im Hohen Mittelalter, Waldkirch/Br. 1980. Siehe in diesem Zusammenhang auch Horst Wenzel, Hören und Sehen, Schrift und Bild: Kultur und Gedächtnis im Mittelalter, München 1995, insbesondere Kap. VIII.1, 426–431. Zu den literarischen Konjunkturen im Elsaß im 16. Jahrhundert allgemein: Miriam Usher Chrisman, Lay Culture, Learned Culture. Books and Social Change in Strasbourg 1480–1599, New Haven/London 1982.

19 Hans Gert Roloff (Hg.), Georg Wickram Sämtliche Werke, Bd. 1: Ritter Galmy, Berlin 1966.

20 AMC, FF 108, Nr. 16, Bf. 3.

21 Ebd., Bf. 4.

22 Ebd., Bf. 5.

23 Vgl. hierzu Gowing, Domestic Dangers, Kap. 5: The Economy of Courtship, 139–180.

24 Vgl. Feller-Vest, Herren von Hattstatt, 253–263.

25 AMC, FF 108, Nr. 8 und 9.

26 Ebd., Nr. 11.

27 Ebd., Nr. 17.

28 Ebd., Nr. 18.

29 Feller-Vest, Herren von Hattstatt, 205.

30 Die Autonomie der Herrschaft Hattstatt war zuletzt untrennbar mit der Person Claus von Hattstatts verbunden. Der Kampf um die Lehens- und Pfandgüter, in den sich wenig später auch die Stadt Basel mit Ansprüchen einschaltete, zog sich noch weit bis ins folgende Jahrhundert. Das persönliche Vermögen Clausens wurde zwischen seiner Familie, dem Basler Magistrat und den Armen der Stadt gedrittelt.

31 Scherlen, Topographie, 258. Die Quelle dieser Nachricht gibt der Autor leider nicht an.

G. Schwerhoff
Der Kornmesser und der Bürgermeister

1 Als Quellen im Historischen Archiv der Stadt Köln (HAStK) wurden die Turmbücher (Verfassung und Verwaltung G 227, vor allem fol. 131 v–152 r, 163 v–165 v, 185 r–186 r; ebd. G 288, vor allem fol. 97 rff., 119 rff., 142 rff., 167 rff.) und die Ratsprotokolle (Nr. 42–44) jener Jahre benutzt. Ein zeitgenössischer Extrakt der wichtigsten Einträge in diesen Ratsprotokollen (Handel, Nachtrag Nr. 17) signalisiert die Bedeutung, die die Stadtoberen der Affäre zumaßen. Im folgenden werden Einzelnachweise aus diesen beiden Quellen nicht gegeben; die entsprechenden Stellen sind über das Datum zu erschließen. Direkte Zitate aus den Quellen wurden behutsam sprachlich modernisiert.

2 Das folgende nach Bruno Kuske, Die städtischen Handels- und Verkehrsarbeiter und die Anfänge städtischer Sozialpolitik in Köln bis zum Ende des 18. Jahrhunderts, Bonn 1914, 57 ff. Die wichtigste Quelle ist eine ‚ordinacie‘ von ca. 1475, Kuske (Hg.), Quellen zur Geschichte des Kölner Handels und Verkehrs im Mittelalter, Bd. 2, ND 1978, Nr. 670, 333–340).

3 1 Sümmer = $^1/_4$ Malter, in diesem Fall etwa 37,5 Liter.

4 Wie wir z.B. aus dem Tagebuch des als einflußloser Hinterbänkler sein politisches Leben fristenden Hermann von Weinsberg erfahren: Das Buch Weinsberg, Kölner Denkwürdigkeiten aus dem 16. Jahrhundert, 3. u. 4. Band, bearb. von Friedrich Lau, Bonn 1897/8, hier Bd. 4, 27 ff. Vgl. zuletzt zum politischen System in Köln Wolfgang Herborn, Kölner Verfassungswirklichkeit im Ancien Régime (1396–1795/6), in: Wilfried Ehbrecht (Hg.), Verwaltung und Politik in Städten Mitteleuropas, Köln 1994, 85–113.

5 Sein Vater Bruno Angelmecher war zwar über 40 Jahre Ratsherr gewesen, hatte aber erst kurz vor seinem Tod 1573 den Sprung ins Bürgermeisteramt geschafft. Gerhard war 1570 zum ersten Mal im Rat und wurde zwanzig Jahre später, am 23. Juni 1590, zum Rentmeister der Stadt und damit gleichzeitig zum Bürgermeisteranwärter gewählt (Herbert M. Schleicher, Ratsherrenverzeichnis von Köln zur reichsstädtischen Zeit von 1396 bis 1796, Köln 1982, Nr. 72, 39; Die Genealogisch-

Heraldische Sammlung des Kanonikus Joh. Gabriel von der Ketten in Köln, neu hrsg. v. Herbert M. Schleicher, Bd. 1 Köln 1983, 54 f.).

6 Schleicher, Ratsherrenverzeichnis, Nr. 3463, 528; Sammlung von der Ketten, Bd. 4, 1986, 650 ff.; Klaus Wriedt, Heinrich Sudermann (1520–1591), in: Rheinische Lebensbilder 10 (1985), 31–45.

7 Das Buch Weinsberg Bd. 3, 13.

8 Herborn, Verfassungsideal und Verfassungswirklichkeit in Köln während der ersten zwei Jahrhunderte nach Inkrafttreten des Verbundbriefes von 1396, in: Winfried Ehbrecht (Hg.), Städtische Führungsgruppen und Gemeinde in der werdenden Neuzeit, Köln/Wien 1980, 25–52, hier 40 f., 49.

9 Vgl. die Testamente Hildebrand Sudermanns und seiner Ehefrauen, HAStK Testamente S 1233 bis 1236 sowie dasjenige Catharina Bolandts, B 594/1.

10 Schleicher, Ratsherrenverzeichnis, Nr. 413, S. 86; Susanna Gramulla, Handelsbeziehungen Kölner Kaufleute zwischen 1500 und 1650, Köln/Wien 1972, 376 ff.

11 Das Buch Weinsberg Bd. 4, 130, 168.

12 Dietrich Ebeling, Versorgungskrisen und Versorgungspolitik während der zweiten Hälfte des 16. Jahrhunderts in Köln, in: Zeitschrift für Agrargeschichte und Agrarsoziologie 27 (1979), 32–59, hier 47 ff.

13 Vgl. HAStK Ratsprotokoll 42, fol. 146 v f. und fol 150 r; Handel, Nachtrag Nr. 17 zum 14. bzw. 21. Februar 1592.

14 Es handelte sich um Theiß von Paffrath, Mudder auf der Severinstraße, und Sylvester, Mudder auf dem Eigelstein.

15 Schleicher, Ratsherrenverzeichnis, Nr. 3630, 553.

16 Mit dieser Nachricht beginnt der Extrakt aus den Ratsprotokollen in Handel, Nachtrag Nr. 17, o. S.

17 Kuske, Verkehrsarbeiter, 58, Anm. 2.

18 Vgl. zum folgenden ausführlicher Gerd Schwerhoff, Köln im Kreuzverhör, Kriminalität, Herrschaft und Gesellschaft in einer frühneuzeitlichen Stadt, Bonn/Berlin 1991, 232 ff.

19 Dem Müdder Theiß von Paffrath gelang es zwischenzeitlich sogar, vom Rat für unschuldig erklärt zu werden und die Restitution seines Fasses in Aussicht gestellt zu bekommen; das scheiterte jedoch schließlich daran, daß Hildebrand Sudermann dies Arbeitsgerät schon für 100 Reichstaler an einen Nachfolger verkauft hatte!

20 Vgl. Klaus Militzer, Die Kölner Gaffeln in der zweiten Hälfte des 14. und zu Beginn des 15. Jahrhunderts, in: Rheinische Vierteljahresblätter 47 (1983), 124–143.

21 Vgl. Schwerhoff, Köln im Kreuzverhör, 315 f.

22 Richard van Dülmen, Theater des Schreckens. Gerichtspraxis und Strafrituale in der frühen Neuzeit, München ⁴1995, 133 ff.; Schwerhoff, Köln im Kreuzverhör, 157 ff.

23 Vgl. z. B. den Schmähzettel gegen Greven und Schöffen, HAStK Hohes Weltliches Gericht G 1, fol. 119 r.

24 Jörg Rogge, Ehrverletzungen und Entehrungen in politischen Konflikten in spätmittelalterlichen Städten, in: Klaus Schreiner/Gerd Schwerhoff (Hg.), Verletzte Ehre. Ehrkonflikte in Gesellschaften des Mittelalters und der Frühen Neuzeit, Köln 1995, 110–143, hier 133.

25 Für das Folgende: Schwerhoff, Köln im Kreuzverhör, 49ff.; Dieter Strauch, Das Hohe Weltliche Gericht zu Köln, in: Dieter Laum u.a. (Hg.): Rheinische Justiz. Geschichte und Gegenwart. 175 Jahre Oberlandesgericht Köln, Köln 1994, 743–831.

26 Vgl. dazu Clemens von Looz-Corswarem, Unruhen und Stadtverfassung in Köln an der Wende vom 15. zum 16. Jahrhundert, in: Ehbrecht, Städtische Führungsgruppen, 53–97, hier 71ff.; Manfred Groten, Gerhard vom Wasservas (um 1450–1520). Ein kölnischer Bürgermeister, in: Jahrbuch des Kölnischen Geschichtsvereins 52 (1981), 93–129, hier 116ff.

27 Vgl. zum Gebrauchswert derartiger Schriften jetzt Ulinka Rublack. Anschläge auf die Ehre. Schmähschriften und -zeichen in der städtischen Kultur des Ancien Régime, in: Schreiner/Schwerhoff (Hg.), Verletzte Ehre, 381–411.

28 Diese Geschichte auch bei Franz Irsigler/Arnold Lassotta, Bettler und Gaukler, Dirnen und Henker. Randgruppen und Außenseiter in Köln 1300–1600, Köln 1984, 150–152.

29 Vgl. Schwerhoff, Hexenverfolgung in einer frühneuzeitlichen Großstadt – Das Beispiel der Reichsstadt Köln, in: Hexenverfolgung im Rheinland, Bensberg 1996 (i.Dr.).

30 HAStK Kriminalakten Nr. 15, fol. 54r, 56r.

R. Blickle
Die Supplikantin und der Landesherr

1 Bayerische Staatsbibliothek München, Clm 27 208, fol. 43.

2 Die Quellen für diesen Beitrag sind vor allem dem Bestand Klosterliteralien (KL) Faszikel (Fasz.) 641 ad 18 des Bayerischen Hauptstaatsarchivs München (BayHStA) und dem Bericht des Syndikus von Kloster Rottenbuch (Clm 27 208) entnommen. Die Einzelnachweise beschränken sich auf das nötigste. Für den strukturellen und ereignishaften Rahmen vgl. Renate Blickle, „Spenn und Irrung“ im „Eigen“ Rottenbuch. Die Auseinandersetzungen zwischen Bauernschaft und Herrschaft des Augustiner-Chorherrenstifts, in: Peter Blickle (Hg.), Aufruhr und Empörung? Studien zum bäuerlichen Widerstand im Alten Reich. München 1980, 69–145. Die einschlägige Literatur kann nur auswahlweise vermerkt werden.

3 BayHStA, KL Fasz. 641 ad 18, fol. 204r–205r.

4 Clm 27 208, fol. 8r.

5 BayHStA, KL Fasz. 641 ad 18, fol. 365 r; 1628 VI. 10.

6 Ebd., fol. 406.

7 Clm 27 208, fol. 20 f.

8 Der Propst hatte allerdings in Rottenbuch zwei Frauen in Haft genommen, weil sie ihre Güter nicht verlassen wollten. Sie wurden auf Befehl des Hofrats freigelassen, da sie schwanger waren. BayHStA, Kurbayern Hofrat Nr. 221, fol. 26 f.

9 Staatsarchiv München (StAM), Briefprotokolle Schongau Nr. 406, fol. 179, eine Heiratsabsprache aus Krummengraben vom 18. IX. 1634. Vgl. insgesamt Nr. 402, 406.

10 Vgl. Irmgard Gierl, Bauernleben und Bauernwallfahrt in Altbayern. Eine kulturkundliche Studie auf Grund der Tuntenhauser Mirakelbücher, München 1960, 56–60.

11 Jakob Stickl z. B. soll seine Gefängnistage gezählt und sich „gerühmt" haben, insgesamt ein Jahr und drei Monate im Kerker gelegen zu haben. Clm 27 208, fol. 39 r.

12 Georg Vend war möglicherweise besonders häufig als Bote eingesetzt. Zur Beschreibung seiner Schnelligkeit fühlte sich der Syndikus gehalten, einen Vergleich mit Merkur vorzunehmen. Ebd., fol. 24 r.

13 Andreas Vend, Christina und Georg Vends Sohn, gab 1671 an, „3 Roß, 1 Folle, 1 Fülle, 5 Khue, 3 Jungrind, 2 Kölber" im Stall zu haben. StAM, Steuerbuch Nr. 374, fol. 5.

14 BayHStA, KL Fasz. 641 ad 18, fol. 419.

15 Z. B. BayHStA, KL Rottenbuch Nr. 32, fol. 1, Stiftbuch (1628).

16 Sie wären nun endlich „von allen Seiten durch Argumente besiegt", meinte der Syndikus des Klosters, als die Mehrheit der Rottenbucher bereit war, den Forderungen der Obrigkeit nachzukommen, nachdem 70 Bauern zu Paaren gefesselt auf dem Münchner Schrannenplatz stehend, der Flaggelation dreier ihrer Nachbarn zugesehen hatten. Clm 27 208, fol. 30 r.

17 BayHStA, KL Fasz. 641 ad 18, fol. 422 r; 1629 III.5.

18 Ebd., fol. 402 f.; 1628 IX.5.

19 Die Frauen von weiteren vier des Landes verwiesenen Männern duldete der Propst in ihren Häusern, da sie entweder schwanger, alt oder krank waren.

20 Vgl. die Hofratsordnung von 1624 in: Manfred Mayer (Hg.), Quellen zur Behörden-Geschichte Bayerns. Die Neuorganisationen Herzog Albrecht's V., Bamberg 1890, 211.

21 Aus der umfangreichen Literatur zu Maximilian sei nur die neueste Biographie genannt: Andreas Kraus, Maximilian I. Bayerns Großer Kurfürst, Regensburg 1990, und zur Verwaltungsgeschichte: Reinhard Heydenreuter, Der landesherrliche Hofrat unter Herzog und Kurfürst Maximilian I. von Bayern (1598–1651), München 1981.

22 Summarischer Process Der Fuerstenthumben Obern vnd Nidern Bayrn, München 1616, Tit. 1, 8, 10, Art. 3; Landts vnd Policey Ordnung

der Fürstenthumben Obern vnd Nidern Bayrn, München 1616, Tit. 7, Art. 1–3; Hofratskanzleiordnung von 1600 in: Mayer, Quellen, 181–192.

23 Werner Hülle, Das Supplikenwesen in Rechtssachen. Anlageplan für eine Dissertation, in: Zeitschrift für Rechtsgeschichte, Germanistische Abteilung 90 (1973), 194–212; J.H. Kumpf, Petition, in: Handwörterbuch zur deutschen Rechtsgeschichte, Bd. 3, Berlin 1984, Sp. 1639–1646; Gero Dolezalek, Suppliken, in: ebd., 33. Lieferung, 91 f.

24 Es gibt keinen einschlägigen zentralbehördlichen Quellenbestand.

25 Christian Häutle, Die Reisen des Augsburgers Philipp Hainhofer, in: Zeitschrift des Historischen Vereins für Schwaben 8 (1881), 1–316, 164, 78.

26 Sigmund Riezler, Geschichte Baierns, Bd. 6, Gotha 1903, 91.

27 Die Schilderung einer solchen Audienz durch Philipp Hainhofer bei: Jill Bepler, Augsburg – England – Wolfenbüttel, in: Jochen Brüning/Friedrich Niewöhner (Hg.), Augsburg in der Frühen Neuzeit, Berlin 1995, 119–139, 128; Riezler, Geschichte Baierns, 91; Hubert Chr. Ehalt, Ausrucksformen absolutistischer Herrschaft. Der Wiener Hof im 17. und 18. Jahrhundert, München 1980, 96; Samuel John Klingensmith, The Utility of Splendor. Ceremony, Social Life, and Architecture at the Court of Bavaria, 1600–1800, Chicago/London 1993, 193–198; Rainer A. Müller, Der Fürstenhof in der frühen Neuzeit, München 1995, 72 f.

28 Clm 27 208, fol. 43 r, danach war das kaiserliche Schreiben auf den 17. 1. 1629 datiert.

29 BayHStA, KL Fasz. 641 ad 18, fol. 418–420, 425–426.

30 Vgl. die Hofratsordnung von 1624, in: Mayer, Quellen, 213.

31 BayHStA, KL Fasz. 641 ad 18, fol. 420 r, 427 r, 422–423 r, 426 rf.

32 Ebd., fol. 418–420.

33 Ebd., fol. 425–426.

34 Beide Schriften wurden sehr wahrscheinlich von einem Schreiber, aber keinem Juristen, verfaßt. Sein Anteil an der Textgestaltung dürfte vor allem in der Einhaltung der Formvorschriften zu sehen sein. Über ihn kamen Standardformeln allgemeiner und regionaler Herkunft, wie sie in Formel- und Kanzleibüchern überliefert wurden, in die Schreiben. Die Wahl der Konzepte, die Gedankenführung und die Bereitstellung von Argumentationshilfen dürften auf Christina Vends Konto zu verbuchen sein, zumal ein Außenstehender die Details und ihren argumentativen Wert nicht kennen konnte.

35 Barmherzigkeit ist Gottes wesentliche Eigenschaft. Vgl. J. Stöhr, Barmherzigkeit , in: Historisches Wörterbuch der Philosophie, Bd. 1, Darmstadt 1971, 753–755; die menschlichen Werke der Barmherzigkeit werden um des Himmels willen vollbracht. – Glauben und Religion spielten andernorts in Supplikationsschriften offenbar kaum eine Rolle. Vgl. jetzt Otto Ulbricht, Supplikationen als Ego-Dokumente, in: Winfried

Schulze (Hg.), Ego-Dokumente. Annäherung an den Menschen in der Geschichte, Berlin 1996, 149–174, 165.

36 Es war allen Schreibern in Bayern verboten, in der bewußten Angelegenheit für die Rottenbucher zu schreiben. BayHStA, KL Fasz. 641 ad 18, fol. 329 f.; 1628 II. (10): Bauernsupplik; fol. 398; 1628 VIII. (11.): Supplik der Rottenbucher Frauen; ebd., fol. 398 rf.; 1628 VIII. (11.): Supplik der Rottenbucher Männer.

37 Ebd., fol. 422; 1629 III.5.

38 In vergleichbarer Lage hatte Anna Stielerin aus der Grafschaft Haag 1596 anders argumentiert. BayHStA, GL Haag Nr. 42, Prod. 27.

39 BayHStA, KL Rottenbuch Nr. 87, (Nr. 116).

40 Vgl. Adolph Franz, Die Messe im deutschen Mittelalter. Beiträge zur Geschichte der Liturgie und des religiösen Volksglaubens, Freiburg/Br. 1902, 3–9, zu den Votivmessen nach dem Missale Romanum von 1570, 329 f.; Josef Andreas Jungmann, Missarum Sollemnia, 2 Bde., Wien 1948, Bd. 1, 168, Bd. 2, 195.

41 Nachweise für die Zeit vom 15. bis 18. Jahrhundert in: BayHStA, KL Rottenbuch Nr. 47 a, fol. 16 r; ebd., Kurbayern Äußeres Archiv Nr. 4156, fol. 343; ebd., GL Haag 42; ebd., KL Fasz. Nr. 641 ad 18, fol. 329 f., 362 r, 398, 399.

42 Verdienen bedeutet „einem für etwas durch Gegendienste erkenntlich sein, es ihm abverdienen", vgl. Johann Andreas Schmeller, Bayerisches Wörterbuch, Sonderausgabe, Nachdruck d. v. Karl Frommann bearb. 2. Ausg. München 1872–1877, München 1985, Bd. 1/1, Sp. 514 („verdienen"), Sp. 76 („um ... verdienen") mit dem Zitat aus Clm 4386, fol. 74: „Die ungeläubigen läut genant dye ketzer sprechent, daz vnser liebiw fraw noch alle zwelfpoten noch all heiligen mit anander dem mensch nichtz erwerben mugen umb Gott".

43 BayHStA, KL Fasz. 641 ad 18, fol. 403–405.

44 Christina Vends Adaption des Modells ging jedoch nicht soweit wie es bei den Haager Bauern 1596 der Fall war; diese benutzten durchgängig das „Unverstand-Argument", und ließen schreiben, man solle ihr Tun „irer ainfalt zuemessen". BayHStA, GL Haag Nr. 42, Prod. 25, 26, 27, 42.

45 ,Vätterliche Ermahnung' (Monita paterna) Kurfürst Maximilians I., in: Heinz Duchardt (Hg.), Politische Testamente und andere Quellen zum Fürstenethos der Frühen Neuzeit, Darmstadt 1987, 119–135; Müller, Die deutschen Fürstenspiegel des 17. Jahrhunderts. Regierungslehren und politische Pädagogik, in: Historische Zeitschrift 240 (1985), 571–597, 583–586; ders., Der Fürstenhof, 26; Dieter Albrecht, Die Testamente Kurfürst Maximilians I. von Bayern, in: Zeitschrift für bayerische Landesgeschichte 58 (1995), 235–260.

46 BayHStA, KL Fasz. 641 ad 18, fol. 426 r; 1629 III.17. Die Gründe für die vendsche Restituierung hingegen waren vor allem rechtlicher Natur – die schuldlosen Kinder sollten nicht für das Unrecht des Vaters büßen –

und politischer Art – die Vermehrung des Bettelvolks, worauf die Vertreibung hinauslaufe, war unerwünscht. Dazu kam eine Frage der Etikette – eine Interzession des Kaisers sollte man durch Befolgung würdigen.

E. Labouvie
Geheimnisvolle Neigungen

1 Das Herzogtum hatte um 1740 etwa 60 000 Untertanen; vgl. allg.: Ludwig Molitor, Vollständige Geschichte der ehemals pfalz-bayerischen Residenzstadt Zweibrücken von ihren ältesten Zeiten bis zur Vereinigung des Herzogtums Zweibrücken mit der bayerischen Krone, Zweibrücken 1885.

2 Vgl. Wilhelm Weber, Zu den Schloßbauten des 18. Jahrhunderts im Herzogtum Pfalz-Zweibrücken, in: Saarheimat 12, Heft 8 (Aug. 1968), 217–222; Julius Dahl/Karl Lohmeyer (Hg.), Das barocke Zweibrücken und seine Meister, Zweibrücken [2]1957.

3 Vgl. Eugen Stollenreither (Hg.), Ein deutscher Maler und Hofmann. Lebenserinnerungen des Johann Christian von Mannlich nach der französischen Originalhandschrift, Berlin 1901, 63 f.

4 Zit. aus: Kurt Hoppstädter/Hans-Walter Herrmann u. a. (Hg.), Geschichtliche Landeskunde des Saarlandes, Bd. 2, Saarbrücken 1977, 370; Elisabeth Kessler-Slotta, Zweibrücker Porzellan 1767–1775, Saarbrücken 1990, 10.

5 Landesarchiv (LA) Speyer, B2/1970, fol. 136 r.

6 Zu Doktor Stahl: Kessler-Slotta, Zweibrücker Porzellan, 11 f.; Emil Heuser, Der Alchemist Stahl im Herzogtum Pfalz-Zweibrücken. Ein Stück Kulturgeschichte aus alten Akten, Neustadt/Hardt 1911.

7 Erinnert sei an die Neugründung der „Fraternitas Rosae Crucis Aureae" um die Mitte des 18. Jahrhunderts, an die Aktivitäten Alexandre Comte de Cagliostros (Guiseppe Balsamo) und seines Lehrers, des Comte de Saint-Germain; vgl. Hans Biedermann, Handlexikon der magischen Künste von der Spätantike bis zum 19. Jahrhundert, Graz 1968, 73, 141 f., 314 f.

8 Im Jahr 1733 war den Untertanen des Herzogtums die Alchemie sowie das „Laborieren" bei Gefängnisstrafe verboten worden; Archiv der Herzog-Wolfgang-Stiftung (AHWS) Zweibrücken, II/322, o. fol.

9 Die herangezogenen Quellen befinden sich im LA Speyer, B2/1967–1976, im Hauptstaatsarchiv (HSTA) München, Kasten blau/406–410, 419–445, 448 und im AHWS Zweibrücken, II/322.

10 Folgende Lebensdaten entstammen den am 23. Juli 1776 gegen Stahl erhobenen Gravamina für die Jahre 1771 bis 1775 in einem 91seitigen Gutachten; LA Speyer, B2/1970, fol. 129 r-131.

11 Ebd., fol. 52 f., 58 r, 130 r.

12 Vgl. Albert Becker, Projektenmacher am Hofe Herzog Christians IV.
von Zweibrücken, in: Pfälzisches Museum 10–12 (1917), 54 f.; Heuser,
Noch andere Projektenmacher Christians IV., in: ebd., 7–12 (1918), 52 f.

13 HSTA München, Kasten blau/406–410.

14 Geläufigste Bezeichnung für den chemischen Schöpfungsakt, in welchem Neues geschaffen wird; vgl. Biedermann, Handlexikon, 88.

15 Transmutation bezeichnet nach der Lehre des Paracelsus die alchemistische Umwandlung von einem Stoff in einen anderen, besonders unede-
ler in edele Metalle; vgl. Will-Erich Peuckert (Hg.), Theophrastus Paracelsus Werke, Bd. 5, Darmstadt 1976, 90 f.

16 LA Speyer, B2/1970, fol. 53 r.

17 HSTA München, Kasten blau/419, und 406–10.

18 LA Speyer, B2/1970, fol. 119 r.

19 Ebd., 1967, fol. 89–90.

20 Vgl. Heinz Schaubach, Der legendäre Russinger, in: Zeitschrift der
Keramik-Freunde der Schweiz 64 (1964), 9–11; Ernst Kramer, Lauren-
tius Russinger, Porzellier in Höchst, Gutenbrunn und Paris, in: Kera-
mos 50 (1970), 83 ff.

21 LA Speyer, B2/167, fol. 93; ebd., 1970, o. fol., 1776.

22 Ebd., 1967, fol. 89–93; 1970, fol. 120: Die herzogliche Rentkammer
hatte Stahl „Unterschleiffungen" bei der Verwendung von Geldern vorgeworfen. Stahl konterte mit den bald zu erwartenden Gewinnen aus
den alchemistischen Projekten. Der Herzog wies daraufhin die Einwän-
de der Rentkammer scharf zurück.

23 LA Speyer, B2/1970, fol. 120 r.

24 Ebd., o. fol.

25 Ebd., 1967, fol. 128 f.

26 Ebd., fol. 131–133.

27 Ebd., fol. 132, 134 f.

28 „Mercuria" ist die alchemistische Bezeichnung für die „Materia Prima",
den Ausgangsstoff zur Herstellung des „Steins der Weisen", manchmal
auch synonym gebraucht für den Stein der Weisen selbst. Das echte
„Arcanum" hatte angeblich eine grüne Farbe; vgl. Peuckert, Pansophie.
Ein Versuch zur Geschichte der weißen und schwarzen Magie, Berlin
²1956, 318 f.

29 LA Speyer, B2/1967, fol. 122.

30 Ebd., fol. 97–99, 125 f.

31 Ebd., fol. 90 ff., 101–104, 122 f.

32 Ebd., fol. 105–106, 118 f.; ebd., 1970, fol. 60 f.

33 Ebd., 1967, fol. 114 r.

34 Ebd., fol. 60 r, 114 f., 118–120; ebd., 1970, fol. 121 r.

35 Ebd., 1967, fol. 29 f.

36 Ebd. 1968, fol. 105, 248: Stahl bestellte im Juli für das Laboratorium
einen Stich-Ofen, angefertigt nach seinen Plänen.

37 Ebd., 1967, fol. 39 f.

38 Ebd., fol. 27 f., 35 f., 43 r.

39 So etwa: ebd., fol. 45; ebd., 1970, fol. 54 r–55.

40 Ebd., 1967, fol. 143: „... ich binn umringt mit feinden", so Stahl in einem Brief vom Januar 1769 an den Herzog.

41 Ebd., 1968, fol. 4, 247 f., ebd., 1970, fol. 122 r.

42 Ebd., 1967, fol. 4 f.; Zit. in: Heuser, Die Pfalz-Zweibrücker Porzellanmanufaktur. Ein Beitrag zur Geschichte des Porzellans und zur Kulturgeschichte eines deutschen Kleinstaates im achtzehnten Jahrhundert, Neustadt/Hardt 1907, 132.

43 LA Speyer, B2/1967, fol. 140.

44 Ebd., fol. 137 r.

45 Vgl. Harald Glaser, Thomasstahl und Tafelglas. Die Eisen- und Glashütten zwischen 1840 und 1918, in: Richard van Dülmen (Hg.), Industriekultur an der Saar. Leben und Arbeiten in einer Industrieregion 1840–1914, München 1989, 58; Armin Schmitt, Denkmäler saarländischer Industriekultur. Wegweiser zur Industriestraße Saar-Lor-Lux, Saarbrücken 1989, 88 f.

46 LA Speyer, B2/1970, fol. 163 r.

47 Zit.: ebd., fol. 137 r; vgl. ebd., 1969, fol. 118 f.; ebd., 1967, fol. 148.

48 Ebd., 1970, fol. 138.

49 Ebd., 1967, fol. 148 r.

50 Zit. in: Heuser, Zweibrücker Porzellanmanufaktur, 132.

51 LA Speyer, B2/1970, fol. 96, 104–105, 108.

52 Ebd., fol. 23 f., 56, 123 r, 162–165, 169 f.

53 Ebd. fol. 110 f.

54 Zit. in: Heuser, Zweibrücker Porzellanmanufaktur, 132.

55 Zit. in: ebd., 133.

56 Zum Folgenden: ebd., 134–136.

57 Vgl. Hans Ammerich, Georg Christian Crollius (1728–1790), in: H. Harthausen (Hg.), Pfälzer Lebensbilder, Bd. 4, Speyer 1987, 123–146; Prof. Dr. Buttmann, Der Tod Herzog Christians IV., in: Westpfälzische Geschichtsblätter 12/13 (1897), 50.

58 LA Speyer, B2/1970, fol. 56 r, 139, 143 r.

59 Ebd., 1969, fol. 2–5; 208–211, 222.

60 Ebd., fol. 232–238; ebd., 1970, fol. 4.

61 Ebd., fol. 5–15.

62 Ebd., 1975, fol. 14, 23–24, 100–118.

P. Wettmann-Jungblut
Vater – Mutter – Kind

1 Die Darstellung des Falles beruht auf zwei Aktenfaszikeln im Stadtarchiv Freiburg (StAFr), C1 Criminalia, Nr. 58 (1765–1767) und Nr. 62

(1770, II), o. S. Alle nachfolgenden direkten Zitate sind, sofern sie nicht besonders gekennzeichnet werden, diesen Faszikeln entnommen.

2 Vgl. zu den im Freiburg des 18. Jahrhunderts stationierten Truppen und militärischen Einrichtungen: Oskar Regele, Zur Militärgeschichte Vorderösterreichs, in: Friedrich Metz (Hg.), Vorderösterreich. Eine geschichtliche Landeskunde, Freiburg/Br. [2]1967, 123–137, vor allem 129 f.

3 Vgl. Ulrich Ecker/Heiko Haumann, „Viel zu viele Beamte" und „Freiheitsapostel". Festungsleben, absolutistische Stadtreform und republikanische Pläne zwischen Dreißigjährigem Krieg und Übergang an Baden, in: Heiko Haumann/Hans Schadek (Hg.), Geschichte der Stadt Freiburg im Breisgau, Bd. 2: Vom Bauernkrieg bis zum Ende der habsburgischen Herrschaft, Stuttgart 1994, 202 f., und Martina Reiling, Bevölkerung und Sozialtopographie Freiburgs i. Br. im 17. und 18. Jahrhundert. Familien, Gewerbe und sozialer Status, Freiburg/Br. 1989, 16 f.

4 Dies ergab eine Auswertung der Freiburger Kriminalprotokolle; StAFr, C1 Criminalia, Nr. 57–65.

5 Vgl. zur Instrumentarisierung staatlicher Repressionsangebote (kurz- oder längerfristige Inhaftierung), durch die ‚ungezogene' Familienmitglieder ohne reguläre Gerichtsurteile diszipliniert oder unschädlich gemacht und Familienkonflikte gelöst werden sollten: Arlette Farge/Michel Foucault, Familiäre Konflikte: Die „lettres de cachet". Aus den Archiven der Bastille im 18. Jahrhundert, Frankfurt/M. 1989; Peter Spierenburg, The Sociogenesis of Confinement and ist Development in Early Modern Europe, in: ders. (Hg.), The Emergence of Carceral Institutions: Prisons, Galleys and Lunatic Asylums 1550–1900, Rotterdam 1984, 43–57, sowie Catharina Lis/Hugo Soly, „Total Institutions" and the Survival Strategies of the Labouring Poor in Antwerp, 1770–1860, in: Peter Mandler (Hg.), The Uses of Charity. The Poor on Relief in the Nineteenth-Century Metropolis, Philadelphia 1990, 44–50. Diese Praxis war in Deutschland eher selten; zwei Beispiele aus dem 18. Jahrhundert finden sich jedoch bei Claus Kappl, Die Not der kleinen Leute. Der Alltag der Armen im 18. Jahrhundert im Spiegel der Bamberger Malefizamtsakten, Bamberg 1984, 24 und Adalbert Nagel, Armut im Barock. Die Bettler und Vaganten Oberschwabens, Weingarten 1986, 38.

6 Vgl. Reiling, Bevölkerung und Sozialtopographie, 297 und 317.

7 Die Bader waren in Freiburg zusammen mit Barbieren, Perückenmachern, Glasern, Sattlern und Seilern in der Malerzunft vereinigt. Zu den Aufgaben dieses ehrbaren Berufes zählen neben dem Badewesen „das Rasieren, Kopfwaschen, Haareschneiden, Zahnziehen, Schröpfen und die Behandlung geschlossener Wunden"; vgl. Ernst Theodor Nauck, Aus der Geschichte der Freiburger Wundärzte und verwandter Berufe, Freiburg/Br. 1965 und Eduard Seidler, „Die Lüt zu artzeneyen". Gesundheitswesen in Freiburg, in: Haumann/Schadek (Hg.), Geschichte der Stadt Freiburg, Bd. 2, 336. Die Freiburger Bader zählten durchweg

zu den vermögendsten Berufsgruppen; vgl. Reiling, Bevölkerung und Sozialtopographie, 157, und für Wien: Christl Steiner, Die Bader und Barbiere (Wundärzte) in Wien zur Zeit Maria Theresias (1740–1780), Wien 1975, vor allem 187–203.

8 StAFr C1 Akten Erbschaften – Krieg, Anna Maria.

9 StAFr B5 XIII a, Nr. 157 a, Justizratsprotokolle 26. April 1756–11. April 1764, S. 111.

10 Der Rat hatte Simon Krieg am 29. April 1761 eine Reise nach Prag erlaubt, weil dieser vom dortigen „Magistrat eine nahmhaffte Schuldt zu fordern" und „eine an sich erkauffte Parthie gemachte Granathen zu verschleüssen" hatte, ihm aber bei Strafe untersagt, rohe Granaten aus Böhmen einzuführen; StAFr B5 XIII a, Nr. 160, Ratsprotokolle (mundiert) 27. Juni 1760 – 23. November 1764, S. 66 und 123.

11 StAFr B5 XIII a, Nr. 157 a, S. 281 f., 295, 338 und 399.

12 StAFr B5 XIII a Nr. 163, Ratsprotokolle (mundiert) 1. Januar 1765 – 7. April 1768, S. 180 f.

13 Ebd., S. 348, 367 f., 435 und 469.

14 So mußte Elisabeth Huber seit ihrem siebten Lebensjahr in der Badestube mitarbeiten und u. a. das Schröpfen der Gäste vornehmen.

15 Hubers Beharren auf dem Bild der ,verführten' Tochter spiegelt die Vorstellung der traditionellen Gesellschaft, es gehöre zu den Aufgaben einer Mutter, „den Kindern bestimmte moralische Werte und Verhaltensregeln einzuprägen", ebenso wider wie die Überzeugung, „Tugendhaftigkeit (zumindest die weibliche) werde von der Mutter weitergegeben. Die Tochter war, wozu sie die Mutter gemacht hatte"; Olwen Hufton, Arbeit und Familie, in: Georges Duby/Michelle Perrot (Hg.), Geschichte der Frauen, Bd. 3: Frühe Neuzeit, hg. von Arlette Farge/Natalie Zemon Davis, Frankfurt/M. 1994, 53 f.

16 "Dock" oder "Docke" ist ein heute nicht mehr gebräuchlicher Begriff für „Puppe".

17 Vgl. zu solchen Aussöhnungsversuchen weltlicher und geistlicher Obrigkeiten, die bestrebt waren, die Ehen zu erhalten und „selbst im Falle körperlicher Mißhandlung durch christliche Ermahnung ausgleichend zu wirken und Eheschwierigkeiten den Partnern als göttliche Prüfung zuzumuten": Helmut Möller, Die kleinbürgerliche Familie im 18. Jahrhundert: Verhalten und Gruppenkultur, Berlin 1969, 72 f.

18 Der Freiburger Rat geriet im 18. Jahrhundert, vor allem nach seiner Umorganisation im Jahr 1745, immer stärker unter den Einfluß der voderösterreichischen Regierung, die sich auch massiv in die Rechtsprechung einmischte und sich sämtliche Endurteile vor ihrer Vollstreckung vorlegen ließ; vgl. dazu Franz Laubenberger, Die Freiburger Stadtverwaltung im 17. und 18. Jahrhundert und ihre gesellschaftliche Struktur, in: Erich Maschke/Jürgen Sydow (Hg.), Verwaltung und Gesellschaft in der südwestdeutschen Stadt des 17. und 18. Jahrhunderts, Stuttgart 1969, 63 f.

19 Elisabeth Huber selbst gab den Wortlaut folgendermaßen wieder: „es wäre gescheider gewesen, wann Man ihrem Vatter statt der Kinder Hund gegeben hätte, dann diese thäte selbem der Scharfrichter umb einen batzen abnehmen, sie aber hätten von ihrem Vatter nichts als Schand und Spott".

20 Von den für die Kinder bedrückenden Ehestreitigkeiten der Eltern berichtet auch – freilich mit der Sachlichkeit und emotionalen Distanz des erwachsenen Autobiographen – Karl Friedrich von Klöden in seinen „Jugenderinnerungen": Beim Streit zwischen dem betrunkenen Vater und der Mutter habe es „harte Scenen" gegeben, „bei denen wir Kinder in eine schlimme Lage kamen. Schon kannte die ganze Stadt den Fehler meines Vaters und bedauerte uns. Der Mutter Heftigkeit verdarb aber mehr als sie nützte; denn nun vermied der Vater das Haus und blieb länger aus, denn je". Zit. nach Jürgen Schlumbohm (Hg.), Kinderstuben. Wie Kinder zu Bauern, Bürgern, Aristokraten wurden 1700–1850, München 1983, 288.

21 StAFr B5 XIII a. Nr. 166 a, Ratsprotokolle 16. Januar 1769–19. Dezember 1770, S. 179 und 201.

22 Ebd., S. 239, 276 und 321.

23 Hufton, Arbeit und Familie, 47; vgl. ferner Martine Segalen, Die Familie: Geschichte, Soziologie, Anthropologie, Frankfurt/M./New York 1990, 225 f.

24 Bereits am 27. November 1767 hatte „Michael Huber, zünftiger Bader, an Franz Antoni Strentz als Schaffner des Gutleutehauses 5 Gulden rhein. jährlichen Zinses um 100 Gulden rhein[isch] verkauft"; Die Urkunden des Heiliggeistspitals zu Freiburg im Breisgau, Bd. II: 1401–1662, bearb. von Leonard Korth und Peter P. Albert, Freiburg/Br. 1900, 552.

25 StAFr C1 Akten Pflegschaften – Huber, Johann Michael 1774/76.

26 StAFr B5 XIII a, Nr. 171 a, Justizratsprotokolle 19. Januar 1774–17. Dezember 1777, S. 586 f.

27 Ebd., S. 31, 49, 385 f. und 440 f.

28 Segalen, Die Familie, 227.

29 Vgl. Axel Honneth, Kampf um Anerkennung. Zur moralischen Grammatik sozialer Konflikte, Frankfurt/M. 1992, 11, 257 und 261. Honneth (148–211) unterscheidet drei Formen intersubjektiver Anerkennung: Liebe, Recht und Solidarität (d.h. soziale Wertschätzung).

30 Nicole Loraux, Das Band der Teilung, in: Joseph Vogl (Hg.), Gemeinschaften. Positionen zu einer Philosophie des Politischen, Frankfurt/M. 1994, 43 f.

31 Hartmann Tyrell, Konflikt als Interaktion, in: Kölner Zeitschrift für Soziologie und Sozialpsychologie 28 (1976), 260.

32 Loraux, Band der Teilung, 50 und Tyrell, Konflikt als Interaktion, 256.

33 Georg Simmel, Soziologie. Untersuchungen über die Formen der Vergesellschaftung, Berlin ⁵1968, 247.

34 Von daher scheint es fragwürdig, Sexualität im Barock allein als „biologische Gegebenheit des Menschen" aufzufassen, die „vielseitig instrumentalisierbar" war, während „das private Glück" außen vor blieb; vgl. Stephan Buchholz, Liebesglück und Liebesleid in Sachsen. Ein Rechtsfall aus den Jahren 1725/1726, in: Rechtshistorisches Journal 5 (1986), 130 f. Man könnte allenfalls vermuten, daß auch außerhalb der Ehe „sexuelle Beziehungen für die meisten Frauen eher instrumental und manipulativ als zärtlich" und „Mittel zum Zweck ... anstatt ein Zweck an sich" waren; vgl. Sara F. Matthews Grieco, Körper, Äußere Erscheinung und Sexualität, in: Duby/Perrot (Hg.), Geschichte der Frauen, Bd. 3, 95 f.

35 StAFr C1 Akten Erbschaften – Huber, Elisabetha.

36 Urkunden des Heiliggeistspitals, Bd. III: 1270–1806 (Nachträge), bearb. von Josef Rest, Freiburg/Br. 1927, 754 und 758.

R. Habermas
Spielerische Liebe

1 Alle Quellen stammen aus den im Stadtarchiv Nürnberg lagernden Familienarchiven Merkel (FAM) und Praun (FAPRAUN); aus dem Familienarchiv Zeller in Leonberg (ZEL) und dem Bayerischen Landeskirchenarchiv Nürnberg (EKN).
FAM 360 Tagebuch Heinrich Eibert Merkel 25. 12. 1783.

2 Zur Entführung siehe Hans Magnus Enzensberger, Requiem für eine romantische Frau. Die Geschichte von Auguste Bußmann und Clemens Brentano, Frankfurt 1988; Rebekka Habermas, Die Ehre des Fleisches. Entführungen und Verführungen im 18. Jahrhundert: Der Fall Marie Salome von Reineck, in: Richard van Dülmen (Hg.), Körper-Geschichten, Frankfurt/M. 1996, 122–149.

3 Und verdeutlicht gleichsam, wie eng die neue bürgerliche Liebeskonzeption mit einem bestimmten Arbeitsethos verbunden war. Diese Position wird von Heinrich Eibert Merkel und, wie er mit Genugtuung zur Kenntnis nimmt, auch von Regina Dannreuther geteilt, der er die Geschichte ebenfalls vorlas, siehe FAM 360 29. 4. 1784.

4 Ludwig Merkel, Mittheilungen für Aufnahme Suchende, o. O. 1855, zit. nach Gottlieb Birkner, Geschichte der Loge „Zu den drei Pfeilen im Orient Nürnberg" während des ersten Jahrhunderts ihres Bestehens 1789–1989, Nürnberg 1889, 59.

5 Anne-Charlott Trepp, Sanfte Männlichkeit und selbständige Weiblichkeit. Frauen und Männer im Hamburger Bürgertum 1770–1840, Göttingen 1996, 83.

6 Gustav Sichelschmidt, Caroline von Humboldt. Ein Frauenbild aus der Goethezeit, Düsseldorf 1989, 14.

7 Siehe zur realen Lotte-Figur, Lotte Kestner/Eckhardt Meyer-Krentler, Die Leiden der jungen Wertherin. Weibliche Sozialisation durch Literatur im späten 18. Jahrhundert, in: Wolfgang Frühwald/Alberto Martino (Hg.), Zwischen Aufklärung und Restauration. Sozialer Wandel in der deutschen Literatur (1700–1848), Tübingen 1989, 224–248.

8 Er ist Sohn des Genannten und Marktvorstehers Caspar Gottlieb Merkel und der Marktvorstehertochter Magdalena Merz. Zur Familie Merkel siehe Rebekka Habermas, Frauen und Männer. Szenen einer bürgerlichen Familie (1750–1850), Bielefeld 1997, Habilitationsschrift.

9 Zu Heinrich Eibert Merkel siehe FAM 367 Testament; FAM 376 Briefwechsel Susanna von Schückher mit Heinrich Eibert Merkel; FAM 378 Briefwechsel Margarete Merkel mit Heinrich Eibert Merkel, FAPRAUN 453 Album Regina Dannreuther.

10 FAM 152 Bücherliste.

11 Zu Regina Dannreuther siehe FAPRAUN 453.

12 Sigmund von Praun, ihr späterer Mann, schreibt (FAPRAUN 453, Sigmund von Praun, Skizze über einen wichtigen Schritt meines Lebens ... 1789), daß sie „irdische Glückgüter" besitzt und bedeutende Erbteile zu erwarten hat.

13 FA PRAUN 453.

14 FAM 360 26. 4. 1784.

15 FAPRAUN 453 Regina Dannreuther an Heinrich Eibert Merkel 17. 6. 1765.

16 FAPRAUN 453 Regina Dannreuther an Heinrich Eibert Merkel 17. 6. 1765. Und mit dieser Einschätzung des Theaters als Katalysator für ihre Liebe – und in dieser Katalysatorfunktion der attischen Tragödie nicht unähnlich – , steht Regina Dannreuther keineswegs alleine. „Ja alles was je schönes und gutes von Liebe geschrieben und gedacht worden ist, wollen wir im Lauffe unseres Lebens zu erfüllen suchen und die uns beobachtende Welt soll dann überzeugt werden, daß sie gar viel von romantischen Ideen ..." halten soll (FAM 360 9. 11. 1783), notiert Merkel nach einer Betrachtung über „Minna von Barnhelm". Zur Rezeption von Theaterstücken siehe Erich Schön, Der Verlust der Sinnlichkeit oder die Verwandlungen des Lesers. Mentalitätswandel um 1800, Stuttgart 1993, 212ff.; Alain Corbin, Wunde Sinne. Über das Begehren, den Schrecken und die Ordnung der Zeit im 19. Jahrhundert, Stuttgart 1993, 49–73.

17 FAM 360 9. 11. 1783.

18 Und kaum war das Stück auf der Bühne zu Ende gegangen, spielten es Merkel und Regina Dannreuther weiter: Wie hätten sie sich in der gezeigten Situation verhalten (FAM 360 29. 4. 1784), war es falsch oder richtig und warum?

19 Auch die zahlreichen Tumulte, die in Theatern anläßlich umstrittener Theaterstücke regelmäßig auszubrechen pflegen, zeugen von dieser Bedeutung und den zwischen Fiktion und Fakt verfließenden Grenzen

dieser Gattung. Genau das war es auch, was Rousseau zu seiner herben Kritik am Theater veranlaßte.

20 FAPRAUN 453 Regina Dannreuther an Heinrich Eibert Merkel 17. 6. 1765.

21 Ebd. 17. 6. 1765.

22 Zu Cornelia Goethe siehe Melanie Baumann, u. a. (Hg.), Cornelia Goethe. Briefe und Correspondance secrète 1767–1769, Freiburg 1990; Ulrike Prokop, Die Illusion vom Großen Paar, Frankfurt 1991; Ernst Beutler, Essays um Goethe, Frankfurt/M. 1995.

23 Margarethe Milow. Ich will aber nicht murren, hg. von Rita Bake/Birgit Kiupel, Hamburg 1987; Rita Bake/Birgit Kiupel. Margarethe Milow geborene Hudwalcker – Das Leben einer ganz „normalen" Bürgersfrau im 18. Jahrhundert, in: Barbara Vogel/Ulrike Weckel (Hg.), Frauen in der Ständegesellschaft. Leben und Arbeiten in der Stadt vom Mittelalter bis zur Neuzeit, Hamburg 1991, 241–263; Trepp. Sanfte Männlichkeit, 73 ff.

24 Siehe hierzu insbesondere Trepp, Sanfte Männlichkeit, 103 ff.

25 Sichelschmidt, Caroline von Humboldt.

26 Zum Tagebuch siehe Alain Corbin, Kulissen, in: Philippe Ariès/Georges Duby (Hg.), Geschichte des Privaten Lebens, Bd. 4, Frankfurt/M. 1992, 464 ff.

27 Zum Brief nach wie vor grundlegend Georg Steinhausen, Geschichte des deutschen Briefes. Zur Kulturgeschichte des deutschen Volkes, Berlin 1889–1891. Siehe auch Reinhard Nikisch, Die Stilprinzipien in den neuen Briefstellern des 17. und 18. Jahrhunderts, Göttingen 1969; Angelika Ebrecht/Regina Nörtemann/Regina Schwarz (Hg.), Brieftheorie des 18. Jahrhunderts: Texte, Kommentare, Essays, Stuttgart 1990.

28 Zuletzt Trepp, Sanfte Männlichkeit. Zu Ehe- und Liebesvorstellungen im Nürnberger Bürgertum siehe jüngst Hans Walter Schmuhl, Bürgertum und städtische Selbstverwaltung im 19. Jahrhundert. Nürnberg und Braunschweig im Vergleich, Bielefeld 1995, Habilitationsschrift, 564; hier wird behauptet, daß sich Ende des 19. Jahrhunderts die „Verschränkung von Partnerwahl und wirtschaftlicher Vernunft lockerte" und nun zusehends die „Persönlichkeit" in den Vordergrund trat.

29 Unterstellt wird damit gleichsam die Existenz eines stets schon vorhandenen Gefühlszustandes – wohl verstanden als anthropologische Konstante –, die freilich erst jetzt, gegen Ausgang des 18. Jahrhunderts, als solche erkannt werden konnte.

30 Johannes Huizinga, Homo Ludens – vom Ursprung der Kultur im Spiel, Reinbek 1956, 28.

31 Dies ist auch vor dem Hintergrund einer Neudefinition des Jugend-insbesondere des Jünglingsalters zu sehen. Siehe Maurice Aymard, Freundschaft und Geselligkeit, in: Ariès/Roger Chartier (Hg.), Geschichte des privaten Lebens, Bd. 3, Frankfurt/M. 1991, 451–495; Walter Hornstein, Vom „Jungen Herrn" zum „Hoffnungsvollen Jüngling". Wandlungen des Jugendlebens im 18. Jahrhundert, Heidelberg 1965.

32 Zur männlichen Identität Anthony E. Rotundo, Boy Culture: Male Intimacy and Middle-Class Youth in the Northern United States, 1800–1900, in: Journal of Social History 23 (1989), Nr. 1, 1–26; zum Hagestolz siehe Bärbel Kuhn, Wilhelm B. oder das wenig abenteuerliche Leben eines Junggesellen im 19. Jahrhundert, in: Historische Mitteilungen 8 (1995), Heft 1, 43–64. Zur männlichen Identität des Bürgertums in der Aufklärungszeit siehe auch Mark C. Carnes, Secret Ritual and Manhood in Victorian America, New-Haven, 1989.

33 Christian Simon, Untertanenverhalten und obrigkeitliche Moralpolitik. Studien zu dem Verhältnis zwischen Stadt und Land im ausgehenden 18. Jahrhundert am Beispiel Basels, Zürich 1981, 237, bezeichnet das Spazierenführen, das Ausführen zum Tanz als Teile einer Veröffentlichung des Heiratsversprechens. Siehe auch Rainer Beck, Illegitimität und vorehe-liche Sexualität auf dem Land. Unterfinning, 1671–1770, in: van Dül-men (Hg.), Die Kultur der einfachen Leute, München 1983, 112–150.

34 Diese Öffentlichkeit war regelrecht vonnöten, kontrollierte sie schließlich damit auch die Sexualität und die Schaffung neuer Verwandtschaftssysteme. Gleichzeitig dienten diese öffentlich in Szene gesetzten Rituale dazu, eine gemeinsame Sprache und Deutung für die Brautwerbung und Mannwerdung respektive Eheschließung zu finden.

35 Ja mehr noch: Johanna Schopenhauer oder, eine Generation später, Fanny Lewald nutzen den Brief als Eintrittsbillet in die Welt der gedruckten Literatur. Und nur ein Blick in den Merkelschen Familienkreis macht deutlich, daß viele wenn schon keine anonyme, so jedoch eine vertraute Öffentlichkeit gesucht haben, und Tagebücher über Tagebücher mit genau diesem Ziele verfertigt haben: Heinrich Eibert Merkel macht gleich im ersten Satz seines Tagebuchs deutlich, daß es für die „liebe Regina" bestimmt ist, was ihn freilich nicht daran hindert, auch Freunden und Verwandten das Tagebuch zu geben oder lieber noch, daraus vorzulesen. Ein anderes Diarium von Merkel wird von der Schwester Catharina Schückher zur Lektüre erbeten (FAM 376 Susanna Catharina Schückher an Heinrich Eibert Merkel 19. 12. 1785. „Noch ehe du dein Tagebuch vollendest, mache ich Anspruch darauf und bitte dich nur dessen Communication wenn du zurück kommst".); Ferdinand Beneke schickt gar Auszüge aus seinem Tagebuch an eine ihm fremde Person, die in seinen Heiratsplänen vermitteln soll. Diese Tagebücher sollen „vollständige Auskunft über meine Gedanken" geben, damit die zukünftige Braut, genauestens Bescheid weiß (Trepp, Sanfte Männlichkeit, 114).

36 Zum Vorlesen von Briefen siehe Karin Sträter, Frauenbriefe als Medium bürgerlicher Öffentlichkeit. Eine Untersuchung anhand von Quellen aus dem Hamburger Raum in der zweiten Hälfte des 18. Jahrhunderts, Frankfurt/M. 1991, 133 ff.

37 Trepp, Sanfte Männlichkeit, 114 und 132, bringt hierfür eine Reihe von Belegen. Mit meiner Interpretation der Praxis des Tagebuch- und Brie-

feschreibens freilich will ich Trepps Auffassung, daß diese Dokumente Zeugnis davon ablegen, daß „über die Schwierigkeiten mit der Liebe offen gesprochen wird" (ibid., 104) entschieden widersprechen.

38 Briefe, die nicht für die allgemeine Vorlesung im Familien-, Freundes- oder auch anderen Kreisen vorgesehen sind, werden explizit markiert mit Bemerkungen, daß der Brief nicht anderen gezeigt werden soll.

39 Arnold van Gennep, Übergangsriten, Frankfurt/M., 1980/1981, 114 ff.

40 van Gennep, Übergangsriten, 155.

41 Die von Heinrich Eibert Merkel und anderen bürgerlichen Männern und Frauen der Zeit verfaßten Liebeskonzeptionen ähneln sich trotz zweifellos unterschiedlicher, sich ablösender, aber auch überschneiden- der Akzentuierungen, in einem Punkt: Die herkömmlichen Eheformen, die auf einem prekären Interessenausgleich zwischen sozialen, emotio- nalen und ökonomischen Erfordernissen basierten, werden abgelehnt. Eher aufklärerische Positionen machen sich für eine "vernünftige Liebe" stark, die von erotischer Leidenschaft genauso weit entfernt ist wie von sozialem und ökonomischem Kalkül, gefordert wird vielmehr eine Be- ziehung die auf moralisch-menschlichen Tugenden basiert und zur Ver- edelung derselben beitragen soll. Andere, gemeinhin als empfindsam be- zeichnete – und im vorliegenden Fall vom dritten Freund vertretene – Positionen, streben eine Ehe an, die gleich einer Seelengemeinschaft, Freundschaft und Liebe verbinden und den Gleichklang der Herzen zur einzig legitimen Grundlage einer Ehe erklären.

42 Zu den Sexualitätsvorstellungen der Aufklärer, die – wie insbesondere in der Onaniedebatte deutlich wird – von einer nur schwer zu kontrol- lierenden männlichen Sexualität ausgingen, siehe Isabel Hull, Sexuality, State, and Civil Society in Germany 1700–1815, Ithaca 1996.

43 Sophie de LaRoches Roman erschien 1771. Regina Dannreuther kannte jedenfalls die von Sophie de LaRoche herausgegebene Zeitschrift „Po- mona", die im Januar 1783 erstmals erschien.

44 1747/48 erstmals in England erschienen.

45 Siehe auch insbesondere Heide Wunders Konzept des Arbeitspaares: Heide Wunder, ‚Er ist die Sonn', sie ist der Mond'. Frauen in der Frü- hen Neuzeit, München 1992.

46 FAM 360 16. 10. 1783.

47 Ebd. 11. 10. 1783; 2. 11. 1783.

48 Was in Anbetracht des verglichen etwa mit dem Patriziat geringeren Kapitals an Materiellem und Sozialem auch kaum überrascht. Siehe FAM 360 16. 10. 1783: Hier schreibt Merkel, daß die Herren vom Pa- triziat „... vorzüglich ihre Frauen glücklich machen können, will mir eben doch nicht recht eingehen", um dann eine Reihe von Herren auf- zuzählen die ihren Frauen „Streiche gespielt" haben, die „noch kein Kaufmann gespielt hat". Auch fragt er hier "...Ist dir jemals ein fall be- kannt, daß ein Patrizier jemals eine Nichtpatrizierin aus Liebe und nicht aus Geldbegierde geheyrathet hat?"

49 FAM 360 8. 11. 1783.

50 Ebd. 2. 11. 1783.

51 FAPRAUN 453 Regina Dannreuther an Heinrich Eibert Merkel 16. 6. 1785.

52 Und doch weiß auch Heinrich Merkel, daß man dieser Wissenschaft nicht immer vertrauen kann, bzw. das allzu oft verschiedene Verbindungen aus ihr hervorgehen. So berichtet er etwa mehrmals von Mädchen, die sich in ihn verliebt haben, oder in seinen Bruder, und beide Male vergeblich, d.h. die Zeichen nicht richtig gelesen werden konnten (FAM 360 Tagebuch Heinrich Eibert Merkel 24. 1. 1784). Siehe Peter Gay, Die zarte Leidenschaft. Liebe im bürgerlichen Zeitalter, München 1986, 82–99, der hier den weiteren Weg von der „Physiologie zur Psychologie" beschreibt.

53 FAM 360 11. 10. 1783.

54 Ebd. 4. 12. 1783: Hier schildert Merkel eine Reihe solcher Konflikte.

55 "Weil ich so ehrlich bin und dir nicht verhehle", schreibt Merkel (FAM 360 16. 12. 1783) und berichtet Regina von nächtlichen Kutschenfahrten mit anderen Frauenzimmern.

56 FAM 360 26. 12. 1783.

57 FAM 360 11. 10. 1783: Mit dem Satz Heinrich Merkels, „Meine Grundsätze haben die deinigen berichtigt und befestigt", wird auch dieses Kontrollbedürfnis deutlich. Anders formuliert heißt es nämlich: Ich habe dir die richtige Form der Liebe gewiesen und kann darum auch in Zukunft beurteilen, inwiefern dein Verhalten dieser richtigen Form entspricht.

58 Siehe zu diesen Figuren auch Trepp, Sanfte Männlichkeit, 99, 101.

59 FAM 373 Oettelt an Regina Dannreuther 26. 7. 1784. In diesem Brief greift Oettelt vermeintlich direkt in eine Krise der Beziehung ein, indem er einen Brief an Regina schreibt. Aus den erhaltenen Briefentwürfen von Heinrich Eibert Merkel geht hervor, daß er, Merkel, den Brief vorgeschrieben hat, den Oettelt als den seinigen ausgibt. D.h. Oettelt handelt hier im Auftrag und tut so, als wäre es sein Brief.

60 Briefwechsel zwischen Heinrich Eibert Merkel und Catharina Schückher (FAM 376).

61 Briefwechsel zwischen Heinrich Eibert Merkel und Margarete Merkel (FAM 378). Siehe auch die Briefe zwischen Margarete Merkel und Regina Dannreuther (FAPRAUN 453).

62 Briefwechsel Heinrich Eibert Merkel mit Paul Wolfgang Merkel (FAM 374).

63 So nimmt Heinrich das Angebot von Reginas Onkel, vermittelnd tätig zu werden, erfreut an. Der Onkel wollte das Fräulein Königsthal, eine Schwester von Königsthal, bitten, ein versöhnliches Gespräch mit dem Bruder zu führen (FAM 360 14. 10. 1783). Dann wieder bespricht sich Heinrich mit Reginas Tante, Frau Königsthal (FAM 360 28. 10. 1783), und selbstredend gibt es etliche Unterhaltungen mit dem Vater. Andere

Verwandte, wie der Onkel Kießling, intervenieren indirekter, etwa dadurch, daß sie dem Bruder Heinrichs, Paul Wolfgang Merkel, keine Brautgeschenke machen und damit zum Ausdruck bringen, daß sie die Verbindung zwischen Regina Dannreuther und Heinrich Merkel mißbilligen (FAM 360 28. 1. 1784). So zumindest fürchtet Heinrich Merkel das Verhalten von Kießling interpretieren zu müssen.

64 Spätestens im Herbst 1783, ab dem Zeitpunkt erst gibt das Tagebuch genauer Auskunft über die Liebesgeschichte, ist die Beziehung schon in aller Munde: Die zukünftige Schwägerin Beplerin weiß genauso davon wie der Freund Holzberger (FAM 360 1. 10. 1783).

65 FAM 360 2. 10. 1783: Merkel schreibt hier, daß dem Vater Königstahl wahrscheinlich auch schon Glückwünsche zur vermeintlich bevorstehenden Eheschließung Merkel-Dannreutherin überbracht worden wären.

66 FAM 360 23. 11. 1783. So wird Reginas Großvater lange bevor Mutter und Vater sich positiv über die Verbindung geäußert haben, im Kaffeehaus vor den Augen und Ohren aller anwesenden Herrn gefragt, wie es denn nun um die Verbindung seiner Enkelin stehe (FAM 360 2. 10. 1783.)

67 FAM 360 Vorbemerkung.

68 FAPRAUN 453 Regina Dannreuther an Heinrich Eibert Merkel 17. 6. 1785.

69 FAM 360 20. 1. 1784.

70 FAM 360 22. 7. 1784.

71 FAM 360 23. 7. 1784.

72 FAM 360 24. 7. 1784.

73 FAM 373 Oettelt an Regina Dannreuther 26. 7. 1784.

74 FAM 360 23. 7. 1784.

75 Ebd. 4. 7. 1784.

76 Es war zu jener Zeit, daß ihre Liebe abnahm und sie wird bedauern, daß nicht deutlich gemacht zu haben: „Ich sollte ihnen lieber bei der erstbesten Gelegenheit gesagt haben, daß sie mir nicht mehr das sind was sie mir ehedem waren. Aber mein Hertz hinterging mich selbst, ich dachte immer wieder meine Liebe für sie anzufeuern" (FAPRAUN 453 Regina Dannreuther an Heinrich Eibert Merkel 21. 4. 1786).

77 FAPRAUN 453 Regina Praun, Notiz 11. 3. 1789.

78 Wesentlich erscheint es mir hier, auf einen möglichen geschlechtsspezifischen Unterschied in der Bedeutung der Ehe und damit die Notwendigkeit, die Inszenierung der empfindsamen Rhetorik mit der ehelichen Zukunft genauer zu vergleichen, hinzuweisen. Da die Ehe in höherem Maße auch über den ökonomischen Status der Frau entschied, mußte sie zwangsläufig genau die von Merkel so geschmähten Überlegungen der Konvenienzehe in viel höherem Maße ernst nehmen, als es Merkel mußte. Erschwerend hinzu kommt die höhere rechtliche Abhängigkeit der Frau innerhalb der Ehe, die wiederum von ihr eine genauere Überlegung ihrer Entscheidung verlangte als vom Mann.

79 Siehe Margerethe Milow, Murren, 1987. Ebenso verhielt es sich bei der Eheschließung der Schwester Heinrich Eibert Merkels, Susanna Schückher; siehe ihr Testament FAM 76. In vielen literarischen Geschichten der Zeit, wie in Sophie de LaRoches Fräulein von Sternheim oder in Therese Hubers Roman Luise, wird genau dieses Thema behandelt.

80 Geschlecht ist nämlich nicht ausschließlich als soziale Kategorie zu verstehen, sondern auch als biologische Differenz. Die Gebärfähigkeit nötigte Frauen in genau dieser Situation, schließlich bedeutete jede Ehe – potentiell zumindest – die Geburt und Aufzucht von Kindern, eine andere Sichtweise auf die Entscheidung von Heirat ab.

81 Huizinga, Homo.

82 FAPRAUN 453 Regina Dannreuther an Heinrich Eibert Merkel 21. 4. 1786.

83 FAPRAUN 453 Regina Praun, Notiz 11. 3. 1789.

84 Zum Heiratsverhalten in Nürnberg zu Beginn des 19. Jahrhunderts siehe Gerhard Hirschmann, Das Nürnberger Patriziat im Königreich Bayern 1806–1918. Eine sozialgeschichtliche Untersuchung, Nürnberg 1971; ders., Die Bedeutung des Konnubiums beim Aufstieg Nürnberger Bürgerfamilien zu einer wirtschaftlichen Führungsschicht im 18. und 19. Jahrhundert, in: ders., Aus sieben Jahrhunderten Nürnberger Stadtgeschichte. Ausgewählte Aufsätze, Nürnberg 1988, 143–154; Hans-Walter Schmuhl, Bürgertum, 564 ff.

85 FAPRAUN Sigmund von Praun, Skizze über einen wichtigen Schritt. . ., verfaßt 1829.

86 Die Freunde sind Mitglied in der „Gesellschaft zur Beförderung der vaterländischen Industrie", im „Museum" respektive in der Loge „zu den drei Pfeilen"; siehe zu den Nürnberger Aufklärungsgesellschaften: Renate Reichel, Die Gesellschaft zur Beförderung der vaterländischen Industrie. Eine patriotische Gesellschaft zu Nürnberg, (Ms.) Erlangen 1963/64; Norbert Schindler/Wolfgang Bonß, Praktische Aufklärung. Ökonomische Sozietäten in Süddeutschland und Österreich im 18. Jahrhundert, in: Deutsche patriotische und gemeinnützige Gesellschaften, Wolfenbüttel 1980, 255–353. Ausführlich hierzu auch Habermas, Frauen.

87 Hull, Sexuality

E. Dillmann
Schwärmen für die Lehrerin

1 Charlotte Bühler (Hg.), Tagebuch eines jungen Mädchens, Jena 1922. Für – insgesamt spärliche – lebensgeschichtliche Informationen auch dies., Drei Generationen im Jugendtagebuch, Jena 1934, 2 (Tabelle). Vgl. dazu auch Petra Stach, Das Seelenleben junger Mädchen. Zwei Tage-

bücher der Jahrhundertwende in der Kontroverse zwischen Psychoanalyse und Psychologie, in : Psychologie und Geschichte 5 (1994), 183–207.

2 Charlotte Bühler (Hg.), Jugendtagebuch und Lebenslauf. Zwei Mädchentagebücher mit einer Einleitung, Jena 1932, 14–104.

3 S. bes. Erik H. Erikson, Identität und Lebenszyklus, Frankfurt/M. [13]1993; ders., Jugend und Krise. Die Psychodynamik im sozialen Wandel, Frankfurt/M./Berlin/Wien 1981.

4 Bühler (Hg.), Tagebuch eines jungen Mädchens, 14.

5 Ebd., 34 f.

6 Bühler (Hg.), Jugendtagebuch und Lebenslauf, 45 f.

7 Ein Beispiel: „Ich knie vor Dir hin / Und lege / Mir Deine beiden Hände an die Stirn / Und ruhe. / Und alles Wilde, Werdende / Streichst Du / Mit Deinen beiden Händen von der Stirn / Und führst mich zu mir selbst / Und läßt mich ruhn". Ebd., 101; ein weiteres Beispiel ebd., 100.

8 Ebd., 55 f.

9 Aufschlußreich ist dafür etwa folgende Passage (Irmgard Winter) : „Ich habe mich nicht entwickelt, da ich immer an „W.'s Rockschößen hing, eben mehr als ich selber geahnt habe. Man soll mich halt tüchtig durchrütteln, das werde ich ertragen und nicht immer danach fragen, was die Menschen dazu meinen. Direkt tue ichs auch nicht, im Gegenteil. Aber einen oder zwei Menschen muß ich immer haben, an die ich mich wenden kann... Ich strebe halt immer danach, eine Persönlichkeit in mir selber zu sein, und das werde ich auch". Bühler (Hg.), Tagebuch eines jungen Mädchens, 31.

10 Charlotte Bühler, Das Seelenleben des Jugendlichen. Versuch einer Analyse und Theorie der psychischen Pubertät, Jena [5]1929, 164 f.

11 Allg.: Christa Berg (Hg.), Handbuch der deutschen Bildungsgeschichte, Bd. IV: 1870–1918. Von der Reichsgründung bis zum Ende des Ersten Weltkriegs, München 1991; Dieter Langewiesche/Heinz-Elmar Tenorth (Hg.), Handbuch der deutschen Bildungsgeschichte, Bd. V: 1918–1945. Die Weimarer Republik und die nationalsozialistische Diktatur, München 1989; Elke Kleinau/Claudia Opitz (Hg.), Geschichte der Mädchen- und Frauenbildung, Bd. 2: Vom Vormärz bis zur Gegenwart, Frankfurt/M./New York 1996. Zur weiblichen Sozialisationsgeschichte: Ursi Blosser/Franziska Gerster, Töchter der guten Gesellschaft. Frauenrolle und Mädchenerziehung im schweizerischen Großbürgertum um 1900, Zürich 1985; Dagmar-Renate Eicke, „Teenager" zu Kaisers Zeiten. Die „höhere" Tochter in Gesellschaft, Anstands- und Mädchenbüchern zwischen 1860 und 1900, Marburg 1980; Dorle Klika, Erziehung und Sozialisation im Bürgertum des wilhelminischen Kaiserreichs. Eine pädagogisch-biographische Untersuchung zur Sozialgeschichte der Kindheit, Frankfurt/M. u. a. 1990; Ira Spieker, Bürgerliche Mädchen im 19. Jahrhundert. Erziehung und Bildung in Göttingen 1806–1866, Göttingen 1990.

12 Besonders anschaulich läßt sich dieser Selbstfindungsprozeß bei Olga Luhn verfolgen. Aus ihm geht die Entscheidung für den künstlerischen Beruf hervor, gegen die zunächst mit erwogenen Alternativen der Wissenschaft und des praktischen Wirkens für andere.

13 Bühler (Hg.), Jugendtagebuch und Lebenslauf, darin das Tagebuch von Hilde Köhler.

14 Bühler (Hg.), Tagebuch eines jungen Mädchens, VI f.

15 Obwohl diese Funktion gerade bei Olga Luhn eine höchst wichtige Rolle spielt; aufgewachsen in einem freireligiösen Elternhaus wendet sie sich unter Begleitung der Lehrerin einer sehr bewußten, überzeugten Religiosität zu.

16 „Elga hat so viele Mädchen, die sie lieben, Mädchen, die gut und klug sind, ausgezeichnete Charaktere, die besten in ihren Klassen. Und da sollte sie gerade mich mit meinen tausend Fehlern, die sie noch besser kennt als sonst irgendeiner, mit meinen vielen schlechten Eigenschaften, mich sollte sie lieb haben? . . . Elga liebt sicher so selten, sie liebt nur einen einzigen Auserwählten . . . Ich habe genau dieselben guten und schlechten Eigenschaften wie so viele andere auch und Elga kann mich nur ebenso wenig oder viel lieben, wie eben die anderen. Es ist ja auch schon *so,* so wunderschön, zu ihren Auserwählten zu gehören, zu den Berufenen vielleicht . . .“. Bühler (Hg.), Jugendtagebuch und Lebenslauf, 27.

17 Was übrigens die sich aufdrängende Frage nach der ‚Authentizität‘ des Tagebuchtextes bzw. nach den Stilisierungen und Anleihen aus der literarischen Gattungstradition betrifft, so ist sie auf einer ersten Ebene wohl berechtigt – es findet sich bei Olga Luhn explizit der Hinweis auf die Tagebücher Hebbels und Rankes sowie Goethes italienische Reise – (ebd., 66, 89, 90), wechselt aber ihren Stellenwert auf einer zweiten Betrachtungsebene, wenn man sich vor Augen führt, daß – gelegentlich bis zur Peinlichkeit getriebene – Stilisierungen und Überspanntheiten entwicklungspsychologisch gerade typisch sind. Die vielfältigen Maskeraden kennzeichnen das spielerische Erproben von Identitäten und werden den Diaristinnen sehr wohl immer wieder – eben auch in ihren problematischen Zügen – bewußt.

18 Echte realistische Selbstdistanzierungen dürften dann die weitere Entwicklung bestimmen. Besonders aussagekräftig folgende Passage: „Ich möchte jemanden haben, dem ich was erzählen kann und der tröstend die Hand auf mich legt in seiner Größe – und das Wenige, Kleine versteht, das ich besitze . . . Mir ist so, als gehöre ich auf einen größeren, schwereren Stern, wo der Himmel immer grau ist und die Erde mit einem weißen Tuch deckt – weit, weit hinaus; wo die Menschen groß sind und goldblonde Haare haben so wie ich, und Augen, die von innerem Erleben glänzen. Sie brauchen sich nicht gegenseitig viel vorzumachen und sich in Kleinigkeiten zu verlieren; denn sie wissen, daß alles bloß Heuchelei ist, um das zu verstecken, was am tiefsten in ihnen ist; ich will

damit garnicht sagen, daß ich groß bin. Ich fühle nur, daß es etwas Großes gibt". Bühler (Hg.), Tagebuch eines jungen Mädchens, 36 f.

19 Ebd., 14.

20 Bühler (Hg.), Jugendtagebuch und Lebenslauf, 46 f.

21 Bühler (Hg.), Tagebuch eines jungen Mädchens, 19.

22 Vgl. Ann Tylor Allen, „Geistige Mütterlichkeit" als Bildungsprinzip. Die Kindergartenbewegung 1840–1870, in: Kleinau/Opitz (Hg.), Geschichte der Mädchen- und Frauenbildung, Bd. 2, 19–34; James C. Albisetti, Professionalisierung von Frauen im Lehrberuf, ebd., 189–200, hier 196; Ilse Brehmer (Hg.), Lehrerinnen. Zur Geschichte eines Frauenberufes, München/Wien/Baltimore 1980, 93, 114 ff., 139 ff.; Adelinde Steeb, Das Idealbild der Lehrerin und Erzieherin in der Geschichte der Pädagogik, Diss. München 1953. Quellenbeispiel: Marie Martin, Die höhere Mädchenschule in Deutschland, Leipzig 1905. Was Image, Selbstverständnis und Gruppenkultur der Lehrerinnen betrifft, bestehen noch erhebliche Forschungsdefizite.

23 Vgl. Ernst Plaum, Geschichte der Entwicklungspsychologie, in: Ernst Georg Wehner (Hg.), Geschichte der Psychologie. Eine Einführung, Darmstadt 1990, 76–102; Leo Montada, Fragen, Konzepte, Perspektiven, in: Rolf Oerter/Leo Montada (Hg.), Entwicklungspsychologie. Ein Lehrbuch, Weinheim ³1995, 1–83; Hildegard Hetzer, Kinder- und jugendpsychologische Forschung im Wiener Psychologischen Institut von 1922 bis 1938, in: Zeitschrift für Entwicklungspsychologie und Pädagogische Psychologie 14 (1982), 175–224.

24 Noch 1921 zog Elise Deutsch den Kreis der angeschwärmten Personen, indem sie Eltern, Geschwister und Schulfreunde einbezog, so weit, daß sich der Begriff praktisch auflöst und nur noch jugendlichen Gefühlsüberschwang meint (Jugendlichen-Pädagogik. Aus der Erfahrung dargestellt als Ratgeber für Klassenführung und Schulleitung sowie als Anleitung für den Gebrauch an Seminaren der Fach- und Fortbildungsschullehrerinnen, sowie zum Selbstunterricht, Leipzig/Berlin 1921, 23).

25 Helene Glaue-Bulß, Das Schwärmen der Mädchen, Leipzig 1914.

26 „Früher nannte man dafür immer den Literatur-, den Kunstgeschichts-, den Klavierlehrer – alles Fächer, die erst die heranwachsenden Mädchen kennen lernen –, und weil früher auf der Oberstufe, im Gegensatz zur Unter- und Mittelstufe, der Unterricht meist von Lehrern erteilt wurde, entstand wohl auch die irrtümliche Meinung, daß die Backfische für den Mann im Lehrer schwärmten. Seitdem die Lehrerinnen auch in der Oberstufe gleichwertigen Unterricht geben, wird für sie dort genau so geschwärmt wie früher für den Lehrer". Ebd., 23.

27 Charlotte Bühler, Das Seelenleben des Jugendlichen. Versuch einer Analyse und Theorie der psychischen Pubertät, Jena ⁵1929, 164 ff.; dies., Die Schwärmerei als Phase der Reifezeit, in: Zeitschrift für Psychologie 100 (1926), 1–17.

28 Bühler, Seelenleben, 165.

29 Bühler, Die Schwärmerei als Phase der Reifezeit, 16.

30 Wir ziehen die zeitliche Grenze hier um 1930. Neben den genannten vgl. v.a.: Adolf Sellmann, Die Psychologie der Backfische, in: Frauenbildung 10 (1911), 480–485, hier bes. 482 f.; August Kohl, Pubertät und Sexualität. Untersuchungen zur Psychologie des Entwicklungsalters, Würzburg 1911, 64 ff.; Eduard Spranger, Psychologie des Jugendalters, Leipzig 1924, 98 ff.; Otto Tumlirz, Die Reifejahre. Untersuchungen zu ihrer Psychologie und Pädagogik, 1. Teil: Die seelischen Erscheinungen der Reifejahre, Leipzig 1924, 11, 72, 91 ff., 106; Walter Hoffmann, Die Reifezeit. Grundfragen der Jugendpsychologie und Sozialpädagogik, Leipzig ²1926, 92 ff.; Hans Schlemmer, Die Seele des jungen Menschen im Entwicklungsalter, Stuttgart/Heilbronn 1926, 79 ff.; E. van Randenborgh, Liebe zu älteren Personen, in: Gerhard Füllkrug (Hg.), Seelenkunde der weiblichen Jugend, Schwerin ⁴1928, 192–198; Susanne Engelmann, Die Erziehung des Mädchens, Leipzig 1929, bes. 35 f.; Else Croner, Die Psyche der weiblichen Jugend, Langensalza 1930, 44 ff.; Adolf Busemann, Pädagogische Jugendkunde, Frankfurt/M. 1931, 186 f.

31 Vgl. auch Deutsch, Jugendlichen-Pädagogik, 22 f.; Bühler, Seelenleben, 164; Jakob Hoffmann, Handbuch der Jugendkunde und Jugenderziehung, Freiburg i. Br. ³1922, 118, 270.

32 S. z.B. Bühler, Jugendtagebuch und Lebenslauf, 5.

33 Spranger, Psychologie des Jugendalters, 103.

34 So wären etwa die Äußerungen von G. Bäumer zu verstehen, s. Anm. 48.

35 Der aber eher zu einer minderwertigeren Erscheinungsform gerechnet wird. Dazu auch van Randenborgh, Liebe zu älteren Personen, 193 f. : „Man faßt mit besonderer Vorliebe den Türdrücker an, nachdem der ‚Schwarm‘ hindurchgegangen ist, man steht stundenlang im Regen, nur um den Schatten der Geliebten zu sehen, man trägt die Haarschleifen in der Farbe ihrer Kleider (bzw. seiner Schlipse), ja, man nimmt die Kieselsteine in den Mund, über die ihr Fuß gegangen ist (wie ich es selbst gesehen habe!). ... Diese nur äußerliche Schwärmerei steht denn auch auf gleicher Stufe mit den Liebeleien, hier wie da wird der Gegenstand sehr oft gewechselt und die besten und wertvollsten Kräfte in oberflächlichen Kindereien vergeudet".

36 Der sie in seine Theorie der jugendlichen Erotik als personal vermittelter Idealbildung einbindet. S. Anm. 30.

37 Hoffmann, Handbuch der Jugendkunde, 271.

38 Deutsch, Jugendlichen–Pädagogik, 22.

39 Ebd., 23.

40 Magdalene von Tiling, Psyche und Erziehung der weiblichen Jugend. Ein Versuch, Langensalza 1921.

41 Ebd., 16. Ebenfalls sehr negativ das Urteil von Marie Martin, Die höhere Mädchenschule, 109 ff.

42 Engelmann, Die Erziehung des Mädchens. Sie läßt eine gewisse –
   nichtsexuelle – Erotik gelten, macht aber auf die Gefahr aufmerksam,
   daß „bei einem allzu großen Entgegenkommen der Lehrerin das jugendliche Mädchen in einer ungesunden Gefühlsrichtung bestätigt, wie
   die Wissenschaft sagt, fixiert werden könnte". Ebd., 38.

43 Ebd., 39.

44 Als ein ‚Scheitern' wird man sie, streng genommen, nicht zu deuten
   haben, da sie einer psychischen Entwicklungslogik gehorcht.

45 Bühler (Hg.), Tagebuch eines jungen Mädchens, 34.

46 Stattdessen hätte gerade das Moment personaler Begegnung stark gemacht werden müssen. Vgl. ferner ebd., 31, 39, 51, 52, 54, 56 sowie
   oben, 182.

47 Vgl. Bühler, Jugendtagebuch und Lebenslauf, 5.

48 Eines der wenigen Zeugnisse ist die bereits von Charlotte Bühler aufge-
   griffene Schilderung von Gertrud Bäumer (geb. 1873) über ihre Lyzeal-
   zeit. Sie dürfte der weniger spektakulären, gleichwohl lebensgeschicht-
   lich nicht unwichtigen ‚Durchschnittsschwärmerei' – erhöhte emotionale Bezugnahme zu einer beeindruckenden Person – nahe kommen.
   Adressat des Schwärmens ist die Turnlehrerin. „Die ungeheuerlichsten
   Expeditionen wurden unternommen, um auszukundschaften, wo man
   ihr begegnen könne, die seltsamsten Anlässe ersonnen, um etwas mit ihr
   zu tun zu bekommen ... Wir hätten genau so für sie geschwärmt, wenn
   sie eine Bekannte unserer Mutter oder eine Schauspielerin gewesen wäre. Und ihr Geheimnis – wenn ich sie mir jetzt vorstelle, glaube ich
   nicht, daß sie in irgendeiner Hinsicht ein ‚glänzender' Mensch gewesen
   ist – lag in einer Mütterlichkeit, die niemals in dem Sinne patronisierend
   war, wie das sonst Schulton ist, sondern in den Formen einer anmutigen,
   ich möchte sagen gesellschaftlichen Liebenswürdigkeit, die uns zugleich
   ästhetisch entzückte und innerlichst erwärmte". Alfred Graf, Schülerjahre. Erlebnisse und Urteile namhafter Zeitgenossen, Berlin 1912, 62.
   „Man lebte – gesunde, unsentimentale, frische Kinder – einfach von dieser Quelle her, mit einer Kraft und Ausschließlichkeit, die in der Rückschau in Erstaunen setzt. Bei mir war dieses Gefühl mit einer so fanati-
   schen Zurückhaltung in der Äußerung verbunden, aus Angst, mich
   aufzudrängen, daß die Lehrerin nie etwas davon gemerkt hat". Gertrud
   Bäumer, Lebensweg durch eine Zeitenwende, Tübingen ⁴1933, 81.
   Blättert man die vorhandenen Sammlungen von Schulerinnerungen
   durch, so findet man die verschiedensten Qualitäten der Beziehung zu
   den Lehrpersonen, die von Begeisterung und Verehrung über Gleich-
   gültigkeit bis zum Haß reichen; sie haben wohl ihre historische Spezifik,
   lassen aber nur selten das hier betrachtete Phänomen durchblicken.
   Graf, Schülerjahre, 223 f. (Schwärmen für den Religionslehrer); Karl Es-
   selborn (Hg.), Unter der Diltheykastanie. Schulerinnerungen ehemaliger
   Darmstädter Gymnasiasten, Darmstadt 1929; Peter Fleck (Hg.), Aus der
   Schule geplaudert. Erinnerungen ehemaliger Schüler und Lehrer aus

Bensheim und heutigen Vororten (1901–1973), Bensheim 1986; Rudolf Pörtner (Hg.), Kindheit im Kaiserreich. Erinnerungen an vergangene Zeiten, Düsseldorf/Wien/New York 1987.

49 Vgl. v. a. Klika, Erziehung, 203 ff.; dies., Die Vergangenheit ist nicht tot, in: Kleinau/Opitz (Hg.), Geschichte der Mädchen- und Frauenbildung, Bd. 2, 283 ff.

50 Vgl. Jürgen Reulecke, Jugend und „junge Generation" in der Gesellschaft der Zwischenkriegszeit, in: Langewiesche/Tenorth (Hg.), Handbuch der deutschen Bildungsgeschichte, Bd. V, 86–110.

51 „Anstatt also weiterhin wie als Kind mit allen kleinen Sorgen und Angelegenheiten zu den Eltern zu kommen, schließt sich das junge Mädchen, da es nach seiner Meinung nicht mehr das richtige Verständnis dort findet, von den anderen ab und in sich zusammen", erklärt Glaue-Bulß und vermutet demgegenüber, „daß die im Elternhause verständnisvoll geleiteten Mädchen gar nicht zum Schwärmen kommen – eine Beobachtung, die tatsächlich gemacht wird". Glaue-Bulß, Das Schwärmen, 16, 17. Vgl. ebd., 19; ferner Charlotte Jansen, Die erziehliche Aufgabe der Lehrerin auf der Oberstufe, in: Die Lehrerin in Schule und Haus 25 (1908/09), 329–338, 366–376, hier 367.

52 Alice Salomon, Mütter und Töchter, in: Die Frau 15 (1908/09), 321–333; Johanna Kohlund, Mutter und Tochter, psychologisch-pädagogische Betrachtungen zum Konflikt der Generationen, in: Deutsche Mädchenbildung 2 (1926), 12–22. Vgl. auch C. Müller, Einige Züge der Schülerin von heute, in: Deutsche Mädchenbildung 3 (1927), 396–400.

53 Kohlund, Mutter und Tochter, 15.

54 Salomon, Mütter und Töchter, 323.

55 Charlotte Bühler, Drei Generationen im Jugendtagebuch, Jena 1934, darin die Einleitung: Drei Generationen im Jugendtagebuch, 1–70. Vgl. ferner Luise Scheffen-Döring, Mutter und Tochter. Ein Versuch zur Anleitung unserer Töchter im Jahre 1931, in: Deutsche Mädchenbildung 7 (1931), 175–181.

56 Bühler, Drei Generationen, 37.

57 Ebd., 61.

58 Dazu zuletzt Doris Kaufmann, Aufklärung, bürgerliche Selbsterfahrung und die „Erfindung" der Psychiatrie in Deutschland, 1770–1850, Göttingen 1995, 55 ff.

59 Vgl. Klika, Die Vergangenheit ist nicht tot, 290.

60 Insbesondere gilt auch in diesem Fall die zentrale Bedeutsamkeit des personalen Moments neben demjenigen der ‚Idee', und es wäre noch sehr genau zu untersuchen, inwiefern letzteres über ersteres ein Übergewicht hätte und inwiefern sich auf seiten des ‚Geführten' gegenüber dem Schwärmen der Mädchen stärker ‚männlicher' Selbstbehauptungswille, Kameradschaftsbedürfnis oder gegebenenfalls Rivalität geltend machte. Zur (deutschen) Jugendbewegung vgl. u. a. Volker Brand, Jugendkulturen und jugendliches Protestpotential. Sozialgeschichtliche

Untersuchung des Jugendprotestes von der Jugendbewegung zu Beginn des Jahrhunderts bis zu den Jugendkulturen der gegenwärtigen Risikogesellschaft, Frankfurt/M. u. a. 1993; Ulfried Geuter, Homosexualität in der deutschen Jugendbewegung. Jugendfreundschaft und Sexualität im Diskurs von Jugendbewegung, Psychoanalyse und Jugendbewegung, Psychoanalyse und Jugendpsychologie am Beginn des 20. Jahrhunderts, Frankfurt/M. 1994; Friedhelm F. Musall, Frühe Jugendbewegung, Sexualität und adoleszente Politisierung. Pädagogisch–sozialpsychologische Untersuchungen zu Entstehung und Verlauf der deutschen Jugendbewegung bis 1920, Frankfurt/M. 1987, bes. 50f.; Heinz S. Rosenbusch, Die deutsche Jugendbewegung in ihren pädagogischen Formen und Wirkungen, Frankfurt/M. 1973, bes. 3. Kap.: Das Führertum als wichtige erzieherische Komponente der Jugendbewegung. Zu Mädchen in der Jugendbewegung vgl. Irmgard Klönne, Mädchen in der Jugendbewegung, in: Kleinau/Opitz (Hg.), Geschichte der Mädchen- und Frauenbildung, Bd. 2, 248–270.

61 Ich kann hier nur auf sporadische Zufallsfunde hinweisen, etwa eine kleine Episode in den Erinnerungen Friedrich Meineckes. Dort heißt es über einen Mitschüler, er habe den allseits bewunderten Gymnasialdirektor „wie ein Backfisch" in einem Gedicht angeschwärmt, „das den stattlichen Mann mit grauem Vollbart gar als Wodan – Felix Dahn war damals in Mode – verherrlichte". Friedrich Meinecke, Erlebtes 1862–1901, Leipzig 1941, 61. Daß die Umgebung einen solchen ‚femininen‘ Zug eher pejorativ vermerkte, dürfte herauszulesen sein. Busemann bemerkt in seiner ‚Pädagogischen Jugendkunde‘: „Selten nur schwärmt der Knabe, doch gibt es Fälle, wo 10–11jährige für einen Lehrer, für die eigene Mutter, für einen älteren Mitschüler schwärmen." Adolf Busemann, Pädagogische Jugendkunde, Frankfurt/M. 1931, 187. Auch Otto Tumlirz bezieht den Begriff des Schwärmens auf Knaben; Reifejahre, 1. Teil, 92. Ein literarischer Beleg für die Liebe zu einem Lehrer bei Wilhelm Münch, Seltsame Alltagsmenschen, München 1910, 22f., nach Schlemmer, Die Seele, 80.

62 Vgl. z. B. Wolfgang Fischer, Neue Tagebücher von Jugendlichen, Freiburg ²1967, 30f.; Walter Abegg, Aus Tagebüchern und Briefen junger Menschen. Ein Beitrag zur Psychologie des Entwicklungsalters, München/Basel 1954, 88ff.

Die Autorinnen und Autoren

Renate Blicke, Dr. phil., geb. 1938, Promotion 1965 in München, lebt in
Bern. Forschungsschwerpunkte: Geschichte der bayerischen Bauern in
der Zeit von 1300–1800, insbesondere zur gesellschaftlichen Herkunft
der Grundrechte.
Veröffentlichungen u. a.: Nahrung und Eigentum als Kategorien in der
ständischen Gesellschaft, in: Winfried Schulze (Hg.), Ständische Gesellschaft und soziale Mobilität (1988); Rebellion oder natürliche Defension.
Der Aufstand der Bauern in Bayern 1633/34 im Horizont von gemeinem
Recht und christlichem Naturrecht, in: Richard van Dülmen (Hg.), Verbrechen, Strafen und soziale Kontrolle (1990); Leibeigenschaft. Versuch
über Zeitgenossenschaft in Wissenschaft und Wirklichkeit, in: Jan Peters
(Hg.), Gutsherrschaft als soziales Modell (1995).

Edwin Dillmann, Dr. phil., geb. 1958, Studium der Geschichte und Germanistik in Saarbrücken, Trier und Wien, Promotion 1992; seit 1992
wissenschaftlicher Mitarbeiter am Historischen Institut der Universität
des Saarlandes (Arbeitsstelle für historische Kulturforschung).
Veröffentlichungen u. a.: Schule und Volkskultur im 18. und 19. Jahrhundert. Erkundungen zum Modernisierungsprozeß im saarländisch-
trierischen Raum (1995); (Hg.), Regionales Prisma der Vergangenheit.
Perspektiven der modernen Regionalgeschichte (1996); (Hg. zus. mit
Richard van Dülmen), Lebenserfahrungen an der Saar, Studien zur All-
tagskultur 1945–1995 (1996); Mens sana in corpore sano? Schulturnen in
der zweiten Hälfte des 19. Jahrhunderts, in: Richard van Dülmen (Hg.),
Körper-Geschichten (1996).

Rebekka Habermas, Dr. phil., geb. 1959, Studium der Romanistik und
Geschichte in Konstanz und Paris, langjährige Verlagstätigkeit, seit 1992
wissenschaftliche Mitarbeiterin am Sonderforschungsbereich „Bürgertum" der Universität Bielefeld.
Wichtigste Publikationen: neben zahlreichen Aufsätzen zur Frauen- und
Geschlechtergeschichte sowie zur Frömmigkeitsgeschichte des 18. und
19. Jahrhunderts: Wallfahrt und Aufruhr. Zur Geschichte der Wallfahrt
in der frühen Neuzeit (1991).

Eva Labouvie, Dr. phil., geb. 1957, Studium der Geschichte, Germanistik
und Sozialkunde an der Universität des Saarlandes, Saarbrücken; seit
1988 wissenschaftliche Mitarbeiterin am dortigen Historischen Institut
(Arbeitsstelle für historische Kulturforschung; Arbeitsstelle für Regionalgeschichte). Forschungsschwerpunkte: unterschiedliche Aspekte der

Frauen- und Geschlechtergeschichte, ländliche Kultur (16.–19. Jahrhundert) und Konfliktforschung, Wahrnehmungs- und Imaginationsgeschichte.

Veröffentlichungen u. a.: Zauberei und Hexenwerk. Ländlicher Hexenglaube in der frühen Neuzeit (1991, [2]1993); Verbotene Künste. Volksmagie und ländlicher Aberglaube in den Dorfgemeinden des Saarraumes (16.–19. Jahrhundert, 1992); (Hg. zus. mit Richard van Dülmen), Die Saar. Geschichte eines Flusses (1992); (Hg.), Frauenleben – Frauen leben. Zur Geschichte und Gegenwart weiblicher Lebenswelten im Saarraum (17.–20. Jahrhundert, 1993); Selbstverwaltete Geburt. Landhebammen zwischen Macht und Reglementierung, in: Geschichte und Gesellschaft 18 (1992), 473–502.

Nils Minkmar, Dr. phil., geb. 1966, Studium der Geschichte und Philosophie an der Universität des Saarlandes, Saarbrücken; 1996 Promotion über Ehrbegriff und Ehrenkonflikte im Colmar des 16. Jahrhunderts in historisch-anthropologischer Perspektive. Arbeitet als Fernsehredakteur in Hamburg.
Veröffentlichungen zur Film- und Kinogeschichte, zur Kultur- und Sozialgeschichte.

Gerd Schwerhoff, Dr. phil., geb. 1957, Studium der Geschichte, Soziologie und Pädagogik in Köln und Bielefeld, wissenschaftlicher Assistent an der Fakultät für Geschichtswissenschaft der Universität Bielefeld; Forschungsschwerpunkte: Stadtgeschichte, Hexenforschung, Geschichte der Kriminalität und der Religiosität.
Veröffentlichungen u. a.: Köln im Kreuzverhör. Kriminalität, Herrschaft und Gesellschaft in der frühneuzeitlichen Stadt (1991); (Hg. zus. mit Andreas Blauert), Mit den Waffen der Justiz. Zur Kriminalitätsgeschichte des Spätmittelalters und der Frühen Neuzeit (1993); (Hg. zus. mit Jürgen Scheffler und Gisela Wilbertz), Hexenverfolgung und Regionalgeschichte. Die Grafschaft Lippe im Vergleich (1994); (Hg. zus. mit Klaus Schreiner), Verletzte Ehre. Ehrkonflikte in Gesellschaften des Mittelalters und der Frühen Neuzeit (1995).

Gabriela Signori, Dr. phil., geb. 1960, wissenschaftliche Assistentin an der Universität Bielefeld. Forschungsschwerpunkte: geschlechtsspezifische Unterschiede der religiösen Lebenswelten, ländliche Alltagsnöte und Familienbewußtsein, Alters- und Geschlechterstereotypen sowie Lesekulturen und Bilderwelten.
Veröffentlichungen u. a.: Maria zwischen Kathedrale, Kloster und Welt. Hagiographische und historiographische Annäherungen an den Typus der hochmittelalterlichen Wunderpredigt (1995); (Hg.), Trauer, Verzweiflung und Anfechtung. Selbstmord und Selbstmordversuche in spätmittelalterlichen und frühneuzeitlichen Gesellschaften (1994); (Hg.), „Mein in Gott geliebte Freundin": Freundschaftsdokumente aus klösterlichen und humanistischen Schreibstuben (1995).

Peter Wettmann-Jungblut, Dr. phil., geb. 1959, Studium der Geschichte und Englischen Literaturwissenschaft in Saarbrücken und Bristol; 1996 Promotion zur Eigentumskriminalität im frühneuzeitlichen Südwestdeutschland. Forschungsschwerpunkt: Kriminalitäts- und Sozialgeschichte Deutschlands und Großbritanniens vom 16.–20. Jahrhundert.
Veröffentlichungen u. a.: „Stelen inn rechter hungersnodt". Diebstahl, Eigentumsschutz und strafrechtliche Kontrolle im vorindustriellen Baden 1600–1850, in: Richard van Dülmen (Hg.), Verbrechen, Strafen und soziale Kontrolle (1990); Unordnung im Bürgerstaat. Kriminalität und strafrechtliche Repression im Großherzogtum Baden während der ersten Hälfte des 19. Jahrhunderts, in: Edwin Dillmann (Hg.), Regionales Prisma der Vergangenheit. Perspektiven der modernen Regionalgeschichte (1996).

Weitere Bände zur Frühen Neuzeit

Monica Kurzel-Runtscheiner
Töchter der Venus
Die Kurtisanen Roms im 16. Jahrhundert
1995. 348 Seiten mit 28 Abbildungen. Leinen

Brian P. Levack
Hexenjagd
Die Geschichte der Hexenverfolgungen in Europa
Aus dem Englischen von Ursula Scholz
1995. 295 Seiten mit 13 Abbildungen. Leinen

Heide Wunder
„Er ist die Sonn', sie ist der Mond"
Frauen in der Frühen Neuzeit
1992. 368 Seiten mit 75 Abbildungen. Leinen

Wilhelm Treue
Eine Frau, drei Männer und eine Kunstfigur.
Barocke Lebensläufe
1992. 284 Seiten mit 21 Abbildungen und Textabbildungen. Leinen

Iris Origo
„Im Namen Gottes und des Geschäfts"
Lebensbild eines toskanischen Kaufmanns der
Frührenaissance. Francesco di Marco
Datini 1335–1410
Aus dem Englischen von Uta-Elisabeth Trott
3. Auflage. 1993. 357 Seiten mit 26 Abbildungen. Leinen

Margaret L. King
Frauen in der Renaissance
Aus dem Englischen von Holger Fliessbach
1993. 364 Seiten mit 25 Abbildungen. Leinen

Verlag C. H. Beck München